Bandeiras Vermelhas, Bandeiras Verdes

Bandeiras Vermelhas, Bandeiras Verdes

Dr. Ali Fenwick

1ª edição

Tradução
Beatriz Medina

Rio de Janeiro | 2024

Título original
Red Flags, Green Flags:
Modern Psychology for Everyday Drama

Tradução
Beatriz Medina

CIP-BRASIL. CATALOGAÇÃO NA PUBLICAÇÃO
SINDICATO NACIONAL DOS EDITORES DE LIVROS, RJ

F382b Fenwick, Ali
        Bandeiras vermelhas, bandeiras verdes : psicologia moderna para lidar com os dramas do dia a dia / Ali Fenwick ; tradução Beatriz Medina. - 1. ed. - Rio de Janeiro: BestSeller, 2024.

        Tradução de: Red flags, green flags : modern psychology for everyday drama
        ISBN 978-65-5712-421-5

        1. Autorrealização (Psicologia). 2. Relação interpessoal. 3. Técnicas de autoajuda. I. Medina, Beatriz. II. Título.

24-92168
        CDD: 158.1
        CDU: 159.923.2

Meri Gleice Rodrigues de Souza - Bibliotecária - CRB-7/6439

Texto revisado segundo o novo Acordo Ortográfico da Língua Portuguesa.

Copyright © Dr Ali Fenwick, 2024
Publicado como RED FLAGS, GREEN FLAGS em 2024 por Michael Joseph.
Michael Joseph é um selo do grupo Penguin Random House.
Copyright da tradução © 2024 by Editora Best Seller Ltda.

Todos os direitos reservados. Proibida a reprodução,
no todo ou em parte, sem autorização prévia por escrito da editora,
sejam quais forem os meios empregados.

Direitos exclusivos de publicação em língua portuguesa para o Brasil
adquiridos pela
Editora Best Seller Ltda.
Rua Argentina, 171, parte, São Cristóvão
Rio de Janeiro, RJ — 20921-380
que se reserva a propriedade literária desta tradução.

Impresso no Brasil

ISBN 978-65-5712-421-5

Seja um leitor preferencial Record.
Cadastre-se e receba informações sobre nossos lançamentos e nossas promoções.

Atendimento e venda direta ao leitor:
sac@record.com.br

Aos meus amados pais,
que fizeram de mim o homem que sou hoje
e me ensinaram a sempre retribuir.

A todos os meus amigos próximos,
com quem vivi os momentos mais belos da vida.

E à minha voz interior,
que sempre me guiou na direção certa.

Sumário

Prefácio   11

Família e amizade
Bandeiras vermelhas nas relações entre família e amigos

BANDEIRA VERMELHA 1: "Pare de se meter na minha vida"   24
Quando os pais insistem em interferir na vida dos filhos

BANDEIRA VERMELHA 2: "Por que você nunca esteve presente quando eu precisei?"   33
Pais indisponíveis e não confiáveis

BANDEIRA VERMELHA 3: "A síndrome do filho do meio"   42
O impacto da ordem de nascimento na rivalidade entre irmãos

BANDEIRA VERMELHA 4: "Caramba, você viu o que aconteceu com a Wendy?"   53
Quando amigos e familiares fazem fofoca

BANDEIRA VERMELHA 5: "Meu querido idiota"   62
Quando amigos tentam colocar você para baixo

BANDEIRA VERMELHA 6: "Você pode pagar dessa vez?"   71
Como lidar com amigos egoístas

Relações de trabalho
Bandeiras vermelhas na vida profissional

BANDEIRA VERMELHA 7: "Esta empresa é uma família"   84
Gestores que exigem lealdade inabalável

BANDEIRA VERMELHA 8: "Você pode trabalhar no domingo?"   101
Desrespeito aos limites no trabalho

BANDEIRA VERMELHA 9: "Pare de reclamar! Aqui é assim mesmo!" 110
Quando não há consideração pelo bem-estar nem pela saúde mental do funcionário

BANDEIRA VERMELHA 10: "Por que você não faz assim?" 120
O chefe que microgerencia

BANDEIRA VERMELHA 11: "Pode confiar em mim!" 129
A política do escritório

BANDEIRA VERMELHA 12: "Da próxima vez você vai cumprir a meta!" 141
Chefes que mudam a linha de chegada

Namoro
Bandeiras vermelhas no namoro

BANDEIRA VERMELHA 13: "Não estou a fim de namorar!" 156
Escolhendo a solteirice

BANDEIRA VERMELHA 14: "Prefiro não rotular as coisas ainda" 171
Status: ficando sério

BANDEIRA VERMELHA 15: "Desculpe por ter sumido nos últimos nove meses. Perdi o carregador, mas agora achei. O que vai fazer hoje à noite?" 187
Os riscos do namoro moderno

BANDEIRA VERMELHA 16: "Sei que ainda é nosso segundo encontro, mas eu já te amo!" 201
Love bombing: o bombardeio de amor

BANDEIRA VERMELHA 17: "Por que gosto de parceiros com mais tempo de estrada?" 218
Namoro com pessoas mais velhas (ou mais novas)

BANDEIRA VERMELHA 18: "Acho que encontrei a pessoa certa, mas não sinto nada!" 234
Quando não há emoção

Relacionamentos amorosos
Bandeiras vermelhas no romance

BANDEIRA VERMELHA 19: "Relações estáveis são chatas!"   252
Enxergar o caos como sinal de amor

BANDEIRA VERMELHA 20: "Você é areia demais para o meu caminhãozinho!"   266
O parceiro inseguro

BANDEIRA VERMELHA 21: "Vamos abrir!"   278
Quando um só não basta

BANDEIRA VERMELHA 22: "Você não percebe que a culpa é sua?"   287
Quando o parceiro é manipulador

BANDEIRA VERMELHA 23: "Eu não queria magoar você!"   299
O parceiro infiel

BANDEIRA VERMELHA 24: "Meu ficante me deixou no vácuo, mas pelo menos superei o maldito ex"   309
O estepe

Considerações finais   321
Torne-se a sua melhor versão

Recursos adicionais   331
25 perguntas sobre *Bandeiras vermelhas, bandeiras verdes* para você criar uma conexão mais profunda e encontrar o amor

Notas   336

Agradecimentos   362

Prefácio

Escrever este livro foi uma experiência de muita alegria. Nos últimos anos, investiguei a evolução dos relacionamentos modernos e a influência da tecnologia, das tendências de comportamento e de outras forças globais sobre o modo como pensamos, nos comportamos e nos conectamos aos outros. É verdadeiramente fascinante observar a velocidade em que o mundo está mudando e a velocidade em que nós, seres humanos, nos adaptamos. Todos os dias surgem novas tendências, e comportamentos e normas sociais que considerávamos aceitáveis não têm mais relevância ou são até mesmo vistos como estranhos. Não surpreende que tanta gente se sinta confusa e questione se ainda deve se comportar ou abordar os outros da mesma maneira, o que leva à relutância em agir e a uma certa sobrecarga de pensamentos. Ao mesmo tempo, espera-se que tomemos decisões rápidas e acertadas. O mundo se move tão depressa que tomar decisões com rapidez é considerado um ponto forte.

No entanto, tomar decisões com tanta rapidez também pode nos fazer tropeçar e provoca resultados falhos e tendenciosos. Ser capaz de dar respostas firmes e fazer boas escolhas no calor do momento e, ao mesmo tempo, saber a hora de desacelerar e desenvolver um pensamento mais crítico em relação às situações são habilidades realmente surpreendentes. Quando se trata de tomar decisões com rapidez, é fácil rotular uma característica que não gostamos em alguém como "bandeira vermelha". "Tchau, próximo!" é a mentalidade que muita gente tem adotado hoje em dia: preferimos cair fora quando uma situação se complica, o que limita nossa capacidade de refletir melhor sobre o que pode ter ocorrido. Esse tipo de atitude faz com que muitos também achem complexo lidar com circunstâncias difíceis nos relacionamentos e prefiram correr para os braços do próximo pretendente em vez de enfrentar a questão de maneira direta. Aprender a diferenciar as verdadeiras bandeiras vermelhas das verdes é uma habilidade importante a ser desenvolvida, sobretudo quando, em nossas relações, precisamos tomar decisões rapidamente; ser capaz de reconhecer comportamentos saudáveis e atitudes tóxicas pode nos livrar de bastante drama no futuro. Na verdade, é possível que o mais importante seja conseguir reconhecer quando a bandeira vermelha está em *você*. É lógico que não é uma tarefa fácil; é algo que exige um olhar mais introspectivo e nem todo mundo se sente à vontade com isso.

Nos dias de hoje, as expressões "bandeiras verdes" e "bandeiras vermelhas" — as famosas *green flags* e *red flags* — estão em alta na cultura pop, difundidas por programas de TV, pela cultura jovem e pelas redes sociais. Elas têm cumprido um propósito na sociedade, em especial porque tem sido cada vez mais difícil avaliar comportamentos em um mundo no qual o que significa uma coisa hoje pode significar outra no dia seguinte. As bandeiras vermelhas e verdes nos ajudam a tomar decisões mais acertadas, a ponderar melhor nossas interações e a olhar mais para nós mesmos.

No entanto, as bandeiras também são muito subjetivas. Para alguns, pode ser que as vermelhas na verdade sejam verdes; para outros, é possível que as verdes sejam vermelhas. Em certas situações, pode ser que você só enxergue bandeiras verdes nas pessoas, mesmo que sejam mais vermelhas do que lagostas! Em outros casos, é possível que enxergar bandeiras vermelhas nos outros indique que a bandeira vermelha está em você. A maneira como sua criação, seus valores, a cultura, suas experiências de vida e a mídia influenciaram suas crenças e percepções é o que determina seu julgamento do que levanta uma bandeira verde ou uma bandeira vermelha. Infelizmente, o sistema operacional do cérebro não está imune a erros (a cognição é propensa a enganos), e julgar superficialmente pode atrapalhar nossas decisões. Por meio de dados científicos, histórias reais, relatos pessoais e ferramentas práticas, *Bandeiras vermelhas, bandeiras verdes* vai ajudar você a fazer escolhas melhores e a entender as tendências comportamentais mais recentes que influenciam as relações humanas.

PREFÁCIO

Uma decisão imediata ou um processo para otimizar seu modo de pensar?

Um dos motivos pelos quais escrevi este livro foi a vontade de ajudar as pessoas a refletirem mais profundamente sobre o que pensam e observam. Meu objetivo também é oferecer uma lente psicológica que permita que avaliem melhor o comportamento humano e as situações cotidianas. Por isso, não quero que você veja o VERMELHO apenas como VERMELHO e o VERDE apenas como VERDE. Quero capacitá-lo a tomar decisões melhores quando você identificar alguma dessas bandeiras. E, mais que auxiliá-lo na hora de tomar decisões, quero que você seja capaz de desacelerar o pensamento e fazer escolhas mais assertivas mesmo que esteja no calor do momento. Para mim, a palavra RED — "vermelho" em inglês — é uma sigla para **R**efletir, **E**ntender e **D**ecidir! Em algumas ocasiões, as etapas de RED passam rápido. Alguns comportamentos são sinais de alerta indiscutíveis, que gritam "Fuja o mais rápido possível!". No entanto, na maioria dos casos as etapas de RED significam "Pera aí, espere um pouco", como em um sinal de trânsito: pare, olhe para a esquerda e para a direita e, se a rua estiver vazia, só então avance. Mesmo quando temos vontade de sair correndo, o melhor a fazer é distanciar-se da impulsividade e do pensamento automático e refletir um pouco sobre a situação antes de se decidir. O vermelho das bandeiras tem várias tonalidades; não tenha pressa, interprete-as bem. Aqui estão alguns exemplos de como lidar de forma mais ponderada com uma bandeira vermelha quando identificá-la:

REFLETIR

- "Espere aí! Isso não me parece bom. Vou pensar um pouco mais a respeito e me perguntar por que esse comportamento no trabalho foi um gatilho para mim."

- "Essa foi mesmo a gota d'água para eu terminar esta amizade ou será que estou exagerando?"
- "Vivo rejeitando possíveis parceiros. Preciso refletir sobre os motivos que me levam a isso!"

ENTENDER

- "Certo, vou tentar me aprofundar um pouco mais."
- "Tudo bem. Estou percebendo que meu chefe tem usado táticas de persuasão para exigir lealdade e me fazer trabalhar além da conta sem me pagar a mais por isso."
- "Essa foi mesmo a gota d'água para mim. Vou conferir com a galera se eles concordam ou não com o que eu acredito ser o certo."
- "Estou começando a perceber que me afastar das pessoas tem a ver com minhas inseguranças e minha dificuldade de confiar. Vou conversar com alguém para ter outro ponto de vista a meu respeito."

DECIDIR

- "Refleti bastante a respeito dessa situação e concluí que não quero mais continuar assim. Nossos valores estão completamente desalinhados." (Veja mais em "Bandeira vermelha 7", na página 84.)
- "Esse comportamento não é aceitável, mas me disponho a ver se conseguimos melhorar nesse aspecto." (Veja mais em "Bandeira vermelha 5", na página 62.)
- "Decidi que é melhor dar um tempo de flertes e continuar solteiro. Preciso trabalhar algumas questões em mim primeiro e só depois abrir espaço para o amor em minha vida." (Veja mais em "Bandeira vermelha 2" e "Bandeira vermelha 13", nas páginas 33 e 156, respectivamente.)

PREFÁCIO

Quanto mais você aprender a lidar com as bandeiras vermelhas, mais será capaz de reconhecer melhor comportamentos que precisam ser olhados com atenção e mais aumentará a capacidade de lidar de forma eficaz com as situações difíceis, mesmo que não seja tão bom em falar sobre sentimentos ou não se sinta confiante para se defender. Nesse caso, a prática leva à perfeição e quando você menos esperar esse processo terá se tornado instintivo. Se todos nós soubéssemos lidar de forma eficaz com as bandeiras vermelhas, seríamos capazes de mudar para melhor não só nossos relacionamentos em todas as áreas da vida, mas também o mundo.

As bandeiras VERDES também têm um propósito maior do que a identificação da cor. Associamos o verde a "pode avançar" ou "aprovado". Se a bandeira é verde, ou seja, se a situação já parece boa ou segura, por que dedicar energia mental a ela? O cérebro naturalmente se concentra menos naquilo que parece seguro. Há bons motivos para dedicar foco e atenção aos comportamentos que valorizamos nos outros ou que indicam apoio, empatia e longevidade. Reforçar positivamente ou lembrar-se de que você valoriza os comportamentos verdes aumenta a probabilidade de que eles continuem sendo repetidos. Por isso, quando vir as letras de GREEN — "verde" em inglês — pense nestas palavras: **G**enuíno, **R**espeitoso, **E**mpático, **E**stimulante e **N**utrido. São elas que devem representar as bandeiras verdes que você percebe nas pessoas.

GENUÍNO

- Qualidades e atitudes verdes são genuínas. Elas vêm de dentro, porque são condicionadas no decorrer da vida. Estão no modo com que uma pessoa opera em seu eu mais profundo. Alguns exemplos de qualidades genuínas são a bondade, a consideração e a autenticidade. É a sinceridade que impulsiona esse tipo de comportamento.

RESPEITOSO

- As bandeiras verdes também vêm de comportamentos respeitosos: quando o outro respeita seu tempo, sua privacidade, seu espaço e seu ponto de vista sobre a vida, além de manifestar esse respeito na prática, em relação a você e aos outros. Também é importante demonstrar respeito pelas qualidades verdes em si.

EMPÁTICO

- Por trás do verde também está a demonstração de empatia. Ser empático envolve uma série de atitudes nas relações humanas. Ser bom ouvinte, saber ler nas entrelinhas, entender como alguém se sente em situações específicas e conseguir ajustar a abordagem para acolher as pessoas como elas são constitui algumas das habilidades essenciais para manter qualquer relacionamento vivo e saudável. Tenha empatia pelos comportamentos verdes que você observar. Busque entender de onde eles vêm e por que as pessoas agem dessa forma.

ESTIMULANTE

- Qualidades e atitudes verdes também são estimulantes. Quando alguém trata você do jeito certo, lhe dá apoio quando você mais precisa ou reage de forma positiva diante de situações difíceis, a tendência é que você se sinta mais motivado a agir de forma recíproca a esses comportamentos positivos. Todo relacionamento segue uma equação simples: $1 + 1 > 2$, ou seja, um mais um é maior do que dois. Comportamentos verdes criam sinergia e emoções positivas, o que transforma você numa pessoa melhor e o ajuda nos momentos difíceis. Sempre estimule os comportamentos que levantam bandeiras verdes.

NUTRIDO

- Qualidades e atitudes verdes devem ser nutridas. Para ser sustentável, qualquer relacionamento precisa ser nutrido. Uma planta precisa de água, sol e nutrientes para crescer e sobreviver. O mesmo ocorre com as relações humanas. Nutra os comportamentos verdes reconhecendo-os, reforçando-os positivamente e respeitando-os. A verdade é que não é fácil ser sustentável o tempo todo, por isso, os comportamentos verdes precisam ser nutridos por todos os lados e por todos os envolvidos.

A estrutura que ajuda a manter e a fortalecer os comportamentos verdes nos outros é a mesma que deveríamos aplicar para ajudar os que estão lidando com bandeiras vermelhas. Receber compaixão, empatia e respeito das pessoas próximas contribui para tornar você mais autoconsciente, autoconfiante e disposto a mudar os comportamentos que não são saudáveis. Aprimorar em si e nos outros as qualidades verdes estimula os envolvidos a desenvolver ferramentas importantes para lidar com muitos comportamentos que são bandeiras vermelhas. Todo mundo sai ganhando.

Mentalidade padrão versus *mentalidade reflexiva*

A maior parte dos nossos comportamentos e processos decisórios funciona no piloto automático. Ou seja, é comum não termos consciência de por que tomamos determinadas decisões e de como o passado determina nossa forma de agir no presente. Esse pensamento automático (ou a "mentalidade padrão", como se costuma dizer) nos ajuda a tomar decisões rápidas baseadas em valores, crenças e experiências do passado. Mas quem disse que essas reações automáticas são o melhor caminho para tomar decisões? Elas podem estar completamente equivocadas. Por isso, é importante pensar bem quando identificamos uma bandeira vermelha. Imaginar o vermelho como indicação de "pare" em um sinal de trânsito nos ajuda a, metaforicamente, pisar no freio, a nos distanciar do pensamento padrão e a tomar decisões mais adequadas no calor do momento. A seguir vamos comparar, com exemplos, a mentalidade padrão e a mentalidade reflexiva.

BANDEIRAS VERMELHAS, BANDEIRAS VERDES

A mentalidade padrão diz: "BANDEIRA VERMELHA! Essa pessoa me disse que estou delirando. Preciso aceitar e pronto!"
Pare, reflita e pergunte-se:
"Por que a minha percepção da realidade está sendo questionada? Eu vi as mensagens no celular do meu parceiro. Ele está me manipulando?"

A mentalidade padrão diz: "BANDEIRA VERMELHA! Meu relacionamento está ficando chato! Tenho que terminar!"
Pare, reflita e pergunte-se:
"O problema realmente é que meu relacionamento ficou chato ou a paz e a estabilidade dessa relação estão me deixando mais autoconsciente a respeito do meu caos interior?"

Depois de avaliar com atenção se a bandeira vermelha é um problema que está mais relacionado a você ou se de fato é uma questão do outro, é hora de dedicar-se a solucioná-lo.

Mentalidade reflexiva: "A coisa ficou feia quando pedi para ver as mensagens. Minha segurança está em perigo depois dessa reação violenta. O que eu faço?"
Examine o problema:
"Não posso permitir que a minha percepção da realidade seja negada e, definitivamente, não tolero violência. Minha mãe me ensinou que, se acontece a primeira agressão, é bem provável que o episódio se repita."

Mentalidade reflexiva: "Espere! Fui criado num ambiente caótico. Pode ser que em alguma medida eu sinta falta dessa instabilidade!"
Examine o problema:
"Agora percebo que o tédio que sinto no meu relacionamento tem a ver com as minhas próprias questões, não vou terminar. Se eu fizer isso, sei que se tornará algo recorrente na minha vida. Talvez o melhor seja me recusar a voltar aos antigos padrões de comportamento e resolver isso de uma vez por todas."

Observação: examinar o problema até pode ser uma tarefa rápida, mas às vezes leva algum tempo. Talvez você precise pensar mais sobre a situação ou queira ter mais conversas com seu parceiro antes de tirar as próprias conclusões.

Depois de se aprofundar e refletir sobre o problema, está na hora de tomar uma decisão mais ponderada sobre o que fazer.

Mentalidade reflexiva: "Eu não tolero agressão física!" (Veja mais sobre isso em "Bandeira vermelha 22", na página 287.)
Decida:
"Já chega! Vou cair fora!"

Mentalidade reflexiva: "Pensei bem e de fato esse é um problema meu, e quero fazer algo para resolver." (Veja mais sobre isso em "Bandeira vermelha 19", na página 252.)
Decida:
"Amor, andei pensando em por que sinto tanto tédio no nosso relacionamento e percebi que a tranquilidade, a segurança e a previsibilidade que você me oferece estão me deixando mais autoconsciente da minha dependência em estar em meio ao drama e ao caos. Estou lhe dizendo isso porque quero sair dessa e sentir satisfação com o que tenho com você. E, para isso, vou precisar do seu apoio."

Como usar este livro

Escrevi este livro de modo que você não precise ler todo o conteúdo em sequência e possa ir direto para os capítulos que achar mais interessantes. No fim de cada um há uma seção com o título "Qual é o problema?", na qual você encontrará um breve resumo do capítulo e as bandeiras verdes e vermelhas ligadas ao tema. Então, se quiser ir direto ao ponto, pule para o resumo e veja quais são as bandeiras relacionadas àquele tema! Mas, se estiver interessado em aprender mais sobre os fundamentos e a psicologia por trás de cada situação e quiser descobrir como melhorar seu pensamento e sua comunicação, então sem dúvidas leia o capítulo na íntegra. No fim do livro, apresento alguns exercícios para você aplicar os aprendizados sobre as bandeiras verdes e vermelhas, treinar um olhar mais introspectivo e analisar as problemáticas por trás tanto dos seus pensamentos e comportamentos quanto daquelas das outras pessoas. Recomendo enfaticamente que você se comprometa com esses exercícios, pois eles ajudam a pôr em prática os novos aprendizados. Além de serem uma ótima maneira de experimentar outros modos de agir e pensar, eles servem para aprimorar sua capacidade de ponderar e, assim, viabilizam o desenvolvimento de relações mais fortes e saudáveis. Tenho certeza de que os 24 capítulos sobre bandeiras vermelhas lhe darão uma profunda noção do comportamento humano — com uma explicação descomplicada e em sintonia com os dias de hoje. Eles também ajudarão você a tomar decisões melhores nas diferentes áreas da vida — nas relações de amizade e família, no amor e no trabalho — e, por fim, proporcionarão mais felicidade e menos drama (a não ser que você goste de um pouquinho de drama de vez em quando).

Ótima leitura!

Dr. Ali Fenwick

P. S.: Há uma surpresa para você no fim do livro! Preparei um jogo divertido de bandeiras verdes e vermelhas, pensado para que você e seu parceiro possam fortalecer ainda mais sua conexão e, talvez, até se apaixonar (mais profundamente).

Família e amizade

*Bandeiras vermelhas nas relações
entre família e amigos*

Família e amigos são os pilares da nossa vida. Sua família, seja grande, seja pequena, teve um papel significativo no indivíduo que você se tornou. Foi ela que ensinou seus valores e crenças sobre o mundo e repassou a você estratégias de sobrevivência únicas. Todos sabem que a maneira como fomos criados tem um impacto imenso sobre nosso bem-estar, modo de pensar e nossos comportamentos mesmo depois de adultos. Não ter acesso a um ambiente aconchegante e saudável na infância pode afetar de forma negativa o modo como você se vê e o valor que atribui a si mesmo, além de implicar diretamente em como você estabelece relações na vida adulta. As amizades são igualmente importantes e também afetam bastante o modo como nos vemos e nos sentimos. Quando saímos do berço familiar, são em especial as amizades que moldam a nossa identidade e nos proporcionam a sensação de segurança. Mas em meio a essas amizades, o que é ter um amigo íntimo? Para muita gente atualmente até mesmo contatos da internet, pessoas que elas nunca encontraram pessoalmente, podem ser consideradas "amigas íntimas". Isso torna as linhas que diferenciam os verdadeiros amigos e os meros conhecidos muito mais tênue e pode influenciar o significado de amizade no mundo moderno e o modo como as pessoas se relacionam.

Familiares e amigos são fontes de conexão e apoio, e precisamos desses laços íntimos para entender quem somos e nosso lugar no mundo. Mas em alguns casos eles também podem gerar negatividade e desconforto, o que afeta grandemente nosso bem-estar físico e mental, devido à proximidade psicológica e emocional que naturalmente têm conosco. Os fortes laços familiares e os vínculos de amizade também podem mudar com o tempo e, inclusive, tornar-se tóxicos e destrutivos. Ciúme, inveja, raiva, infelicidade e incerteza contaminam as conexões positivas que tínhamos até com as pessoas que mais amamos. Por isso é tão importante identificar as bandeiras verdes e vermelhas nas amizades e nas relações familiares. É fundamental aprender que, com o tempo, alguns relacionamentos podem, sim, mudar para pior, pois com isso em mente temos a oportunidade de encontrar maneiras de salvá-los e, se necessário, abandoná-los. Do mesmo modo, aprender que os laços familiares afetam o desenvolvimento de todos nós e a forma como desenvolvemos outros vínculos no futuro ajuda a identificar a fonte de possíveis problemas de comportamento. Os próximos seis capítulos sobre bandeiras verdes e vermelhas nas relações familiares e nas amizades vão ajudar você a compreender como pode ser complexo manter conexões saudáveis e duradouras. Todos os relacionamentos humanos são difíceis, e, quanto mais duradoura é uma relação, mais precisamos aprender a lidar com os dramas cotidianos.

BANDEIRA VERMELHA 1
"Pare de se meter na minha vida"
Quando os pais insistem em interferir na vida dos filhos

> "Nenhum homem deve trazer filhos ao mundo
> se não estiver disposto a perseverar até o fim na
> índole e educação dele."
> PLATÃO

Quando os pais insistem em interferir na vida dos filhos

É uma bênção ter pais amorosos e carinhosos — cuidadores que dedicam a vida à sua criação e educação, assegurando que você tenha tudo o que precisa para alcançar o sucesso: competências psicossociais, resiliência mental, autonomia e autodeterminação. A qualidade dos cuidados oferecidos pelos cuidadores tem conexão, em grande medida, com a pessoa que você é hoje. O vínculo entre pais e filhos é mais profundo do que qualquer amizade. Há quem diga que "o sangue fala mais alto", e isso se aplica para quem não tem uma boa relação com os pais. O vínculo entre pais e filhos é considerado sagrado e os sacrifícios que seus pais fizeram por você acabam se tornando uma dívida para toda a vida. No entanto, às vezes os pais têm dificuldade de deixar seu bebezinho crescer. Afinal, eles também passaram por traumas e já foram o bebezinho dos próprios pais deles.

Quando os filhos se tornam adultos, eles precisam ter sua independência. Para alguns pais, no entanto, a ideia de vê-los abandonar o ninho é difícil de engolir. Por um lado, significa algo como "estou perdendo a minha identidade ou autoridade como pai/mãe"; por outro, pode ser entendido como "estou morrendo de medo de que algo aconteça com eles ou de eu perder o controle da situação". É normal que os pais sintam medo, pesar ou tristeza quando percebem que os filhos estão crescendo e querem independência. No entanto, a incapacidade de deixá-los caminhar com as próprias pernas pode prejudicar o desenvolvimento dos jovens adultos, e, em alguns casos, os pais se intrometem tanto que os filhos passam a querer distância. As pessoas cujos pais interferem demais também se sentem tão endividadas com seus cuidadores que não conseguem largá-los. É especialmente complicado quando os pais brincam com os sentimentos dos filhos a fim de se manter no controle e quando se aproveitam de filhos que têm dificuldade para impor limites.

Entender quando o envolvimento dos pais na sua vida é ou não saudável é importante para o desenvolvimento pessoal, o bem-estar mental e a capacidade de estabelecer relacionamentos saudáveis. Entender como criar limites é igualmente importante, mas, em termos culturais, pode ser algo bastante desafiador. Ser capaz de identificar as bandeiras verdes e vermelhas no relacionamento com os pais ou cuidadores ajuda a criar um relacionamento mais saudável com eles e lhe dá espaço para se tornar a pessoa que você deseja. Mantenha e expanda os comportamentos saudáveis passados de geração em geração e procure ser aquele que quebra o ciclo do trauma geracional.

A psicologia da intromissão

Há várias razões para as pessoas serem excessivamente intrometidas ou interferirem na vida das outras. Alguns pais têm um interesse genuíno por tudo o que os filhos fazem — se entusiasmam com as conquistas e com as pessoas que participam da vida deles e querem ter certeza de que estão bem e seguros. Não é raro que pais e mães prezem pelo contato regular com os filhos; e, da mesma forma, há muita gente que adora falar com os pais todos os dias, mesmo que rapidamente. Dar um breve telefonema ou receber uma simples mensagem dizendo: "Tudo bem? Tenha um bom dia. Te amo, mamãe." No entanto, às vezes os telefonemas diários ou o desejo insistente de saber com quem o filho está e o que está fazendo são esquisitos e até mesmo invasivos. Alguns pais têm dificuldade de permitir que os filhos cresçam e continuam querendo se envolver na vida deles, por medo de perdê-los ou por necessidade de controlá-los. Assim, acabam desrespeitando as necessidades e o bem-estar de suas crias.

O entrelaçamento entre cultura e família também desempenha um papel importante na participação dos pais em sua vida, principalmente quando as pressões sociais exigem que você se ajuste às normas culturais de comportamento, matrimônio e relacionamento com seus pais depois de adulto (ou às normas culturais de como ser um bom pai ou mãe). Cortar o cordão umbilical invisível não é tarefa fácil, mas mantê-lo pode ter consequências graves para pais e filhos. Pesquisas mostram que as pessoas cujos pais controlavam excessivamente a vida delas na infância têm mais probabilidade de desenvolver na fase adulta problemas de autoestima, dificuldade de impor limites, transtornos como ansiedade e depressão, dificuldade de se adaptar à vida e, com frequência, problemas de relacionamento.

O cuidador narcisista

Ter pais narcisistas pode ser muito desafiador para uma criança, mesmo depois que ela amadureceu por completo. Obcecados consigo mesmos, os pais narcisistas costumam ver os filhos como uma extensão de si. Talvez tentem até viver indiretamente por meio dos filhos. Nesse caso, tudo o que os filhos fazem é um reflexo dos pais, e não é raro que estes estabeleçam padrões elevados e sejam excessivamente críticos. Além de exigirem grandes realizações na escola, pais controladores também ditam como as crianças devem se comportar e até se vestir. Em alguns casos, o dinheiro é usado para mantê-las vinculadas por mais tempo.

É comum os filhos de pais narcisistas se tornarem perfeccionistas, excessivamente autocríticos e incapazes de acreditar que são suficientes. Mesmo quando estes saem de casa, o pai e a mãe narcisista tendem a encontrar maneiras de manter o controle da vida dos filhos, que, por sua vez, sempre sentem uma mão invisível pairando sobre si, vigiando seu comportamento ou impedindo-os de ser o que desejam.[1] Isso se mostra especialmente verdadeiro quando a autoestima da pessoa é negativamente afetada pelo fato de ter sido menosprezada a vida toda, submetida a táticas de manipulação para manter a atenção voltada aos pais ou levada a acreditar que o amor dos genitores era condicional. Quanto mais os pais conseguem fazer os filhos adultos se sentirem crianças sem valor, mais provável é que consigam controlá-los. Constatei que muitos dos meus clientes de desenvolvimento pessoal que foram educados por pais excessivamente críticos ou narcisistas costumam projetar (de maneira inconsciente) os mesmos comportamentos nos parceiros românticos e até nos próprios filhos.

> **VOCÊ SABIA?**
> **Quando os pais fazem chantagem emocional com os filhos**
>
> Viver sob chantagem emocional torna difícil estabelecer limites nos relacionamentos, sobretudo com os pais. Algumas pessoas são melhores nisso do que outras. O caráter, a criação e o estado mental dificultam dizer "não". Quando você coloca as necessidades dos outros acima das suas, pode surgir uma tendência à necessidade de agradar que o deixa mais suscetível a satisfazer as necessidades dos pais — mais do que o esperado. Com o tempo, pôr as suas necessidades de lado pelos outros cobrará um preço, seja ele mental, seja ele físico. Se você não disser "não" nem estabelecer limites, seu corpo o fará sozinho, com o potencial de lhe causar um mal irreversível. Aprender a decifrar por que é difícil dizer "não" aos pais é um primeiro passo importante para perceber o que impede você de estabelecer limites e recuperar algum controle sobre outras áreas da vida.
>
> Uma das principais razões para não ser fácil resistir às exigências incansáveis dos pais é o controle emocional. Alguns tentam incomodar ou chantagear emocionalmente os filhos, dizendo "Você me deve até o ar que respira", "Sacrifiquei a minha vida por você, então você tem

que me obedecer" ou "Você não é ninguém sem mim". Essas palavras ferem. E quando são ditas (repetidamente) para manipular, é importante perceber que se trata de uma bandeira vermelha e que o melhor é não reagir. Prefira se concentrar em por que essas palavras mantêm você preso num ciclo.[2] Tente identificar crenças e reações alternativas a essas afirmações. Com o tempo isso lhe devolverá certo controle e o deixará menos suscetível à manipulação emocional.

Aprenda a sanar suas necessidades

Aprender a sanar as próprias necessidades é importantíssimo em qualquer relacionamento. No entanto, nem sempre é fácil. Se seus pais são excessivamente exigentes ou se envolvem demais em sua vida, é importante criar, aos poucos, um espaço entre vocês. Em geral, o apego parental é mais forte do que o apego nos relacionamentos românticos, e ter os pais muito envolvidos na sua vida prejudica os romances. O parceiro romântico talvez sinta que precisa competir por atenção e, por isso, pode acabar se afastando se a situação ficar insustentável. Às vezes, os pais (ou sogros) fazem isso de propósito, por medo de perder o filho ou por não gostar da pessoa que este escolheu para se relacionar. Mesmo que você tenha quase 50 anos, seja casado e tenha filhos, seus pais ainda podem ser abertamente intrometidos e tentar ditar as coisas em sua vida. Não há limite de idade para essa obsessão.

Se distanciar também é um modo de lidar com pais intrometidos, ainda mais quando sua escolha amorosa não se alinha às expectativas da sua família ou da cultura em que foi criado. Muitas pessoas homossexuais, bissexuais, trans e não binárias foram criadas num ambiente em que a expressão da identidade e da sexualidade não era aceita, por vezes sendo considerada até ilegal, então é comum que prefiram se afastar dos pais para explorar a própria identidade e desenvolver sua noção de eu num lugar onde se sintam seguras e pertencentes. A intromissão parental sufoca o autodesenvolvimento e molda as relações daqueles que não se sentem seguros em se expressar plenamente dentro de casa.

FAMÍLIA E AMIZADE

Caso você sinta que seus pais estão envolvidos demais na sua vida e queira impor limites quanto a isso, veja algumas coisas que é possível dizer para criar certa distância:

- "Entendo que vocês queiram saber o que acontece na minha vida, mas eu gostaria que vocês me dessem espaço e me permitissem crescer de forma independente."
- "Sei que vocês me amam muito. Entendo a preocupação com meu parceiro/minha parceira, mas, por favor, cabe a mim fazer as escolhas na minha vida e também cometer meus próprios erros."
- "Você pode me dizer que não gosta da minha escolha de parceiros, mas não passe dos limites e não entre em contato direto com eles para declarar o seu descontentamento."
- "Mãe/pai, sei que você acha que está recebendo menos atenção de mim agora que tenho uma namorada/um namorado, mas sua insegurança não justifica que você interfira no meu relacionamento."
- "Não vejo problema em compartilhar o que tenho feito, mas pare de perguntar sobre a minha vida amorosa ou sobre quando vou 'finalmente' me casar. Por favor, respeite o meu tempo."

É natural encontrar resistência quando se começa a criar certa distância dos pais. Eles podem ficar muito aborrecidos e dizer coisas terríveis para que você se sinta mal e repense essa postura. Mas é importantíssimo proteger suas necessidades e manter os limites. Com o tempo isso irá ajudá-lo a se desenvolver melhor como indivíduo e a criar relacionamentos mais saudáveis.[3] Gradativamente e até certo ponto, seus pais aprenderão a apreciar sua individualidade e também a se desapegar.

Na Índia, a tradição mais comum é que, depois do casamento, a esposa vá morar na casa dos pais do marido. Shaadi.com (um portal indiano

> de relacionamentos, destinado a quem deseja se casar) noticiou que essa tradição vem mudando aos poucos, porque depois do casamento cada vez mais mulheres preferem criar o próprio lar e a própria família.[4] A interferência da sogra na vida dos recém-casados é mencionada como uma das principais razões para a esposa não querer morar com os pais do marido. Com a presença de uma nova mulher na casa, não é raro que algumas sogras se sintam ameaçadas e passem a ditar comportamentos e estabelecer regras mais rígidas.

Quando os pais não param de interferir — qual é o problema?

É uma bênção ter pais amorosos e apoiadores. Entretanto, essa é uma realidade que não se aplica a todos. O problema surge quando os pais ou quaisquer cuidadores interferem demais na vida do filho, principalmente se ele for um adulto que já mora sozinho. É difícil estabelecer limites na relação com os pais, uma vez que ser assertivo nesse caso pode gerar culpa e a sensação de estar em dívida. Para os genitores, é difícil deixar que seu bebezinho se vá e sentir que perdeu o controle ou a importância na vida dos filhos. Por diversas razões — de fatores ambientais a problemas de saúde mental — alguns cuidadores podem ser excessivamente intrometidos, exigentes ou controladores. Crescer com pais intrometidos também afeta o desenvolvimento e a mentalidade dos filhos, além de dificultar a habilidade de impor limites. Saber resolver as próprias necessidades e prezar pela sua independência é importante não só para criar um relacionamento saudável com seus cuidadores, como também para que você se desenvolva enquanto pessoa e crie outros laços significativos na vida.

É uma **bandeira vermelha** quando:

- Os pais ou cuidadores lhe perguntam o tempo todo quando você vai se casar.

- Os pais ou cuidadores mandam na sua vida mesmo depois que você sai de casa (por exemplo, forçam você a estudar o que eles querem e lhe impõem o que vestir ou com quem se envolver).
- Os pais ou cuidadores fazem chantagem emocional para manter você sob controle.
- Os pais ou cuidadores tentam controlar você com dinheiro.
- Você não tem clareza dos seus limites, necessidades e/ou exigências, então acha difícil exprimir isso abertamente aos pais ou cuidadores. (E isso permite que os outros se intrometam na sua vida.)

É uma **bandeira verde** quando:

- Os pais ou cuidadores respeitam os seus limites.
- Os pais ou cuidadores não se metem mais na sua vida quando você pede espaço e respeito.
- Os membros da sua família respeitam suas escolhas em termos de autonomia, romance e outras decisões pessoais importantes (ainda que nem sempre concordem com elas).
- Você consegue equilibrar sua relação com a família e consegue viver em paz.

O que considerar ao decidir se você fica ou cai fora

Manter um relacionamento saudável com os cuidadores é importante, mas sabemos que nem sempre isso é possível. Quando os pais são muito amorosos e só querem o melhor para você, pode ser difícil dizer "por favor, não interfiram na minha vida". Quando criança, crescer com independência pode ser dificílimo e, em algumas circunstâncias, quase impossível. Alguns pais e responsáveis são muito controladores — manipuladores, até — e fazem chantagem emocional para forçar você a fazer o que eles querem. As mães e os pais narcisistas impõem aos filhos padrões muito altos, pois os veem como uma extensão de si mesmos. Cabe a você decidir como vai atender às próprias necessidades e, ao mesmo tempo, manter um relacionamento saudável e equilibrado com a família.

SINAIS PARA FICAR

- Você percebe que a intromissão dos pais na sua vida não é por mal. É só uma questão de tempo até eles se acostumarem com o fato de que você é adulto.

- Quando você pede que não se metam na sua vida, eles aceitam.

- Eles o aceitam do jeito que você é (embora nem sempre concordem com as suas escolhas).

- Você percebe melhora no modo como se comunica com os seus pais. Com a comunicação eficiente, encontra maneiras de criar um relacionamento muito mais saudável com eles e, ao mesmo tempo, obtém mais autonomia.

HORA DE PARTIR

- Os pais ou cuidadores interferem demais na sua vida.

- A interferência dos pais lhe faz mal em termos físicos, emocionais ou psicológicos.

- Os pais ou cuidadores tentam controlar ou manipular você com dinheiro.

- Você não consegue ser autêntico quando está perto dos seus pais.

BANDEIRA VERMELHA 2
"Por que você nunca esteve presente quando eu precisei?"

Pais indisponíveis e não confiáveis

"Sábio é o pai que conhece o próprio filho."
O mercador de Veneza, ato II, cena II,
WILLIAM SHAKESPEARE

Os pais indisponíveis

O seu modo de pensar e se relacionar com os outros é bastante afetado pela sua criação, sobretudo a que você recebe na primeira infância. Quando crescemos num ambiente seguro e afetuoso, as necessidades físicas e emocionais são atendidas com frequência e aprendemos a desenvolver apego de maneira saudável. No entanto, a falta de cuidados, de atenção ou de um ambiente apropriado na infância afeta o modo como pensamos sobre nós mesmos, a capacidade de estabelecer limites, a noção de autocuidado e os critérios para escolher parceiros durante a vida. Quando os pais não estão física ou emocionalmente disponíveis para suprir as necessidades dos filhos, estes em geral acabam se culpando pelas lacunas deixadas por essa ausência.

A criança não consegue conceber a ideia de que os cuidadores talvez não sejam capazes de dar o que ela precisa, então começa a acreditar que "O problema só pode ser eu. Não sou boa o suficiente para ser amada e cuidada", sem perceber que às vezes faltam, para muitas pessoas, as habilidades primordiais para se sair bem em determinadas áreas da vida, como ser bons pais. Ser condicionado a lidar com pais pouco confiáveis desde a infância pode resultar em aprender um estilo de apego que é baseado em insegurança, medo de abandono e até problemas de autoestima. Todas essas questões podem gerar comportamentos que não contribuem para estabelecer relacionamentos seguros. Refletir sobre a sua criação e o modo como ela afeta a sua vida atualmente é um ponto de partida importante para descobrir maneiras de ser uma pessoa melhor em muitas áreas, inclusive em relação a si mesmo. Podemos viver no piloto automático e, em geral, sem consciência do efeito que as experiências do passado têm sobre o nosso modo de pensar e nos comportar. Buscar compreender nossos processos inconscientes é o segredo do desenvolvimento pessoal e da capacidade de identificar situações que levantam bandeiras vermelhas dentro de nós. Aprimorar a autoconsciência e aprender a escapar da sombra de pais não confiáveis é útil para nos afastarmos ativamente da influência negativa da nossa criação em nossas atuais escolhas e, até certo ponto, do trauma geracional. Como adultos, não podemos mudar nossos pais nem o comportamento deles, mas podemos aprender a curar nossa criança interior e dar um jeito de proporcionar a ela uma nova criação, para que ela se torne o nosso eu maduro. Lembre-se desta frase: "Somos todos produto do passado, mas não precisamos ser prisioneiros dele", que combina muito bem com esse dilema. O passado afeta quem você é hoje e, em certa medida, o modo como pensa e se comporta, mas não precisa definir quem você deseja ser no futuro. Sempre temos *escolha* quando queremos mudar de verdade. O poder está nas suas mãos, caso escolha se tornar mais autoconsciente dos próprios padrões de comportamento e pensamento e caso queira mudar para melhor de maneira mais intencional.

A psicologia dos pais indisponíveis

É triste, mas nem todos os pais são bons cuidadores. Mesmo quando **têm boa intenção, podem falhar.** Sejamos realistas: nem sempre os pais têm um comportamento exemplar e erros acontecem, mas, se a norma para você, como filho, é ser emocionalmente negligenciado, então algo está errado. Há inúmeras razões que explicariam por que alguns pais não são capazes de oferecer o amor e a atenção de que a criança precisa. Não ser capaz de cuidar plenamente dos filhos pode ser o resultado de problemas pessoais,[1] falta de recursos financeiros, falta de habilidades parentais, falta de inteligência emocional, um ambiente inadequado,[2] questões relacionadas à saúde mental dos pais, más intenções ou vício em álcool e drogas, entre muitos outros. Uma perspectiva potente que gosto de apresentar sobre a negligência emocional é que ela não se trata de algo que nos acontece na infância, mas sim algo que deixa de nos acontecer: a falta de confirmação, de reconhecimento, de consciência, de compromisso, de amor ou validação.

Entender de onde vem a falta de confiabilidade ou a indisponibilidade dos seus pais ajuda a contextualizar, mas é claro que não justifica o comportamento deles nem o impacto disso na sua vida. Embora nem sempre seja fácil encontrar essa resposta, entender *por que* seus pais não puderam lhe oferecer os cuidados de que você precisava na infância traz a objetividade necessária para que você se afaste do passado, se é isso que procura.

Em algumas situações é possível ter pais muito amorosos e, mesmo assim, se sentir negligenciado. Isso é muito comum quando o comportamento deles é pouco confiável. Eles fazem promessas e não as cumprem; não estão ao seu lado nos momentos importantes da vida; às vezes são muito afetuosos e, em outras, frios e distantes. Ter pais imprevisíveis faz você se sentir menos amado, menos capaz de confiar,[3] mais socialmente isolado[4] e até suscetível a atrair, no futuro, parceiros não confiáveis.[5] A imprevisibilidade nas relações também pode se tornar uma dependência ou um vício: você fica esperando o momento em que as pessoas finalmente vão aparecer ou demonstrar amor e afeição. O impacto psicológico da negligência emocional sobre o bem-estar pode ser imenso e é considerado um tipo de trauma.[6]

A criança negligenciada

A negligência crônica é difícil de processar, e cada um lida com isso de uma forma. Mas vivenciar eventos traumáticos na vida nem sempre causa mentalidades ou comportamentos negativos. As pessoas são diferentes e reagem de várias maneiras às dificuldades.[7,8] No entanto, uma consequência comum da negligência emocional crônica na infância é a dificuldade de processar emoções na vida adulta.[9] As pessoas passam a temer emoções mais profundas, tanto as positivas (como as vivenciadas nas parcerias românticas saudáveis) quanto as negativas (como o medo do abandono). Nas duas situações, afastar o parceiro quando ele se aproxima demais ou assim que você identifica a primeira bandeira vermelha pode ser uma reação a não saber lidar com sentimentos íntimos e profundos. Afastar as emoções é o caminho conhecido, então sempre parecerá mais seguro. Ao lidar com as suas emoções (até mesmo as positivas), você pode se sentir exposto; talvez associe isso com parecer fraco ou perder o controle de si mesmo. No fundo, essas duas reações têm a ver com a falta de confiança e o medo de se magoar.[10]

Ao mesmo tempo, a negligência emocional e o cuidado parental pouco confiável também geram uma tendência à necessidade de agradar os outros. Esforçar-se para ser bonzinho ou tentar atender às exigências dos outros em detrimento das próprias necessidades pode vir da crença de que "preciso deixar você feliz e, quando estiver feliz, estarei feliz também". Em geral, isso reflete uma falta de sensibilidade em relação a si mesmo e a crença de que o amor é condicional, isto é, "se eu lhe der o que você precisa, receberei em troca atenção, respeito e, finalmente, amor". Na maior parte dos casos, a necessidade de agradar está ligada à baixa autoestima[11] e ao medo da rejeição. A criança negligenciada quer fazer o possível para deixar o outro feliz e se sentir aceita.

Uma criança interior negligenciada pode ditar grande parte do comportamento do seu eu adulto (mesmo quando não há motivos para ter medo). Tomar consciência disso é um passo importante para abordar as reações ao trauma nos relacionamentos e em outras áreas da vida.

Quando você se torna mais consciente de como sua criança interior dita seu modo de agir no presente, é possível embarcar numa jornada de cura em que ela é reconhecida, bem como buscar maneiras de consolá-la e, enquanto adulto, dar uma nova criação a ela. Trabalhar as questões da nossa criança interior é uma ótima forma de mudar a mentalidade padrão e validar necessidades e emoções.

> **VOCÊ SABIA?**
> **Escreva uma carta para a sua criança interior**
>
> Muita gente me pergunta como trabalhar com a criança interior, e há várias maneiras de fazer essa conexão. Nos meus vídeos no TikTok e no Reels do Instagram, falo muito do impacto que nossa criança interior exerce sobre nosso comportamento na vida adulta. A reação das pessoas na internet costuma ser: "Essa maldita criança interior está acabando com a minha vida. Como eu acabo com ela?" Ao que eu respondo: "É impossível." Em primeiro lugar, é importante reconhecer que todos temos uma criança interior. Entrar em contato com ela é um modo de reforçar seu bem-estar e se sentir mais conectado com o seu eu interior. É um bom jeito de compreender por que determinadas situações são gatilhos para você, por que você reage de tal maneira àquela situação, e, assim, trazer o inconsciente à tona. A criança interior é o seu eu mais jovem, que manifesta no presente as dores e as negligências do passado. Ela nos ajuda a entender por que, quando adultos, há situações em que somos muito maduros e outras nas quais reagimos como a criança magoada dentro de nós. É essencial aprender a controlá-la, pois, quando fazemos isso, nossas dores também podem ser o ímpeto para o sucesso.
>
> Então, quando permitir que a criança interior se manifeste e quando domá-la? Agora que somos adultos, conseguiremos juntar coragem e compaixão para dar uma nova criação à criança interior, fornecendo-lhe tudo que ela não recebeu e deseja muito? Você é capaz de abraçá-la e dizer "Vai dar tudo certo. Agora você está segura. Reconheço a sua dor. Perdoo você por estar chateada. E, sendo eu uma versão mais velha de

> você, darei o que você precisa"? Escrever uma carta à mão (ou no computador ou no celular) para a sua criança interior é uma ótima maneira de falar tudo isso com detalhes, e pode ser uma experiência de cura. A carta ajuda você a criar uma relação mais feliz e produtiva com o seu eu interior. Embora seja possível fazer isso no conforto do lar, é mais aconselhável trabalhar com alguém que possa guiá-lo nesse processo.

> A cantora Adele falou abertamente sobre como a ausência do pai afetou seus relacionamentos. Para não se magoar e se proteger, ela era a primeira a magoar o parceiro.[12] Sentir-se abandonada ou negligenciada por um dos pais pode ser muito negativo para os relacionamentos românticos no futuro. Sem querer, repetimos em nossas outras relações as disfunções que vimos em nossos pais.

Pais indisponíveis e não confiáveis — qual é o problema?

Os nossos anos de formação como indivíduo são os mais importantes para a construção de uma base saudável para a vida adulta. Ser criado em um ambiente aconchegante, com muito amor, cuidado e atenção, afeta positivamente o desenvolvimento físico e mental, contribuindo até mesmo para o sucesso na vida. Crescer com pais que não estão emocionalmente disponíveis ou não são confiáveis afeta de forma negativa o desenvolvimento mental, a regulação emocional, a noção de eu e a capacidade de, no futuro, estabelecer amizades e relacionamentos românticos saudáveis e duradouros. Na infância, não é raro acreditar que só pode ser sua culpa a negligência física e emocional dos cuidadores, e se questionar: "Por que mamãe ou papai não me amam?" ou "O que estou fazendo de errado para eles não me darem amor?" Na mentalidade padrão da criança, os cuidadores são pessoas boas que deveriam protegê-la. Mas é muito importante perceber que nem todos são capazes de ser pais amorosos e nem todos sabem exprimir esse amor de uma maneira que seja saudável e conduza ao bom desenvolvimento dos filhos. Também é importante ter consciência do impacto que a criação tem sobre a mentalidade e o apego futuros, em especial quando isso afeta a capacidade de viver relacionamentos saudáveis e duradouros. Qualquer que seja a forma de lidar com o passado ou a influência da sua criança interior sobre o seu comportamento de hoje, lembre-se de que você tem o poder de mudar e ser diferente dos seus pais. O ontem não precisa definir quem você será amanhã.

É uma **bandeira vermelha** quando:

- O pai, a mãe ou outro cuidador não estão presentes nos momentos mais importantes da sua vida.

- O pai, a mãe ou outro cuidador não ofereceram um ambiente seguro para crescer, o que no futuro deixa você à vontade com relacionamentos caóticos.

- Você acredita que é culpa sua o fato de seus pais ou cuidadores não terem dado a você atenção da qual precisava quando criança. Lembre-se: não foi culpa sua. Nem todos os cuidadores são capazes de dar a atenção e o amor necessários.

- Você não consegue olhar para dentro de si, a fim de identificar as crenças limitantes e os gatilhos emocionais que remontam a seus primeiros anos.

É uma **bandeira verde** quando:

- Você tem abertura com seu pai, sua mãe ou outro cuidador para falar sobre o passado sempre que achar que está na hora de abordar as coisas que o magoaram.

- Você reconhece que pais cometem erros e entende que não é prisioneiro do passado. Você é capaz de perdoar e mudar.

- Você reconhece que a negligência não se trata de algo que aconteceu, mas sim algo que deixou de acontecer com você na infância.

- Você abraça a sua criança interior (em vez de acabar com ela), a fim de acolhê-la e criá-la para conciliar o conflito interno entre passado e presente. Com isso, encontra maneiras de dar a devida atenção à programação mental do passado e melhorar seu modo de pensar e o seu comportamento agora.

O que considerar ao decidir se você fica ou cai fora

Neste capítulo, decidir se você quer ficar ou se quer cair fora significa escolher se quer ou não deixar que o passado decida o futuro. Não vir de um ambiente acolhedor, carinhoso ou amoroso não significa necessariamente que você está fadado a isso no futuro. Por sorte, somos todos diferentes. No entanto, a probabilidade de ser afetado pela negligência e falta de confiabilidade dos pais é alta. Se perceber que as decisões que toma na vida não lhe servem devido à sua criação ou se achar difícil criar relacionamentos saudáveis e duradouros, talvez seja melhor começar a trabalhar em uma mudança no seu padrão de mentalidade. Aprender a olhar mais para dentro de si é o primeiro passo para descobrir de que modo o subconsciente influencia suas decisões de hoje. Que situações são gatilhos para você? Por quê? Por que você é o primeiro a se afastar quando identifica qualquer bandeira vermelha? Por que provoca o caos quando seu relacionamento está em paz? Fazer essas perguntas a si mesmo pode esclarecer a influência que seu passado tem no presente. Lembre-se: somos todos produtos do passado, mas não precisamos ser prisioneiros dele. Sempre temos a opção de nos afastar da sombra do que já passou.

SINAIS DE QUE VOCÊ QUER SABER MAIS SOBRE COMO O PASSADO AFETA SEU PRESENTE

- Você deseja entender melhor a forma como o passado moldou seus comportamentos de hoje.

- Você percebe que a criação que recebeu o puxa para trás em vários aspectos.

- Você percebe que a negligência sofrida no passado afeta negativamente sua capacidade de criar relacionamentos saudáveis no presente.

- Você quer aprender a criar um relacionamento mais sustentável com a sua criança interior.

SINAIS DE QUE VOCÊ AINDA NÃO ESTÁ PRONTO PARA EXPLORAR O MODO COMO O PASSADO AFETA SEU PRESENTE

- Você é capaz de formar relacionamentos saudáveis com amigos, colegas e/ou parceiros românticos. Está satisfeito com sua atual situação.

- Independentemente de sua criação, você consegue fazer escolhas saudáveis na vida.

- Você encontrou uma maneira de transformar as dores do passado e os traumas da infância em fonte de motivação positiva, e isso se tornou uma força motriz do seu sucesso na vida.

- Atualmente, você não se sente seguro para lidar com o passado. Pensará nisso quando estiver pronto.[13]

BANDEIRA VERMELHA 3
"A síndrome do filho do meio"

O impacto da ordem de nascimento na rivalidade entre irmãos

"Irmãos e irmãs são tão próximos quanto mãos e pés."
Provérbio vietnamita

O impacto da ordem de nascimento

As relações entre irmãos estão entre as mais duradouras, mas ter irmãos pode ser uma bênção e uma maldição ao mesmo tempo, a depender muito de como essa relação fraterna evolui. Ter um bom relacionamento com um irmão ou uma irmã (ou vários irmãos) traz muitos benefícios para o desenvolvimento da criança, porque ensina habilidades fundamentais para lidar com relacionamentos, como competências sociais, empatia, capacidade de negociar e disposição de dividir e de se apoiar mutuamente. Alguns estudos mostram até que o relacionamento positivo com os irmãos contribui para uma boa saúde no futuro.[1,2]

As irmãs e os irmãos mais velhos também podem ser modelos e fonte de proteção para os mais novos, em especial quando assumem responsabilidades mais sérias na família. No entanto, ter irmãos não significa necessariamente que tudo são flores. Muita gente tem relações ruins com os irmãos, o que pode afetar o desenvolvimento e a saúde mental. Vários fatores afetam o relacionamento fraterno: a dinâmica da família, o ambiente em que foram criados e a personalidade de cada um são apenas alguns exemplos. Um fator menos compreendido nesse sentido é a ordem de nascimento. Pense nestas perguntas: se você tem um irmão, a ordem de nascimento afeta o modo como foi tratado, a sua visão de mundo e quem se tornou? Os homens que têm irmãs mais velhas costumam levantar bandeiras verdes? E se você tiver um irmão mais novo *e* outro mais velho, será vítima da síndrome do irmão do meio?

    Entender que, com o tempo, a ordem de nascimento influencia a forma como os pais tratam os filhos e o desenvolvimento da sua personalidade é algo que vale a pena levar em conta. Isso fornece uma lente para avaliar os relacionamentos e é uma oportunidade de explorar de que maneira a convivência com seus irmãos e irmãs afetou quem você é hoje. As relações fraternas estão entre os laços mais fortes que existem e, ao contrário dos amigos, não é fácil afastar-se de um relacionamento tóxico com irmãos e irmãs. Identificar as bandeiras verdes e vermelhas vai ajudar você a se afastar da dinâmica negativa e dos padrões de comportamento, a fim de criar laços mais fortes com seus irmãos.

Efeitos da ordem de nascimento: psicologia popular ou coisa séria?

Você já se perguntou se foi afetado de algum modo pela sua posição na ordem de nascimento? Bom, essa é uma questão que muitos pesquisadores consideram genuína e relevante. O psiquiatra austríaco Alfred Adler foi um dos primeiros a teorizar que a ordem de nascimento pode afetar o desenvolvimento da personalidade dos irmãos. No entanto, pesquisas mais recentes discordam.[3] Diversos estudos investigaram o efeito da ordem de nascimento e produziram descobertas interessantes, mas nada conclusivo a ponto de ser possível afirmar que é um fato generalizável (em parte, devido à dificuldade de estudar uma dinâmica de relacionamento tão complexa). Mas desdenhar dos impactos da ordem de nascimento sobre a personalidade e o comportamento — além dos efeitos de outros fatores agravantes, como gênero, cultura, classe social e tamanho da família — deixaria de fora um grau de compreensão sobre o papel dos laços familiares em nossa vida.

Natureza e criação: um ponto de vista comportamental

Já sabemos, pelo ponto de vista psicodinâmico da psicologia, que receber mais ou menos atenção quando criança afeta o modo de pensar no futuro, a personalidade e o tipo de apego.[4] Portanto, é natural imaginar que ser o primeiro, o do meio ou o último a nascer em uma família afetará, de algum modo, a quantidade da atenção recebida e o papel que será desempenhado como irmão ou irmã. A cultura também tem um papel importante nesse tópico: algumas priorizam os primogênitos e lhes dão mais autoridade, exigem mais respeito dos irmãos mais novos, ou concedem maior direito à propriedade no futuro, por exemplo. Na cultura aborígine, para cada gênero há até nomes que indicam a ordem de nascimento. Há, ainda, culturas em que os primogênitos sofrem mais pressão para assumir responsabilidades na família, o que lhes provoca um nível mais alto de ansiedade e depressão quando comparados aos irmãos mais novos.[5] A personalidade tem um componente genético, mas é estabelecida principalmente pela criação e pelo ambiente. Esse fato costuma ser chamado de "natureza *versus* criação". Do ponto de vista comportamental, ser um dos irmãos com uma posição específica na ordem de nascimento significa que, com o tempo, você precisará aprender determinadas estratégias para competir por atenção, recursos, individualidade e posição na família. Portanto, a ordem de nascimento influencia quem obtém mais ou menos ferramentas e aumenta a tendência a desenvolver certas características ligadas a ela.

Características da ordem de nascimento

Sejam elas crendices populares ou embasadas por pesquisa, certas características comportamentais e de personalidade foram associadas à ordem de nascimento. A seguir, são descritas as mais associadas à ordem de nascimento e como elas podem ser moldadas pela dinâmica familiar.

PRIMOGÊNITOS

Os primogênitos são os irmãos mais velhos, portanto recebem mais atenção parental com relação a tempo. Por serem os primeiros filhos, em geral são alvo de muita atenção e cuidado (minucioso) dos pais. É comum dizer que eles desenvolvem o laço mais forte com os pais, o que os leva a, no futuro, desejar satisfazer suas expectativas. Isso pode torná-los mais responsáveis, preocupados com metas, meticulosos e extrovertidos, mas também neuróticos, conservadores e mandões. Já foi teorizado que os primogênitos seriam um pouquinho mais inteligentes (com QI mais alto) do que os irmãos e irmãs mais novos devido ao *efeito tutor*, ou seja, por conta do encargo de instruir os irmãos.[6] No entanto, não há provas concretas de que isso aconteça.

FILHOS DO MEIO

Em geral, esses são os filhos que se veem exatamente no meio do melhor de dois mundos: o primogênito com seus privilégios de filho mais velho e o caçula com seus privilégios de filho mais novo. Isso pode fazer muitos filhos do meio se sentirem negligenciados, ignorados ou excluídos e terem dificuldade de se encaixar. O filho do meio pode se sentir o menos querido de todos os irmãos e ter necessidade de competir ou de ser o pacificador. Essa posição única costuma ser chamada de *síndrome do filho do meio* (entenda que essa expressão não é usada para descrever um transtorno mental, tampouco deveria; não passa de um termo popular). Ela ressalta que geralmente esse grupo receberá menos atenção e será menos feliz e mais irritadiço devido à ordem de nascimento, com problemas futuros de todo tipo. Sem a compreensão clara do seu papel na família, os filhos do meio também podem sentir que não têm uma função no mundo. Portanto, acredita-se que eles sejam os menos conectados à família e, em geral, os primeiros a sair da casa dos pais. No entanto, outros proponentes da ordem de nascimento argumentam que, na verdade, ser o filho do meio traz mais qualidades positivas do que as outras posições, pois este se torna o mais diplomático, independente, experimental, flexível, empático, fácil de lidar e o melhor negociador.

CAÇULAS

Os caçulas geralmente recebem mais atenção e zelo do que todos os irmãos e se sentem mais protegidos e bem cuidados. Costumam ser considerados os bebês da família e às vezes são mimados e tratados como se nunca errassem. Isso pode torná-los mais agradáveis, abertos, charmosos, populares, criativos e com a autoestima elevada quando comparados aos irmãos mais velhos. Por outro lado, os caçulas também correm mais riscos, são mais rebeldes e têm mais probabilidade de depender dos outros no futuro.

VOCÊ SABIA?
O impacto da cultura e do gênero na posição dos irmãos

Pensar na ordem de nascimento como o único fator que influencia o comportamento e a personalidade no relacionamento entre irmãos é raso demais. Assim como a dinâmica familiar, o comportamento humano é complexo e influenciado por outros fatores. Além da ordem de nascimento, também há a chamada posição dos irmãos.[7] Se você for a única menina numa família de cinco meninos, talvez receba mais atenção (especial) e seja vista pelos pais como a princesinha da família. O filho que nasce com alguma deficiência receberá mais cuidados dos pais e também dos outros irmãos, mesmo que a ordem de nascimento indique outra coisa. Ou, quando uma criança nasce após a morte de algum filho, é possível que ela receba mais cuidados (ou seja superprotegida). O impacto que a relação entre irmãos tem sobre nós mesmos e sobre os outros deve sempre ser examinado sob uma perspectiva multidimensional.

FAMÍLIA E AMIZADE

Tudo isso é real ou imaginação? Como ocorre com os horóscopos, é fácil se valer do amplo espectro das características da ordem de nascimento como se elas fossem muito identificáveis. Seja qual for o caso, é verdadeira a ideia de que a ordem de nascimento afeta o comportamento a curto e longo prazos, ainda que de maneira complexa. No entanto, é importante notar que cada família tem uma dinâmica familiar própria e, portanto, cada situação é diferente. Assim, é difícil fazer afirmações concretas sobre a personalidade ou a qualidade de vida de alguém com base apenas nisso. Acredito que, para determinar o impacto que o relacionamento com seus irmãos teve na sua vida, o mais importante seja avaliar se seus comportamentos em geral são saudáveis ou não. Assim, é possível descobrir se a dinâmica familiar como um todo e a dinâmica entre irmãos afeta tal comportamento, e, se sim, de que maneira isso acontece. Embora os pais gostem de acreditar que tratam todos os filhos igualmente, na prática isso não é verdade; eles têm uma relação diferente com cada um. Os pais costumam mudar à medida que vão envelhecendo e tendo mais filhos, de modo que cada criança em uma família tem uma versão diferente dos pais. Se você se sente afetado pela relação com os seus irmãos, talvez seja uma boa ideia sentar-se e escrever exatamente em que pontos e como e, depois, escolher um momento para falar com eles sobre isso. Uma única conversa como essa na vida adulta pode ser o catalisador que ajudará você a curar velhas feridas e talvez até recriar uma conexão perdida.

Bandeiras vermelhas no comportamento entre irmãos

Qualquer que seja a ordem de nascimento, é importante entender a origem de determinados comportamentos dos seus irmãos e como isso impacta sua vida. Identificar de que modo a dinâmica familiar motiva determinadas ações lhe dá condições melhores de abordar o que não é saudável no relacionamento entre irmãos e entre pais e filhos. Veja alguns exemplos de comportamento problemático na dinâmica familiar:

RIVALIDADE

O seu irmão ou irmã tem necessidade de competir com você. Você sente que ele sempre quer ser o melhor, de um jeito que não é legal. Reflita: seu irmão é naturalmente assim com os outros ou só é mais competitivo dessa maneira com você? O impacto comportamental da ordem de nascimento faria o seu irmão querer competir mais com você? Se acha que sim, então abordar a dinâmica familiar e os sentimentos ligados à experiência percebida com esse irmão terá um efeito mais positivo sobre o comportamento e as emoções que o acompanham do que só falar da competitividade.[8] É importante também questionar como o outro vivenciou o processo de crescer com você. Embora você ache que sabe o que provoca o comportamento do outro como irmão ou irmã, talvez se surpreenda com o que ele tem a dizer.

IRMÃOS CONTROLADORES

Alguns podem ser muito controladores em relação aos irmãos e às irmãs. Essa característica é ainda mais forte em irmãos mais velhos, que naturalmente se sentem no comando por causa da idade e da posição na família, podendo tornar-se muito autoritários. Além do irmão mais velho, os filhos do meio podem ficar mais mandões com os irmãos que chegam. Os irmãos controladores usam técnicas de manipulação, como mentir, distorcer fatos, manipular (o famoso *gaslighting*), ameaçar e fazê-lo se sentir culpado para que faça o que eles querem. Combater esse comportamento pode ser difícil porque, em geral, neste caso você lida com um irmão ou irmã mais velho. Aprender a estabelecer limites é importante no relacionamento. Quando se sentir pressionado por um irmão, afaste-se dele ou minimize o contato tanto quanto possível. Você também pode dar um ultimato ou explicar quais serão as consequências se continuarem a controlar ou manipular você. É importante pôr em prática as consequências estabelecidas caso o mau comportamento siga acontecendo. Senão, o modo como tratam você pode piorar. Finalmente, busque melhorar sua habilidade de comunicação. Decifre o que causa atrito na dinâmica entre irmãos e procure abordar os problemas com diplomacia, por meio da comunicação — em especial se houver desequilíbrio de poder no relacionamento (por exemplo, um irmão fisicamente mais forte).

> Um ótimo exemplo de pessoa não afetada pela condição de filha do meio é Kim Kardashian, estrela dos reality shows e empresária de sucesso. Ela claramente criou uma identidade para si. E, se sofreu com falta de atenção quando criança, é evidente que hoje em dia não sofre mais.

O impacto da ordem de nascimento na rivalidade entre irmãos — qual é o problema?

Ter irmãos pode ser uma bênção e uma maldição ao mesmo tempo. Às vezes, você tem sorte e desenvolve uma relação fantástica com eles; às vezes, não tem tanta sorte. O desajuste entre a sua personalidade e a dos seus irmãos costuma causar conflitos; talvez um evento específico tenha provocado sentimentos ruins entre vocês, prejudicando a relação. Mas você imaginaria que a ordem de nascimento seria uma possível fonte de drama no relacionamento entre irmãos? Alguns pesquisadores acreditam que isso de fato acontece e há até estudos feitos para respaldar essa hipótese. Ser o primogênito, o caçula ou o do meio influencia o tratamento dado pelos pais e a maneira como você se sente em relação a si mesmo. Embora nem todas as pesquisas confirmem o impacto da ordem de nascimento sobre a mentalidade e o comportamento de uma pessoa, nascer em determinada posição na família significa, do ponto de vista comportamental, que com o tempo você precisará aprender estratégias específicas para competir por atenção, recursos, individualidade e posição na família. Dizem que os primogênitos são os mais meticulosos e responsáveis de todos os irmãos. Em geral, os caçulas têm o estereótipo de despreocupados e criativos, enquanto os filhos do meio seriam os mais infelizes e privados de atenção, daí a expressão popular "síndrome do filho do meio". Tudo isso é verdade mesmo? A linguagem corrente pode criar estereótipos e realidades preconceituosas, com o propósito de autovalidação. No entanto, a ideia de que a ordem de nascimento afeta o comportamento a curto e longo prazos é verdadeira, embora isso ocorra de modo complexo. Use as crenças comuns sobre a ordem de nascimento como indicativo, mas lembre-se sempre de que cada família é de um jeito. Observe o caso da sua família de um ponto de vista único e tente descobrir de que modo a dinâmica familiar e o relacionamento entre irmãos evoluíram com o tempo, moldaram as personalidades e influenciaram o comportamento de vocês.

É uma **bandeira vermelha** quando:

- Como pai ou mãe, você não dá atenção ao filho do meio.
- Como pai ou mãe, você não reconhece o impacto que a dinâmica familiar tem sobre o comportamento dos filhos quando eles crescem.
- Você já é adulto e ainda guarda rancor porque seus pais trataram você e seus irmãos de forma diferente. (Deixe isso para trás e a perdoe, se possível.)
- Sua condição de primogênito torna você mais controlador nos relacionamentos românticos, o que afeta negativamente a vida amorosa.

É uma **bandeira verde** quando:

- Você entende que sua posição na ordem de nascimento pode afetar sua personalidade, suas crenças e seu comportamento. No entanto, você também percebe que isso não é uma sentença. Cada família é diferente.
- Você aceita positivamente as características boas da sua posição na ordem de nascimento: o primogênito responsável e preocupado com resultados, o filho do meio empático e ótimo negociador, o caçula positivo e criativo.

- Você tenta se reconectar com os irmãos para conversar sobre o passado, encontrar maneiras de aliviar as dores e preocupações que restaram e, assim, libertar das crenças limitantes você mesmo e os outros.

- Como pai ou mãe, você impede o surgimento da síndrome do filho do meio, dando a ele a atenção merecida.

O que considerar ao decidir se você fica ou cai fora

Manter um bom relacionamento é uma meta importante para qualquer membro da família, principalmente entre irmãos. No entanto, nem sempre isso é possível. Talvez você não concorde com o modo de levar a vida que o outro segue, talvez guarde rancor de um dos seus irmãos pela forma com que você foi tratado por ele no passado. É possível que a ordem de nascimento, o gênero e outras características pessoais (ou casualidades e circunstâncias da vida) tenham tornado você o mais responsável ou o menos visto ou cuidado na família. Muitas coisas podem acontecer e acabar atrapalhando os laços familiares e a vontade de manter a conexão. O relacionamento com os irmãos é importante para o nosso desenvolvimento, e encontrar maneiras de nos reconciliar com o passado quando necessário é uma jornada de aprendizado a que todos os membros da família deveriam se dedicar para manter um relacionamento saudável. No entanto, nem sempre é fácil; às vezes, é até mesmo impossível.

SINAIS DE QUE, QUANDO ADULTO, VOCÊ NÃO SE SENTE NEGATIVAMENTE AFETADO PELA ORDEM DE NASCIMENTO

- Você valoriza a importância da família e acredita que os laços sanguíneos falam mais alto. Todos os membros da família precisam lidar com as diferenças individuais.

- Você percebe que a sua posição na ordem de nascimento afetou, sim, a sua personalidade e o relacionamento com seus irmãos, mas não define como será essa relação depois de adulto.

- Você busca falar sobre o passado com seus irmãos, a fim de abordar e curar dores antigas. Eles também estão abertos a conversar com você.

- Como filho mais velho, é muito provável que você se sinta mais responsável pela família e mais disposto a manter uma relação forte entre os irmãos.

SINAIS DE QUE, QUANDO ADULTO, VOCÊ SE SENTE NEGATIVAMENTE AFETADO PELA ORDEM DE NASCIMENTO

- O modo negativo como os seus pais ou irmãos tratam você afeta a sua saúde física e mental.

- Seus pais ou irmãos não o aceitam como você é.

- Seus irmãos criaram intencionalmente uma relação ruim entre você e seus pais.

- Como primogênito, você se sente mais responsável e, consequentemente, mais solitário ou isolado. Como filho do meio, você aprendeu a ser o mediador da família, por isso se sente menos importante no contexto familiar. Como caçula, você se sente menos capaz de se expressar, torna-se mais introvertido devido à superproteção ou sente sua liberdade pessoal limitada.

BANDEIRA VERMELHA 4
"Caramba, você viu o que aconteceu com a Wendy?"
Quando amigos e familiares fazem fofoca

"As palavras não têm asas, mas podem voar mil léguas."
Provérbio coreano

Quando amigos e familiares adoram fofocar

A comunicação, escrita ou falada, é uma ferramenta importante na vida cotidiana. Ela ajuda a criar intimidade, a resolver problemas de relacionamento e inspira as pessoas a progredir. A linguagem ajuda os outros a entender quem somos, como pensamos e o que achamos importante. As palavras são poderosas, não só por transmitir uma mensagem, mas também por afetar a forma como as pessoas pensam e se sentem sobre si mesmas e sobre os outros. Infelizmente, nem todos os tipos de comunicação são positivos. Alguns estilos e modos de comunicação podem ser bem destrutivos. Pense em mentir, distorcer fatos (*gaslighting*), praguejar e manipular. Também há outras maneiras de comunicação que, a depender do uso, podem ser positivas ou negativas. A fofoca é um exemplo de comunicação ambivalente e um tipo de diálogo no qual amigos e familiares costumam ficar envolvidos. Em várias culturas, a fofoca atende a um propósito social e psicológico nos relacionamentos humanos (une as pessoas e permite que amigos e familiares compartilhem as dores e os infortúnios).

De acordo com um estudo específico,[1] em média, as pessoas fofocam cerca de 52 minutos por dia. No entanto, fofocar pode ser extremamente prejudicial e é considerado uma forma de agressão voltada a destruir amizades íntimas ou arruinar reputações. Por isso, é importante entender por que as pessoas fofocam, em que situações específicas isso acontece e o que fazer para resolver. Mergulhar na psicologia da fofoca permite explicar por que amigos e familiares adotam essa prática e como gracejos positivos podem se transformar em difamação negativa. Alguns amigos e familiares usam a fofoca como arma para desestabilizar relacionamentos, e é importante reconhecer os sinais de um comportamento positivo e negativo a fim de impedir que ele afete a sua vida. Ser capaz de identificar as bandeiras verdes e vermelhas da fofoca, além de ajudar a criar relações mais fortes, também nos oferece o conhecimento e as habilidades necessários para nos tornar comunicadores melhores. Está na hora de transformar a fofoca em ferramenta de criação de conexões mais fortes entre as pessoas que você mais ama.

A psicologia da fofoca

A psicologia da fofoca é interessantíssima. Fofocar é o ato de falar de alguém — de um jeito bom ou ruim — quando essa pessoa não está presente. Em geral, fofocar tem uma conotação negativa. Quando pensamos em fofoca, imaginamos a disseminação de boatos ou difamação dos outros, a fim de prejudicar reputações ou relacionamentos. No entanto, também há aspectos positivos na fofoca, e em certos casos ela pode até ser construtiva para os relacionamentos. As pessoas se dedicam a essa prática com o intuito de criar vínculos, trocar informações e manter a estrutura social. Fofocar também ajuda a lidar com emoções negativas e superar o desconforto psicológico. Do ponto de vista evolutivo, a fofoca, além de incentivar a união, é uma estratégia de comunicação para influenciar os sistemas sociais por meio da reputação e criar regras dentro do grupo, mantendo as pessoas sob controle. Ou seja, a fofoca pode ser considerada uma estratégia de sobrevivência. De acordo com algumas pesquisas, até 67% das conversas diárias tratam de outras pessoas e/ou tópicos sociais, e as mulheres fofocam mais do que os homens.[2] Parece chocante fofocarmos tanto, mas, nos ambientes sociais em geral, gostamos de falar dos outros e compartilhar informações sociais. Todo mundo fofoca. Pesquisas recentes também mostram que a fofoca libera ocitocina, que faz as pessoas se sentirem mais próximas e felizes.[3] O uso da fofoca para autorregulação emocional e como facilitadora de relacionamentos determina se essa prática é empregada para o bem ou para o mal. Por isso é importante refletir mais sobre quando e por que você ou os outros fofocam e qual é a função da fofoca na sua vida social. Isso também ajuda a indicar se a fofoca é uma bandeira verde ou vermelha.

O lado sombrio da fofoca

Fofocar e espalhar boatos com a intenção de prejudicar os outros é um ato maldoso e agressivo. Em geral, as razões psicológicas por trás desse comportamento estão ligadas a emoções e sentimentos como medo, ciúme, insegurança, vingança, solidão e desejo de se sentir importante. Muitas vezes, as pessoas recorrem à difamação quando não se sentem fortes ou confiantes para encarar de frente determinadas pessoas e situações. Adotar uma abordagem indireta para ferir os outros é menos conflituoso e pode ser feito sem que os outros notem diretamente o que está acontecendo. Também há razões psicopatológicas para as pessoas fofocarem. Indivíduos com transtorno de personalidade narcisista, por exemplo, tentam frequentemente arruinar a reputação das pessoas que eles temem ou de quem não gostam, por medo de ter esse mau comportamento cobrado ou como uma maneira de se autopromover. As pessoas com alta pontuação nas características da tríade sombria da personalidade — que, além do narcisismo, inclui as tendências maquiavélicas e psicopatas — dedicam-se ativamente a destruir reputações e espalhar boatos sem sentir remorso. Chegam a achar divertida a fofoca negativa.

O mais fascinante da fofoca é que, quando você tem uma boa posição dentro do seu grupo social, a prática promove sinergia. As pessoas ouvem falar de você nos corredores e por outros membros do grupo.

A sua reputação claramente o precede e os outros fazem contato para trabalhar ou socializar com você. "Sucesso gera sucesso", como se diz, e as pessoas gostam de ficar perto de quem se dá bem. Mas esse tipo de reputação também atrai os malfeitores do grupo que temem o seu sucesso e a energia positiva que você transmite. Vez ou outra você enfrentará microagressões no trabalho ou entre amigos e familiares, e isso o deixará na defensiva. Ao tentar se proteger ao se distanciar dos malfeitores, o afastamento e uma suposta rejeição serão usados contra você. Se não for administrada estrategicamente, aos poucos, a reputação positiva pode se transformar em negativa. Não surpreende que as pessoas bem-sucedidas sejam alvo de fofocas negativas de familiares, amigos e colegas de trabalho, por despertarem nos outros a inveja e a insegurança, elas logo se tornam alvo de boatos e difamação. A cultura da família ou da empresa também pode fomentar esse comportamento negativo para manter as pessoas sob controle, principalmente em famílias grandes ou profissões nas quais os indivíduos se destacam por méritos particulares e a competição é grande. Se você foi vítima de difamação e fofoca negativa sem base sólida, lembre-se sempre de que, se os outros falam de você, provavelmente você é importante, porque, se eles falassem de si mesmos, ninguém lhes daria atenção. Mantenha a cabeça erguida e continue a avançar. Deixe que o carma faça o seu trabalho.

Quem fofoca mais, homens ou mulheres?

Fofoca não tem gênero. No entanto, de acordo com diversos estudos comportamentais, clínicos e de gênero, as mulheres tendem a fofocar mais do que os homens,[4] e há diferença nos tópicos sobre os quais os dois gêneros fofocam. E isso se dá por várias razões. Um motivo específico para as mulheres se dedicarem mais à atividade é competir com as outras por possíveis parceiros (ameaça de rivalidade romântica).[5] Essa prática também pode ser usada como arma ou ato de agressão. Enquanto os homens tendem a expressar um sentimento negativo por meio da agressão física, as mulheres se dedicam mais a sujar reputações e fofocar. As mulheres muito competitivas se dedicam a formas mais agressivas de disseminar boatos do que as menos competitivas. Outra razão para as mulheres saírem na dianteira da fofoca é satisfazer a necessidade de intimidade; comparadas aos homens, elas buscam mais intimidade com as pessoas, como forma de se manter informadas, se sentir seguras e preservar as conexões humanas.

Quando a fofoca é saudável e quando não é?

A fofoca assume formas variadas e, como explicado anteriormente, pode ter motivações diferentes. Nem toda fofoca é ruim; algumas podem ser muito positivas, na verdade. Mas qual é a diferença entre a fofoca saudável e a não saudável? Os itens a seguir destrincham o uso da fofoca positiva e negativa, além de dar exemplos do que é dito em cada situação.

FOFOCA SAUDÁVEL
Revelar notícias positivas sobre amigos e familiares:

- Falar de quem está começando um novo emprego, recebeu uma promoção, começou um novo relacionamento ou comprou uma casa.

- Comentar os planos das pessoas amadas, para apoiá-las ou para inspirar a si mesmo.

FOFOCA NÃO SAUDÁVEL
Revelar notícias negativas sobre amigos e familiares:

- Espalhar boatos.

- Falar do comportamento dos outros.

- Prejudicar a reputação de alguém.
- Tentar criar rivalidade entre amigos.

COMO APRENDER A HABILIDADE DA FOFOCA POSITIVA

- Considere se a fofoca serve a algum propósito na conversa (para você ou para o outro).
- Não fofoque com o objetivo de se promover nem de obter ganho pessoal.
- Não seja negativo em relação aos outros. Se quiser alertar alguém, faça isso unicamente em prol do bem-estar do grupo (não do seu).
- Não mude a história nem distorça informações.
- Tente se concentrar nos pontos positivos da outra pessoa. Além disso, prefira se manter neutro quando ouvir fofocas e rebata a informação solicitando comentários positivos sobre a pessoa em questão.

VOCÊ SABIA?

Fofocar é algo tão essencial no comportamento humano que diversas culturas do mundo têm nomes peculiares para quem aprecia a prática. Veja alguns dos meus nomes favoritos para fofoqueiros em diversas partes do mundo:

Radio Mileva (sérvio) — significa algo como "central de fofocas".
- *Chismoso/a* (espanhol) — alguém (homem ou mulher) que espalha boatos, mesmo que não sejam verdadeiros.
- *Roddeltante* (holandês) — traduzido literalmente como "tia fofoqueira".
- 八卦 *(bāguà)* (chinês) — quem gosta de falar sobre os assuntos privados dos outros.

- *Koutsombolis* (grego) — fofoqueiro.
- *Marites* (tagalog) — um modo de chamar o fofoqueiro nas Filipinas.
- *Yenta* (*yinglish* — palavra iídiche que o inglês pegou emprestada) — fofoqueiro ou linguarudo.
- *Gossipper* (inglês) — quem adora fofocar.
- *Mchongezi* (suaíli) — alguém que fala mal dos outros.

Quando amigos e familiares fofocam — qual é o problema?

Conversar, pessoalmente ou por mensagens privadas, é uma ferramenta importante da vida cotidiana. As conversas nos ajudam a criar vínculos, resolver problemas e até influenciar pessoas. Fofocar é uma forma de conversa específica que tem o poder tanto de conectar quanto de destruir. A fofoca atende a vários propósitos nos relacionamentos: da simples troca de informações ao gerenciamento de emoções negativas e à superação do desconforto psicológico, além de ser uma maneira de influenciar os sistemas sociais para manter as pessoas sob controle. Em geral, "fofocar" tem conotação negativa — e com certa razão —, porque nem todo mundo é capaz de fazer a fofoca positiva, que nada mais é que a capacidade de transmitir informações positivas sobre os outros, elevando o status e a reputação deles dentro dos grupos sociais. Por outro lado, a fofoca negativa fere os relacionamentos e pode arruinar a reputação e até a possibilidade de carreira de alguém. Infelizmente, muitos se entregam à fofoca negativa por diversos motivos, como insegurança pessoal, medo, ciúme, retaliação, vontade de se sentir importante, má intenção e/ou solidão. Não é possível proteger-se 100% da fofoca, mas é possível aprender a não deixar que ela o afete. É igualmente importante desenvolver o hábito de não se dedicar a espalhar boatos prejudiciais e, quando possível, resguardar as pessoas de quem os outros falam mal. Manifestar-se põe em xeque as razões dos indivíduos para se envolverem na fofoca negativa e até os faz refletir se deveriam continuar nessa cruzada.

É uma **bandeira vermelha** quando:

- Você, seus amigos e familiares se dedicam a criar intrigas ou falar mal dos outros.

- Você, seus amigos e familiares se dedicam a sujar reputações por ciúme, despeito, problemas de autoestima ou de saúde mental.

- Você, seus amigos ou familiares se dedicam à fofoca não saudável como forma de agressão.

- Você se deixa afetar demais pelo que os outros dizem a seu respeito.

É uma **bandeira verde** quando:

- Você consegue distinguir a diferença entre fofoca saudável e não saudável, e escolhe se afastar da segunda.

- Você entende o papel da fofoca positiva nos relacionamentos sociais, a usa para se conectar aos outros e só compartilha aspectos positivos das pessoas de quem você fala.

- Você protege as pessoas sobre quem os outros fofocam negativamente ou questiona a intenção dos difamadores.

- Você sabe combater ataques de fofoca. Sabe quando é hora de se calar, refutar ou ir embora.

O que considerar ao decidir se você fica ou cai fora

Sejamos francos: todo mundo adora fofocar! É da natureza humana; quem não gosta de participar? Envolver-se em fofocas positivas ou negativas traz, sim, vários benefícios psicológicos. Ajuda a se conectar com os outros e, às vezes, pode até aliviar algum desconforto. No entanto, é importante pensar duas vezes antes de abrir a boca com esse propósito. Pergunte-se qual é a sua verdadeira intenção ao ter vontade de espalhar boatos. Está aborrecido? Acha importante pôr os outros para baixo? Ou quer fazer uma cruzada moral? Seja qual for a razão, comece sempre admitindo o seu objetivo e reflita quais serão as possíveis consequências (diretas ou indiretas) das suas ações. Se gosta de fofocar, por que não praticar a fofoca positiva? Você nunca sabe como o universo vai recompensá-lo pelas palavras gentis.

O QUE PROMOVE A FOFOCA QUE NÃO É SAUDÁVEL

- Não estar num bom momento.

- A cultura organizacional na qual você trabalha dar a entender que disseminar boatos negativos sobre os outros é algo aceitável que ajuda você a sobreviver e prosperar naquele ambiente.

- Dedicar-se a fofocas para mostrar que está a par dos últimos acontecimentos, o que lhe dá uma sensação de importância.

- Considerar a fofoca um modo de influenciar os círculos sociais em que você opera e de manter as pessoas sob controle.

O QUE EVITA A FOFOCA QUE NÃO É SAUDÁVEL

- Perceber o impacto dos boatos na vida dos outros (inclusive na sua).

- Tornar-se mais consciente das razões subjacentes para se dedicar à fofoca e querer mudar de comportamento.

- Desejar proteger as pessoas do seu círculo social e questionar os outros quando eles fofocam sobre pessoas que você conhece.

- Sempre que está insatisfeito com alguém, preferir abordar essa pessoa diretamente, em vez de fofocar pelas costas dela.

BANDEIRA VERMELHA 5
"Meu querido idiota"
Quando amigos tentam colocar você para baixo

"Tome cuidado com quem você chama de
'amigo'. Prefiro ter 4 moedas de 25 centavos a
ter 100 moedinhas de 1 centavo."
Al Capone

Quando os amigos se tornam inimigos

Ter amigos íntimos é importante. Eles nos protegem, auxiliam no nosso crescimento e são sinceros. Gosto sempre de repetir: "Os amigos amortecem a dor e nos ajudam a vencer." Por mais difícil que seja ouvir a verdade nua e crua, você sabe que, quando se trata de pessoas próximas, em geral essa sinceridade é de fato bem intencionada. Seus bons amigos estão pensando no seu bem, mas às vezes eles mudam. A princípio, talvez você não note a mudança de comportamento, mas, com o tempo, começa a captar comentários sutis ou um tom condescendente — "Você é velho demais para ficar até tão tarde na balada" ou "Você não é mais tão bonita quanto antes" — para cutucar a sua insegurança ou colocá-lo para baixo de propósito. Às vezes, os amigos julgam seu estilo de vida ou seus relacionamentos, criticam o seu modo de encarar a vida e as pessoas do seu convívio, o que pode fazer você se sentir esgotado, sem apoio e julgado o tempo todo. Nessas relações, a negatividade também surge quando os amigos param de parabenizá-lo pelas suas conquistas ou não reconhecem seu progresso. Seja qual for a razão da mudança de sentimento e de comportamento, é sempre importante esclarecê-la. Muitos preferem fazer vista grossa para essas questões, porque não querem prejudicar a amizade ou têm a esperança de que tudo passe com o tempo. Mas esse é um excelente modo de amplificar problemas, até que as amizades acabem ou se tornem muito desagradáveis. É necessário saber identificar bandeiras vermelhas em nosso círculo social para abordar rapidamente os problemas e desvendar as razões da mudança de atitude. Nem todo comportamento negativo é insensível ou cruel; há casos em que os amigos agem de um jeito atípico por medo e insegurança. Nem todos os comportamentos problemáticos têm natureza grave, mas também não é sempre que podem ser resolvidos. Entender os motores psicológicos do mau comportamento no campo das amizades pode proporcionar ferramentas para entender melhor por que um bom amigo se torna um inimigo e qual é a melhor maneira de abordar a questão. Às vezes, é hora do basta, mas às vezes precisamos ajudar os outros a perceber realidades duras a respeito de si. É o que fazem os bons amigos!

O que faz os amigos mudarem

É difícil criar conexões fortes e profundas no mundo fluido de hoje. É fácil chamar alguém de amigo, mas um amigo verdadeiro transcende o mero conhecido. As amizades são laços poderosos entre dois ou mais indivíduos, que se fortalecem com as experiências em comum e a compreensão mais profunda uns dos outros. Amigos íntimos fortalecem nossa noção de realidade e nos oferecem apoio mental e físico em momentos difíceis, o que amortece os efeitos de acontecimentos negativos. Criar amizades íntimas é complexo; quando as consegue, você investe nelas e não se incomoda de passar pano quando a situação não vai bem. É para isso que servem os amigos: para apoiar você nos bons e maus momentos. Mas por que algumas pessoas mudam e se tornam nocivas, principalmente depois que vocês se conhecem há anos? Como se pode imaginar, não há resposta definitiva para essa pergunta, mas há algumas razões comuns para os amigos tratarem você de forma diferente com o passar do tempo.

CIÚME

Um motivo para os amigos tratarem você de forma diferente é o ciúme. Talvez você esteja com um novo namorado/uma nova namorada e decida passar mais tempo com ele/ela do que com os amigos. O novo relacionamento causa uma mudança súbita na dinâmica da amizade e a outra pessoa se sente infeliz porque o contato ficou menos frequente. Talvez ela tenha ciúme do seu novo relacionamento e, portanto, passe a tratar você de outra maneira ou fale mal do novo parceiro, com medo de perder sua amizade caso o relacionamento romântico continue.

MEDO E INSEGURANÇA

Outra razão muito comum para os amigos mudarem de comportamento com você é a insegurança. Se você investe tempo e esforço no seu crescimento pessoal, seus amigos podem sentir que estão ficando para trás no próprio processo. Quando você se desenvolve mais, alguns podem ver uma distância entre você e eles e, assim, acabar reagindo de forma negativa. Não é a você que eles reagem; é à lacuna que acreditam estar aumentando entre vocês por causa do seu desenvolvimento pessoal. Isso pode gerar insegurança, competitividade e até animosidade, que são respostas para conciliar a frustração interna de não se desenvolver ou de não se sentir feliz com o crescimento do outro.

AMARGURA (INFELICIDADE CONSIGO MESMO)

Nem todos se consideram pessoas muito felizes hoje em dia, principalmente em meio ao turbilhão de incertezas que assolam o mundo. As pessoas podem ficar amarguradas, muitas vezes por conta de emoções intensas, como raiva e tristeza, que foram se desenvolvendo aos poucos. A amargura costuma ser expressa na forma de desapontamento ou irritabilidade, que turvam o modo como os amigos normalmente interagem com você. Essa amargura pode torná-los mais propensos a julgá-lo ou a exigir mais atenção. Eles podem não dar mais tanto apoio e até ver a amizade de vocês como uma fonte de frustração. Quando isso acontece, é importante escutar por que esse amigo está triste e desapontado e conversar sobre a melhor maneira de apoiá-lo, mesmo quando ele tenta projetar a amargura em você e colocá-lo para baixo.

EGOCENTRISMO

Outra fonte de mudança comportamental ocorre quando os amigos se tornam autocentrados. Cuidar de si mesmo nunca é ruim. Na verdade, às vezes é importantíssimo. Mas há pessoas que se deixam levar pela autocomplacência. O egocentrismo surge quando um indivíduo só quer falar de si e das próprias realizações. Mesmo quando você quer contar o que está acontecendo na sua vida, alguns amigos levam tudo para o lado deles. Talvez você os ouça dizer "Também tive problemas esse fim de semana" ou "Pior foi o que aconteceu comigo". Tornar-se mais autocentrado pode ter a ver com a criação, traumas ligados a abuso ou negligência, transtornos de personalidade ou a sociedade e as mídias sociais que dão uma importância exagerada ao individualismo. Reconhecer quando os amigos estão mais focados neles mesmos e menos preocupados em manter as amizades vivas é um bom ponto de partida para ter uma conversa séria sobre como equilibrar melhor a dinâmica.

> **VOCÊ SABIA?**
> **Por que é tão difícil largar uma amizade que não vale a pena?**
>
> As amizades sólidas levam anos para se desenvolver. Você investe muito tempo para criar um laço forte com alguém importante para você, e é natural não desistir de pessoas muito próximas quando as coisas não vão bem. Todos os tipos de relacionamento têm altos e baixos, mas às vezes alguns baixos não param de baixar e acabam se tornando tóxicos. Então por que tantas pessoas se mantêm ligada a amizades que já não lhes fazem bem? A resposta não é tão simples. Várias razões psicológicas nos impedem de abrir mão de certas relações. Uma razão importante é a crença de que podemos "consertar"

os outros ou temos a habilidade de mudá-los. Quando um amigo se comporta mal e continua a maltratá-lo mesmo depois de todo o seu esforço para mudar esse comportamento, talvez você ainda tolere as agressões e crie desculpas para o fato de ele se comportar assim. Talvez você diga: "Ele teve uma infância ruim" ou "Sei que no fundo ele é bom". Na verdade, achar que consegue consertar as pessoas impede que elas mudem de comportamento. É melhor manter distância de um amigo que o desrespeita. O desrespeito deve ser uma mensagem clara de que para você "já basta" e de que talvez seja hora de mudar. Outra razão que dificulta abrir mão de uma amizade ruim é a noção de lealdade. "Amigos para sempre" é a mentalidade ensinada a muita gente e, em algumas comunidades, ser leal aos amigos é até socialmente exigido. Não me entenda mal; a lealdade é uma virtude importante na amizade, mas às vezes essa boa característica é mal utilizada e não valorizada. É importante perceber que algumas amizades se tornam tóxicas e atrasam o seu crescimento e que uma pessoa leal pode ter sua lealdade tão testada a ponto de não se importar mais. Por fim, não querer terminar uma amizade pode estar ligado à autoestima. Isso em geral acontece quando, pelo fato de não acreditar que mereça bons amigos, você se agarra a pessoas que não o tratam bem. Quando se vir apegado a alguém que intencionalmente maltrata ou menospreza você, faça-se um favor e largue essa pessoa de mão. Não se esqueça: respeitar a si mesmo leva os outros a respeitá-lo ainda mais.

Quando os amigos falam pelas suas costas

Quando pensamos em boas amizades, a última coisa que esperamos é que essas pessoas falem de nós pelas costas. Nos defender e nos proteger são características dos bons amigos. Então, por que existem "amigos" que falam mal de nós pelas costas? Em geral, isso acontece quando as pessoas se chateiam, mas não têm coragem de resolver o assunto diretamente. Em vez disso, elas desabafam com os outros, compartilhando essa frustração. Os amigos também podem ter vontade de falar mal de você quando sentem que você os desapontou ou os diminuiu de algum modo. Por não sentirem que têm abertura para confrontá-lo ou por quererem magoá-lo de forma passivo-agressiva, eles fofocam a seu respeito como meio de retaliação (saiba mais sobre o ato de fofocar em Bandeira vermelha 4, na página 53). Descobrir que os amigos falaram mal de você pode ser uma experiência dolorosa e prejudicar a sua confiança neles. Quando essas pessoas sentem necessidade de falar mal pelas costas, lembre-se sempre de que isso diz mais a respeito delas do que de você. Bons amigos sabem ter conversas difíceis se necessário e falam diretamente para você se acharem que você fez algo que os magoou. Mesmo quando falarem mal de você pelas costas, confronte esses amigos. Não fuja dessa conversa. Falar mal pelas costas é uma dinâmica que em algum momento precisa parar, senão não faz sentido vocês continuarem a amizade.

> Amizades que deram errado é um assunto que dá muito o que falar. Dos diversos relatos de difamação entre celebridades que eram amigas, o de Katy Perry e Taylor Swift claramente se destaca. Katy e Taylor eram amigas no início da carreira. No entanto, com o tempo as duas cantoras se envolveram em várias brigas devido a supostas punhaladas pelas costas e boatos de difamação. Porém, em 2019, ao que tudo indica as artistas enfim deixaram as divergências de lado e hoje em dia voltaram a se dar bem.

Quando os amigos tentam colocar você para baixo — qual é o problema?

É importante ter amigos íntimos: pessoas próximas que o entendem e protegem. Um bom amigo é sincero com você. Não tenta enfeitar a verdade quando ela precisa ser dita. Às vezes, a verdade pode ser difícil de engolir, mas você sabe que a intenção é boa. Ter confiança a ponto de criar uma amizade sólida com alguém leva tempo. Infelizmente, as boas amizades podem azedar por razões que não conseguimos prever. Um amigo que você ama e em quem confia de repente pode se voltar contra você. É difícil adivinhar o motivo da mudança de postura das pessoas, mas, sendo amigos, vocês sempre deveriam enfrentar o elefante branco na sala. Talvez você tenha mudado; talvez os dois estejam passando por dificuldades e projetando essa amargura. Ser maltratado por um amigo pode ser uma experiência muito dolorosa; talvez você não queira abordar a questão porque não deseja magoar a pessoa ou porque espera que tudo se resolva com o tempo. Infelizmente, isso nem sempre dá certo e pode causar ainda mais problemas ou ressentimento. É importante ser capaz de identificar as bandeiras vermelhas do seu círculo social para enfrentar as questões assim que possível e decidir como resolvê-las.

É uma **bandeira vermelha** quando:

- Você permite que os amigos desdenhem de você e cria desculpas para o mau comportamento deles.
- Os seus amigos ou familiares zombam (sutilmente) de você usando um tom negativo (ou condescendente).
- A amargura dos amigos é projetada em você com grosserias ou comentários negativos.
- Seus amigos só falam de si e demonstram pouco interesse em escutar.

É uma **bandeira verde** quando:

- Seus amigos e familiares tiram sarro de você, mas sem maldade.
- Você entende que numa amizade duradoura às vezes é preciso tempo e certa distância para permitir que as pessoas passem por fases difíceis, principalmente quando não é possível estar fisicamente perto com frequência.

- Você é capaz de iniciar uma conversa com um amigo a fim de discutir a mudança de comportamento dele e sabe dizer se as respostas são ou não genuínas.

- Na hora certa, você consegue se afastar das pessoas que não o tratam bem.

O que considerar ao decidir se você fica ou cai fora

Pode ser muito confuso e doloroso perceber que alguém que você considera um bom amigo começou a tratá-lo mal. A pessoa passa a menosprezar você na frente dos outros, a fazer observações negativas (geralmente sutis), a falar mal e a se calar diante do seu sucesso — e ainda se agrada quando as coisas não vão bem para você. Toda mudança de comportamento tem uma explicação e é importante descobrir qual é. Em muitos casos, com uma conversa franca e sincera é possível descobrir o que está por trás disso. No entanto, nem sempre as pessoas estão dispostas a falar o que realmente as está incomodando. Se não descobrir nada e a situação não melhorar depois de várias tentativas de diálogo, talvez seja melhor dizer adeus (o que pode ser difícil, dependendo do que você entende por lealdade). Mas tente se lembrar de que em alguns casos os outros abusam da nossa. No trem da vida, há pessoas embarcando e desembarcando o tempo todo. Algumas ficam algum tempo, outras ficam a vida inteira. Conforme você se desenvolve mental, física e espiritualmente, é preciso decidir quem quer manter ou não no trem da sua vida. Trazer pessoas novas, que possam ajudá-lo a crescer, exige disponibilidade emocional e tempo. Concentrar mais energia no novo em vez de tentar consertar o que às vezes não tem conserto é uma mudança de pensamento que você precisa experimentar.

SINAIS PARA FICAR

- Você entende a importância da boa amizade e quer desenterrar as razões ocultas para o seu amigo tratar você de determinada forma.

- Você é apegado à ideia de lealdade aos amigos, e dizer adeus não é uma opção.

- Você percebe que mudou e que os amigos estão (indiretamente) reagindo a isso. Está na hora de ter uma conversa mais profunda.

- Você descobre que o seu amigo está amargurado e tem projetado essa amargura em você. Seja amoroso e o apoie nesse momento difícil.

HORA DE PARTIR

- Após várias tentativas de resolver os problemas da amizade, você vê que não há mudança.

- Você está sendo mental e emocionalmente afetado pelo tratamento que recebe desse amigo.

- Você percebe que as pessoas mudam naturalmente e que não se pode consertar ninguém. Se a pessoa não está disposta a se aprimorar para manter a amizade, então pronto, não há o que fazer.

- Seus amigos não estão satisfeitos com seu crescimento ou sucesso recentes e tentam colocá-lo para baixo, a fim de mantê-lo no mesmo lugar.

BANDEIRA VERMELHA 6
"Você pode pagar dessa vez?"
Como lidar com amigos egoístas

"Ninguém jamais ficou pobre por doar."
O diário de Anne Frank

Como lidar com amigos egoístas

Na vida é importante ter bons amigos. Por "bons amigos" me refiro a pessoas com quem você tem uma conexão forte e uma boa abertura para desabafar até as coisas mais íntimas. As boas e as ruins. Os bons amigos são aqueles com quem você se encontra com certa regularidade na vida real. E começo o capítulo com essa definição porque amizade pode significar coisas diferentes para as pessoas. No mundo de hoje, é comum uma pessoa ter muitos contatos aos quais se refere como "amigos", por sentir certa intimidade, mesmo sem nunca tê-los encontrado pessoalmente. Neste capítulo, eu me refiro aos amigos com quem você se encontra regularmente e estabelece uma conexão forte e significativa (ou com quem você estabeleceu esse tipo de conexão no passado e hoje a mantém mesmo que exista distância física entre vocês). É comum dizer que se pode contar numa só mão o número de amigos verdadeiros — isso significa que é difícil encontrar pessoas com quem você realmente se identifica e em quem pode confiar. Quando as encontrar, invista o máximo possível nesse círculo de amizade para manter o vínculo forte, mesmo nos momentos em que, por conta do trabalho ou outras circunstâncias, vocês estejam fisicamente do outro lado do planeta. Passar tempo de qualidade com os amigos é fundamental para criar conexão, intimidade e confiança. Investir significa doar-se. No entanto, isso não é o ponto forte de todo mundo. Alguns amigos são naturalmente mais fechados, mas ainda assim são bons amigos. Outros são legais, mas usam as amizades como um meio para avançar na vida e receber mais do que se dispõem a dar. Também pode ocorrer de bons amigos repentinamente pararem de ser recíprocos como eram no passado (nem sempre tendo consciência disso). Pode ser que algo tenha acontecido para deixar a outra pessoa menos disposta a se doar para a amizade ou a compartilhar. Ou talvez seja da sua natureza dar muito de si para agradar os outros a ponto de ter deixado os amigos menos generosos.

Seja qual for a razão, é aconselhável aprender a importância de se doar nos relacionamentos. Ser capaz de identificar quando houve um desequilíbrio no dar e receber é importante se você quiser abordar a questão e salvar a amizade. É fácil abrir mão de um amigo se algo nos desagrada quando acreditamos que existem dezenas de pessoas por aí, mas a verdade é que é difícil encontrar bons amigos — e manter conexões fortes é fundamental para a saúde física e mental. Identificar as bandeiras verdes e vermelhas nas amizades pode ajudá-lo a decidir se ainda vale a pena manter aquele vínculo.

A lei da reciprocidade

O sociólogo Alvin Gouldner declarou, na década de 1960, que a reciprocidade é uma lei fundamental dos relacionamentos humanos e facilita a criação de conexões fortes. "Uma mão lava a outra" ou "Toma lá dá cá" são frases que refletem a importância das trocas recíprocas em todos os tipos de relacionamento. Avaliamos a força das relações pela positividade dessas trocas, analisando se o dar e receber entre amigos acontece de maneira justa e equilibrada. Tanto os seres humanos quanto todos os primatas praticam comportamentos recíprocos como maneira de criar vínculos e coesão social dentro dos grupos.[1] Podemos aprender muito sobre o comportamento humano quando observamos o comportamento animal, e não surpreende que a natureza tenha oferecido aos cientistas muitas ideias interessantes sobre o que cria laços fortes entre seres humanos e sobre quais são os fatores que promovem o comportamento coesivo. O ato dos primatas de catar piolho uns dos outros, por exemplo, é uma forma de comportamento altruísta ou mutualista. Podemos fazer coisas para os outros apenas por querer ou porque sabemos que isso virá a nos beneficiar (com inclusão, proteção ou obtenção de outro tipo de recurso). A reciprocidade é um serviço social que embasa relacionamentos humanos e animais. Embora não se espere que alguém cate piolhos da cabeça dos amigos como um amistoso ato de serviço ou sinal de afeto, nós, humanos, nos dedicamos a várias trocas com os amigos para ser útil e criar conexão. E é natural esperar que os amigos façam o mesmo por nós (embora nem sempre da mesma maneira). Em termos psicológicos, convidar alguém para jantar na sua casa cria uma pressão interna que faz a pessoa se sentir motivada a fazer o mesmo por você. Pagar um jantar para uma pessoa provavelmente a levará a pagar o próximo. As trocas não precisam ser mecânicas ("Faço isso para que você tenha de fazer na próxima"), mas você sabe e sente quando chega a hora em que é necessário retribuir.

A conta bancária emocional

Por serem bons amigos há anos, vocês criaram uma conta bancária emocional. Essa é uma metáfora que gosto de usar para os pontos positivos que alguém adquire no seu boletim mental. Depois de criar uma conexão sólida e confiável, você não fica o tempo todo contando o que os seus amigos fazem por você. Haverá momentos em que você ou eles estarão em situações difíceis, sem condições de retribuir mental, emocional ou fisicamente. Como há boa vontade acumulada na conta bancária, você aceita e até os apoia quando possível, na esperança de que a situação melhore no futuro. No entanto, se a situação não muda e as pessoas continuam só recebendo, talvez você não preste muita atenção a princípio, mas a sua conta bancária emocional vai começar a esvaziar. O tamanho desse banco emocional e do déficit que ele consegue suportar antes de pedir falência é diferente entre as pessoas e os relacionamentos.

Como identificar quando os amigos agem como sanguessugas

A triste verdade é que alguns amigos são perfeitas sanguessugas. Só querem receber o máximo possível, sem dar nada em troca. E, quando você não tem mais nada a dar (ou quando precisa de ajuda), eles passam para a próxima pessoa que possam sugar. Há várias razões para alguns amigos agirem dessa forma.

EGOÍSMO

Egoísmo é uma palavra importante que precisa ser esmiuçada. Algumas pessoas são egoístas por natureza, e essa característica é difícil de mudar. Isso não significa que as pessoas egoístas só pensem em si, mas que, em algumas áreas da vida, doar não é prioridade. Além da personalidade, o egoísmo pode estar ligado a circunstâncias e experiências da vida. Perder as economias ou a saúde, ou passar por um divórcio, por exemplo, pode fazer a pessoa se concentrar mais em si mesma (temporariamente) e, portanto, ficar menos disposta a dar. As razões circunstanciais para isso causam efeitos de curto e longo prazos. Quando a situação se resolve, as pessoas costumam voltar a ser generosas. No entanto, não acontece com todo mundo. Alguns mantêm a mentalidade de só receber ou até se tornam extremamente egoístas em várias áreas da vida (e fazem isso de forma inconsciente). Isso pode ter a ver com traumas ou por gostar dos benefícios que as circunstâncias anteriores trouxeram. Seja qual for a razão, só receber e nunca dar dificulta manter amizades saudáveis e duradouras.

AGRADAR OS OUTROS

Se você gosta de agradar os outros ou é naturalmente mais generoso, pode acontecer de a sua tendência comportamental na amizade desequilibrar a natureza recíproca do vínculo. Embora as suas intenções sejam boas, se doar demais nunca é bom. Em essência, você condiciona o outro a receber sem necessidade de retribuir. Alguns amigos que dão menos importância à retribuição podem se aproveitar da sua boa intenção. Em contrapartida, o bom amigo acabará retribuindo as suas ações ou, pelo menos, lhe dirá que você nem sempre precisa pagar ou fazer coisas para eles. Podem até lhe dizer coisas como "Por que você vive querendo agradar? Não tem problema receber algo em troca" ou "Gosto da sua amizade e me dar coisas não vai aumentar ou diminuir esse sentimento. Seja quem você é, isso já me basta". Quando você percebe que, na verdade, a sua tendência a querer agradar pode prejudicar os relacionamentos e então tenta reequilibrar a natureza recíproca do vínculo, não se surpreenda se os amigos começarem a ficar chateados ou procurar menos por você. Deixe que eles se distanciem e avaliem se manter a amizade com você de maneira mais equilibrada ainda vale a pena. Se não valer, deixe-os ir. Claro que você se sentirá aflito e culpado (o que pode provocar novamente a necessidade de agradar os outros), mas é importante admitir que as pessoas deveriam gostar de quem você é (e não só do que você faz por elas). As amizades mais fortes começam com a consciência do modo como os nossos comportamentos desarmonizam os laços existentes. Empatia sem respeito próprio causa autossabotagem; você sempre verá o bem nos outros, mas usará isso como desculpa para permitir que eles o magoem.

> **VOCÊ SABIA?**
> **A situação econômica atual dificulta os encontros presenciais**
>
> Com o aumento do preço da energia e dos alimentos, muita gente pensa duas vezes antes de gastar com restaurantes, festas e viagens. A falta de despesas com lazer também afeta o número de momentos sociais

que as pessoas têm com os amigos, ao mesmo tempo que a correria do dia a dia faz com que as pessoas não se reúnam nem mesmo em casa. Inclusive, isso é uma pena, porque podemos encontrar os amigos onde quisermos. Muita gente se envergonha de compartilhar com os amigos sua real situação financeira, algo que também é cultural, mas os bons amigos sempre serão compreensivos com esses momentos. Em vez de se encontrar na rua, pense em levar as pessoas para a sua casa. Em vez de ir a um restaurante, por exemplo, façam noites culinárias revezando de casa, como no reality show britânico *Come Dine with Me* [Venha jantar comigo]. Esse é um jeito ótimo de passar um tempo de qualidade com os amigos e ainda apreciar os dotes culinários uns dos outros. Isso definitivamente merece uma foto ou um story no Instagram! Em vez de ir ao cinema, organize uma noite de maratona na Netflix. Pipoca, petiscos e risadas: diversão garantida! Ou quem sabe um jogo de cartas interessante? Passar um tempo de qualidade com os outros não precisa ser caro e não tem preço.

Qual é a melhor maneira de lidar com quem só quer receber?

Quando perceber que alguns amigos só recebem sem nunca se doar, talvez você se pergunte o que fazer. Aqui estão algumas etapas para lidar com um relacionamento unilateral:

RECONHECIMENTO

É importante começar reconhecendo por que você acha que o seu amigo recebe mais do que dá. Que comportamentos você observa? Ele só fala de si mesmo, sem perguntar o que está acontecendo na sua vida? Nunca paga as bebidas nem o jantar quando vocês saem mesmo tendo condições de fazer isso? Só quer se encontrar com você quando deseja alguma coisa? Identifique os comportamentos que você acha mais incômodos e tente descobrir a razão por trás deles. Isso ajudará você a conversar com esse amigo sobre seus receios e suas observações.

EXPRESSE SUAS NECESSIDADES

Quando decidir falar com seu amigo, é importante explicar de que modo o comportamento dele afeta você e o relacionamento. Também é importantíssimo expressar suas necessidades se você achar que elas não têm sido satisfeitas. Lembre-se: seus amigos não têm uma bola de cristal, e é fundamental deixar claro o que você considera importante. Talvez você tenha receio de iniciar essa conversa e esteja com medo de magoá-lo, mas não abordar o problema pode ter consequências mais graves do que a possibilidade de ferir os sentimentos do outro.

PENSE NAS CONSEQUÊNCIAS

É importante pensar cuidadosamente nas consequências de começar uma conversa (ou de não ter conversa nenhuma). Qual é o seu objetivo? Quer melhorar o relacionamento com uma conversa franca? Ou se distanciar durante um tempo? Você está disposto a encerrar a amizade se o comportamento egoísta continuar? Antecipar possibilidades é uma boa maneira de se preparar para resultados diferentes e lhe dará mais confiança para lidar com conversas difíceis. Lembre-se: as amizades têm uma evolução natural. Quando os laços emocionais ou os interesses em comum divergem, tudo bem encerrar a amizade. Talvez no futuro faça sentido vocês se reconectarem como amigos.

No conto "Uma canção de Natal", Charles Dickens escreve sobre Ebenezer Scrooge, um pão-duro sem coração que, na noite de Natal, é visitado por três espíritos que lhe mostram o passado, o presente e o possível futuro se ele não mudar seu modo de agir. A visita dos três espíritos pesa bastante sobre sua consciência culpada, então Scrooge decide se tornar mais generoso. Embora essa história represente o espírito do Natal — doar —, acho que é importante refletirmos sempre sobre o poder de se doar em qualquer relação, a qualquer momento.

Como lidar com amigos egoístas — qual é o problema?

A reciprocidade é um ponto central nos relacionamentos humanos. Toda boa amizade tem como base uma troca justa e equilibrada, em que se dá e se recebe. Mesmo entre os primatas, há uma troca: "Eu cato os seus piolhos e você cata os meus." Isso os ajuda a se unir e a ter uma sensação de segurança. Nós, seres humanos, não somos diferentes. Embora em geral não catemos piolhos uns dos outros, costumamos saber quando e como retribuir quando recebemos um favor ou um convite dos amigos. No entanto, nem todo mundo se dispõe a corresponder nem vê necessidade disso. E algumas pessoas são simplesmente mesquinhas e só recebem, recebem, recebem. Em uma amizade saudável, pode acontecer de as pessoas passarem por períodos difíceis e não estarem financeira ou emocionalmente capazes de retribuir como fariam em tempos normais. Mas, como foram criadas uma relação de confiança e uma conta bancária emocional com os bons amigos, você não espera receber nada de imediato, pois só quer ajudar. No mundo de hoje, muitos chamam de amigas até mesmo as pessoas aleatórias que conhecem na internet, e não surpreende a falta de investimento emocional em quem você conhece apenas on-line quando o assunto é retribuir favores recebidos. No entanto, quando amigos de verdade param de retribuir ou sempre esquecem a carteira em casa quando vocês saem para comer e beber, é bom reavaliar a base dessa amizade. Pode ser que você tenha doado demais recentemente e que alguns amigos (sem querer) tenham se acostumado. Também somos nós que precisamos avaliar o nosso comportamento quando queremos manter um laço saudável e equilibrado com os outros.

É uma **bandeira vermelha** quando:

- Os amigos pedem mais do que dão. Agem como sanguessugas.
- Os amigos não investem no seu relacionamento com eles.

FAMÍLIA E AMIZADE

- Os amigos só entram em contato quando precisam de alguma coisa.
- Você acredita que precisa dar primeiro para merecer algo em troca.

É uma **bandeira verde** quando:

- Você entende que a reciprocidade é uma lei que facilita todos os relacionamentos sociais. Sempre há o ato de dar e de receber, de maneira equilibrada.
- Você convida as pessoas para comer, beber ou jantar fora tanto quanto é convidado por elas.
- Você entende que, se de repente um amigo deixa de retribuir a amizade da mesma maneira, algo deve estar acontecendo na vida dele. Escolha questionar de maneira não condenatória.
- Você entende que tudo tem limite. Se a sua conta bancária emocional estiver zerada, talvez esteja na hora de tomar decisões mais difíceis sobre essa amizade.

O que considerar ao decidir se você fica ou cai fora

Quando você começa a perceber que seu amigo está se doando menos para a relação, é importantíssimo descobrir o motivo. Muitos fatores podem afetar a mudança de comportamento, e nem todos eles são ruins. Ao contrário, há motivos legítimos para algumas pessoas não retribuírem no momento. O problema é que elas podem não se abrir tanto assim sobre essas questões, e é sempre bom buscar entender o que mudou na vida delas. Bons amigos devem ter conversas francas e sinceras entre si, só que às vezes é preciso um empurrãozinho amistoso. Mas o que fazer quando amigos íntimos só recebem e nunca retribuem? Há alguma sensação de merecimento, ou eles não veem mais você como amigo em um futuro próximo? Pode ser que estejam passando por dificuldades, e seria uma boa hora para descobrir as razões dessa mudança. Descobrir a causa pode contribuir para você decidir como ajudar e se quer ou não manter a amizade.

SINAIS PARA FICAR

- Você valoriza a amizade e quer descobrir o que causou a mudança de comportamento.

- Você entende que seu amigo está passando por um período difícil e não se importa de temporariamente dar mais do que recebe.

- O seu amigo sempre foi meio pão-duro, mas você valoriza o vínculo e sabe manter um relacionamento saudável que parece justo.

- Você entende que a sua generosidade ou tendência de agradar desequilibrou a natureza recíproca da amizade; você dá mais e o outro recebe mais sem se sentir obrigado a manter a reciprocidade de antes. Está na hora de reconsiderar a sua abordagem, a fim de restaurar o equilíbrio.

HORA DE PARTIR

- O seu amigo só recebe e não dá nada em troca, e você não consegue identificar nenhuma razão lógica para essa mudança de comportamento. Talvez esteja na hora de se afastar.

- O seu amigo não vê mais futuro na relação de vocês. Hora de conversar ou se afastar um pouco.

- Você sempre convida o seu amigo para as coisas, mas não vê reciprocidade. Lembre-se: não dá para tirar leite de pedra. Portanto, pare de convidá-lo.

- O relacionamento unilateral deixa você profundamente infeliz. Está na hora de se concentrar em você mesmo.

Relações de trabalho

Bandeiras vermelhas na vida profissional

Um terço do tempo que ficamos acordados é passado trabalhando. O ambiente profissional desempenha um papel significativo em nossa vida e ajuda a moldar nossa identidade e autoestima. É enorme o impacto psicológico que o trabalho — e as relações que estabelecemos nesse âmbito — tem em nossa saúde mental e nosso bem-estar físico. Por isso, é importante garantir um ambiente seguro, solidário e positivo. Construir relacionamentos fortes e saudáveis com colegas, gestores e outros membros do ambiente corporativo não só motiva você a dar o melhor de si como também pode ajudá-lo a avançar em sua carreira, além de criar uma atmosfera de segurança e proporcionar a sensação de pertencimento à empresa. No ambiente corporativo volátil e incerto de hoje, as pessoas querem se sentir seguras, conectadas e inspiradas. Infelizmente, nem todos os colegas são bem intencionados, e pode ser que você enfrente situações delicadas, como microgerenciamento, assédio e ataques políticos. Se você nunca tiver passado por tais questões antes, pode ser muito difícil identificá-las e, quando perceber que havia algo de errado, talvez sua saúde mental já esteja em risco ou você esteja desempregado. Aprender a identificar as bandeiras vermelhas e verdes no trabalho é importante para construir relacionamentos saudáveis nesse ambiente. É muito comum que funcionários escolham sair da empresa por um relacionamento ruim com um gestor, então saber identificar interações não saudáveis na pessoa que supervisiona seu trabalho é uma habilidade importante. Assim, você minimiza a chance de acabar submetido a condutas ruins e aumenta sua capacidade de progredir na empresa, sabendo que sempre haverá aqueles que vão preferir ver você desmoronando a vê-lo evoluindo. Independentemente da posição que ocupe na hierarquia da empresa, trabalhar bem com outras pessoas e subir de cargo exige responsabilidade. Identificar suas próprias bandeiras vermelhas é igualmente importante para ajudá-lo a promover laços fortes e avançar em sua carreira de maneira ética. As relações de trabalho envolvem dar e receber, mas às vezes as pessoas almejam receber bem mais do que deveriam, ou receber à custa do sustento e da saúde mental dos outros. Aprender quais são as bandeiras vermelhas na vida profissional ajuda você a se concentrar nas coisas que realmente importam para que você avance e lhe permite dar um basta quando os colegas de profissão ultrapassam algum limite. Além disso, contribui para entender as razões psicológicas pelas quais as pessoas agem de determinada maneira nesse ambiente. Os próximos seis capítulos ajudarão você a criar relacionamentos mais fortes e a promover o sucesso de sua carreira, aprimorando seu processo de tomada de decisão.

BANDEIRA VERMELHA 7
"Esta empresa é uma família"
Gestores que exigem lealdade inabalável

"Família é a coisa mais importante do mundo."
Princesa Diana

Fazer parte da família corporativa

É uma sensação maravilhosa saber que você faz parte de uma família amorosa. Você é cuidado, sabe que pertence ao grupo e aprende que, juntos, todos realizam mais. Quase todo mundo sabe que formar e manter uma família exige bastante tempo e dedicação de cada membro para que as coisas deem certo. Amor, proteção, lealdade e sacrifício são princípios centrais nesse contexto. Além da família em que nascemos, há também a que escolhemos. Muitas pessoas desenvolvem laços tão fortes com os amigos que criam com eles uma relação fraterna, tornando-se os irmãos ou as irmãs que elas nunca tiveram, dispostos a amá-los e protegê-los como fariam com qualquer familiar. Do mesmo modo, as organizações (sobretudo os líderes e administradores que são os responsáveis pelo espetáculo) tentam criar um ambiente familiar no trabalho, a fim de que as pessoas se sintam seguras, produtivas e pertencentes. Algumas empresas fazem isso tão bem e de maneira tão cativante que os funcionários de fato se sentem mais inspirados a produzir e passar por períodos difíceis juntos. Em especial quando o mundo externo parece muito incerto e imprevisível, saber que fazemos parte de uma empresa que nos faz sentir parte de uma família é um porto seguro. No entanto, alguns gestores usam a ideia de "somos uma família" para exigir lealdade dos colaboradores sem a mínima intenção de investir tempo, dinheiro e esforço no desenvolvimento e na retenção dos mesmos, principalmente quando a situação se complica. Criar conexões significativas no trabalho é essencial para ter bem-estar e sucesso na carreira, e diferenciar o que é falso e o que é verdadeiro nesse conceito de família no âmbito profissional é essencial para descobrir se você está no ambiente correto. Este capítulo examina a fascinante psicologia do apego no trabalho e revela quando a cultura profissional e as práticas administrativas que visam a criação de laços fortes são bandeiras verdes ou vermelhas.

Por que é importante criar uma conexão com o trabalho?

Quando você vai trabalhar, se coloca inteiramente nesse ambiente. Embora seja possível manter ocultas algumas partes da sua vida ou não mostrar quem realmente é, sua mente, seu corpo e seu coração o acompanham enquanto você faz seu serviço. E, para fazer o serviço direito, é preciso desenvolver uma conexão com o trabalho e ter a sensação de que pertence àquele local — afinal, você não é um robô nem um zumbi. Ninguém se engaja no trabalho se não se sentir emocionalmente conectado. A diferença básica entre estar ou não conectado pode ser traduzida por "amo meu trabalho!" ou "que saco, me tirem daqui!". Os estudos comportamentais mostram que ter relações significativas no trabalho e sentir-se emocionalmente conectado com o emprego é benéfico em vários aspectos e gera diversos resultados positivos — por exemplo, mais produtividade, mais assiduidade, mais disposição para fazer aquele esforcinho extra, mais resiliência diante das dificuldades e mais saúde mental.[1,2,3] Criar vínculos positivos no trabalho é vantajoso para o empregador e o empregado. Por saber que passamos um terço da vida no trabalho (e, à medida que envelhecemos, temos de trabalhar mais), é importante encontrar algo de que você goste e desenvolver relações de trabalho saudáveis. Senão, sua saúde pode ser prejudicada.

Gestores e líderes cumprem um papel importante para ajudar os funcionários a se sentir engajados e dispostos a permanecer na empresa. Baixa produtividade e alta rotatividade afetam negativamente o desempenho da organização e o moral dos funcionários. A tarefa do gestor é assegurar que as pessoas se sintam felizes e produtivas no trabalho. Isso é obtido por meio de reconhecimento, elogios, ajuda na hora certa e recompensas ao esforço e às contribuições individuais, além de transparência e um modelo de gestão bom/ético. Como funcionário, sentir que o gestor aprecia seu trabalho, é confiável e protege você quando mais precisa cria um vínculo forte entre vocês. É comum ouvir que as empresas atraem os funcionários pelos valores que defendem, mas em geral os profissionais deixam um emprego por causa de um relacionamento ruim com o gestor. Infelizmente, nem todos os gestores são bons, e aprender a lidar com chefes difíceis é uma habilidade importante.

A psicologia do apego no ambiente de trabalho

É provável que você nunca tenha pensado conscientemente sobre o vínculo psicológico no ambiente de trabalho. Talvez você ache que isso só acontece quando gostamos da empresa, e em parte é verdade. No entanto, é possível criar, de maneira muito intencional, vínculo psicológico ao local de trabalho. O RH e os gestores de pessoas são especialistas nisso e criam políticas e práticas para desenvolver laços fortes.[4] Em resumo, procedimentos bem orquestrados podem levar você a se sentir psicologicamente apegado. A seguir, vou explicar como isso é feito.

Relação entre empregador e empregado

Para melhorar o modo como a pessoa se sente no emprego, é importante não se concentrar apenas no funcionário, mas na relação entre ele e a empresa. A qualidade dessa relação vai ditar o modo como a pessoa se conecta emocionalmente ao trabalho. Assim como na amizade ou no relacionamento amoroso, é preciso elaborar essa conexão para que a outra pessoa goste de você e se disponha a investir uma parte maior da mente e do coração dela. (Veja mais sobre relacionamentos recíprocos em Bandeira vermelha 6, na página 71.)

Se prometeu, tem que cumprir!

E como trabalhar com essa conexão? A princípio, conexões emocionais fortes se formam com a criação de expectativas claras sobre o relacionamento. Ter clareza de como e por que vocês querem trabalhar juntos é um primeiro passo importante para estabelecer uma relação sólida entre empregado e empregador. É só pensar no processo de contratação. Você é convidado para uma entrevista, aprende mais sobre a organização e o cargo, a empresa avalia se você se encaixa na vaga e, quando existe essa compatibilidade, você concorda com os termos do contrato. Esses passos iniciais são superimportantes para criar uma conexão desde o princípio, porque estabelecem condições claras do que esperar no engajamento com a empresa e definem as obrigações de ambos os lados.

Contrato psicológico

Quando você começa a trabalhar em uma empresa, se dedica a observar as condições de trabalho, socializar com colegas e gestores e cumprir as tarefas. Mas, além de julgar as experiências que temos no ambiente de trabalho, precisamos avaliar se o que foi combinado está sendo cumprido. Em geral, esse é o chamado "contrato psicológico". O contrato físico é aquele que assinamos no papel, mas o contrato psicológico é aquele em que acompanhamos mentalmente se a organização cumpre suas promessas e obrigações. Ao começar em um emprego, atente-se para ver se você vai receber treinamento, se a empresa realmente é inclusiva e transparente e se você pode mesmo trabalhar em casa duas vezes por semana como foi garantido na entrevista. Se a empresa cumprir a parte dela do acordo e você a sua, com o tempo, o atendimento das expectativas mútuas criará apegos mais positivos e, finalmente, mais confiança. Quanto mais forte a conexão emocional, mais seguro e confiante você se sentirá e menos precisará se preocupar em avaliar continuamente a relação (embora você nunca deva parar totalmente, apenas fazer com menos frequência). Isso ajuda a pensar com mais liberdade, se engajar mais no emprego e, por consequência, ter melhor desempenho.

Quando as expectativas não são cumpridas

Quando as expectativas não se cumprem ou quando a empresa passa por mudanças significativas, a relação de troca pode se desequilibrar. No momento em que isso acontece, você volta a se concentrar cognitivamente na relação, a questionar se as suas necessidades ainda podem ou não ser satisfeitas e a tentar garantir que seja tratado com justiça em épocas de mudança. Ter uma má experiência com os gestores também leva você a se concentrar mais no contrato psicológico, o que prejudica o vínculo emocional com a empresa. Imagine ter um excelente desempenho por muitos anos na organização, e de repente, por alguma razão, seu chefe vira um completo monstro ou um colega tenta sabotar seu trabalho. No começo, talvez você ache que é só uma fase, mas, se a situação persistir, o seu nível de entusiasmo e engajamento diminuirá. Se a deterioração do relacionamento não for remediada rapidamente, a relação pode ruir para sempre, e talvez você não veja mais sentido em continuar ali. Nesse estágio não há mais conexão, e você pensa "Me tirem daqui!". É muito comum, no entanto, que as pessoas se mantenham num relacionamento profissional fracassado por falta de opções e por precisarem do salário. No entanto, quanto mais tempo permanecerem, pior será, do ponto de vista físico e mental.

O poder da identidade no trabalho

Com tantas mudanças ocorrendo no mundo, é impossível manter as pessoas sempre felizes com trocas positivas. Qualquer transformação ou situação inesperada com certeza afetará o contrato psicológico. Então por que algumas organizações são melhores do que outras em motivar e reter pessoas, principalmente em épocas de dificuldade e mudança inesperada? A resposta é que as empresas com melhor desempenho também criam vínculo psicológico por meio de um processo chamado identificação organizacional. Identidade se tornou um tópico importante hoje em dia. Quando levamos isso para o âmbito do trabalho, é provável que pensemos em gênero, etnia, orientação sexual e uso de pronomes. A identidade claramente tem um papel importantíssimo nesses tópicos. No entanto, ela (e a identificação organizacional) é mais do que isso. No trabalho, além de ajudar os funcionários a se sentirem conectados ao emprego e à empresa, a identidade contribui para responder à pergunta: "Quem sou eu?"[5] A nossa identidade é um construto dinâmico que evolui e se adapta o tempo todo aos grupos sociais com os quais nos sentimos mais conectados (como família, trabalho, times esportivos, grupos religiosos, partidos políticos). Quanto mais nos identificamos com grupos sociais específicos, mais provável é que incorporemos os ideais, as normas e os comportamentos desses grupos ao nosso conceito de identidade.[6] Em outras palavras, quanto mais nos identificamos com o trabalho, mais permitimos que ele nos defina e mais provável é que nos sintamos emocional e psicologicamente conectados a ele.

Como facilitar esse processo de identificação? As empresas que defendem a inclusão e a diversidade, que têm um propósito claro, fortes valores organizacionais, uma cultura de trabalho positiva e cargos inspiradores conseguem criar vínculo psicológico positivo ao emprego por meio da identificação (que pode ser mais rápida do que tentar satisfazer as expectativas uns dos outros o tempo todo). Há muitas razões para as pessoas sentirem necessidade de identificação no trabalho. Identificar-se com o propósito ou os valores da empresa ajuda a entender quem você é e por que faz o que faz. Sentir-se *um só* com a organização também ajuda a ter uma sensação de segurança e pertencimento. Consequentemente, sentir-se compreendido, seguro e protegido deixa você mais resiliente, sobretudo em períodos difíceis. É fácil identificar quando as pessoas estão muito identificadas com o emprego. Em geral, elas incorporam o DNA da empresa, são muito protetoras da organização e é comum que usem termos como "*nós*, arquitetos..." e "*nossos* possíveis clientes..." em vez de "eu" ou "meus". Em funcionários muito identificados, o *eu* se transforma em *nós*.

Por que os gestores criam falsas conexões no trabalho?

Nem todas as empresas valorizam os funcionários da mesma maneira. Algumas investem de verdade em suas equipes. Essas organizações se dedicam para garantir que você fique à vontade, além de criar ambientes onde todos se sintam incluídos e respeitados. Principalmente no mundo corporativo atual, não há pessoal suficiente para ocupar todas as vagas disponíveis.[7] As empresas precisam se concentrar na criação de locais de trabalho melhores (condições e ambientes que incentivem os funcionários a prosperar). Mesmo nas empresas que terceirizam o trabalho em países com mão de obra barata e automatizam os processos com inteligência artificial (IA) e outras tecnologias, ainda há escassez de profissionais qualificados. Depois da pandemia, a atitude das pessoas perante o emprego mudou drasticamente. Muita gente não quer voltar a trabalhar das 9h às 18h nem cinco dias por semana indo presencialmente ao escritório. As empresas vêm enfrentando dificuldade de manter os funcionários. Verdade seja dita, por que você voltaria a uma organização que o faz trabalhar demais e não valoriza o seu esforço? A maioria das pessoas precisa de mais do que dinheiro para sentir-se motivada.

RELAÇÕES DE TRABALHO

Ao ver como é difícil manter os funcionários dedicados e engajados, não é raro que os gestores criem falsas promessas ou falsos vínculos para manter os funcionários na empresa o máximo que conseguirem. Quebrar promessas mata o moral e a lealdade (e promove nos outros até comportamentos contraproducentes, como mentir, enganar e furtar — como uma forma de "devolver na mesma moeda"), mas em épocas difíceis alguns gestores realmente não se importam, desde que as metas sejam batidas. Além disso, as empresas são muito boas em aplicar as mesmas técnicas psicológicas para fazer você aceitar condições abaixo do favorável. O que, mais uma vez em nome dos negócios, é visto como um comportamento aceitável. A seguir temos exemplos de como agem alguns gestores.

"Somos uma família!" Essa frase, na minha opinião, é usada nas empresas de um jeito muito vago. Algumas realmente seguem as normas e virtudes da família: priorizam o bem-estar dos funcionários além do habitual e oferecem segurança no emprego e um bom equilíbrio entre vida e trabalho. No entanto, muitas não conseguem manter essas vantagens no mundo de hoje. Vários gestores usam a frase de forma aleatória, com o objetivo de tranquilizar os funcionários, mas sem oferecer os benefícios de uma família. Infelizmente, alguns empregam mal a ideia de "somos uma família" para criar uma falsa coesão e exigir lealdade e trabalho em excesso. Como se pode observar nas redes sociais, a geração mais nova desenvolveu "ranço" dessa expressão!

"Colegas são seus amigos." Nossa, de jeito nenhum! Os colegas não são seus amigos; são seus colegas, ponto-final. Claro, com o tempo a amizade pode se desenvolver entre colegas de escritório, mas o padrão é serem apenas conhecidos. A maioria das pessoas não leva seu eu autêntico para a empresa, e você não sabe quem realmente se esconde por trás da máscara corporativa. Quando amizades surgem no local de trabalho, os relacionamentos e as identidades profissionais se entrelaçam com a vida pessoal. Isso pode complicar a dinâmica do dia a dia, e tornar mais difícil manter o trabalho estritamente profissional ou a vida fora da empresa estritamente pessoal. Se tiverem más intenções devido a desagrados, ciúme ou rivalidade, os colegas podem fingir ser legais para se aproximar, usando suas informações pessoais contra você. Foi desse tipo de relação que surgiu a expressão popularmente conhecida em inglês *frenemy* — formada a partir da combinação de *friend* [amigo] e *enemy* [inimigo]. Já ouvi muitíssimas histórias de terror sobre incidentes no trabalho, destruições de reputação e demissões porque colegas devolveram uma relação muito íntima.

"É o que podemos oferecer. Todo mundo aqui ganha isso." Essa é uma tática de RH muito comum em negociações salariais, para inconscientemente pressionar você a aceitar o que estão oferecendo. Essa tática se baseia numa técnica de persuasão chamada *conformidade social*[8] e é muito poderosa, pois leva você a acreditar que, se não aceitar a oferta, acabará se comportando como antissocial ou não fará parte do time. As pessoas suscetíveis à pressão dos pares são muito vulneráveis a essa influência social. Lembre-se sempre de que, mesmo que a negociação salarial seja limitada pelos acordos coletivos/sindicatos, você ainda pode pedir mais se acreditar que vale (dentro dos limites da razoabilidade, é claro). Caso isso não aconteça, procure outro lugar que se disponha a pagar o que seu serviço vale.

"Você me faz lembrar como eu era quando jovem. Você é um guerreiro, e tenho certeza de que nos ajudará a crescer. Vejo um belo futuro para você aqui!" Essas são palavras muito agradáveis de ouvir quando o discurso é genuíno e a empresa realmente valoriza você. O problema é que esse discurso muitas vezes é usado para manter seu vínculo psicológico. Promessas sem um caminho claro de avanço ou desenvolvimento são promessas vagas. Sempre que ouvir algo parecido, procure saber como é possível criar um futuro bem-sucedido na empresa e solicite ao seu gestor e ao RH um plano de carreira ou uma estratégia de crescimento com avaliações regulares de desempenho e métricas.

"Não posso pagar mais neste momento, mas vou promovê-lo a gerente de felicidade do cliente." Às vezes, as empresas simplesmente não têm como pagar mais, então, em vez disso, oferecem benefícios não monetários (por exemplo, a oportunidade de trabalhar de casa, seguro de saúde, carro da empresa). Uma forma eficiente de motivar o funcionário sem dar mais dinheiro é com promoções sem reajuste salarial. Alguns funcionários se dispõem a ocupar um cargo melhor em vez de ganhar futuros aumentos porque como recompensa a elevação do status e o poder organizacional que recebem, principalmente quando isso é importante para eles. Alguns gestores inventam promoções e cargos criativos só para manter os funcionários motivados com o aumento de responsabilidade, mas sem pagamento adicional. Cabe a você decidir se vai aceitar. Você pode até aceitar o cargo bacana de gerente de felicidade do cliente, mas lembre-se de que os clientes só serão realmente felizes se você também estiver feliz.

Demissão silenciosa

Nos últimos anos, a demissão silenciosa, ou *quiet quitting*, se tornou um fenômeno importante no mundo corporativo. Ela não tem a ver exatamente com pedir demissão, e sim com parar de se dedicar e de fazer aquele esforcinho extra.[9] Quando os funcionários não se sentem (mais) conectados ao emprego, eles cumprem as tarefas designadas e só. São exemplos de demissão silenciosa não falar em reuniões, não participar de eventos de trabalho voluntário, sair pontualmente às 18h mesmo que haja uma tarefa urgente ou, no trabalho remoto, aparecer com status "ocupado" quando está apenas descansando. Em termos de fazer apenas o mínimo, a demissão silenciosa existe há anos, mas é nítido que a pandemia afetou as crenças e as prioridades das pessoas em relação ao trabalho. Hoje, todos sentem o peso de trabalhar mais por menos dinheiro. Não acredito que a demissão silenciosa continuará sendo uma tendência; acho que se transformará numa mentalidade geral sobre o emprego. Muita gente não quer dar o sangue para encher o bolso das empresas à custa da própria saúde física e mental. E, com o aumento dos problemas de saúde mental, as organizações que não protegem o bem-estar do funcionário e não criam um ambiente de trabalho positivo logo se verão com mão de obra muito escassa, alta rotatividade e ausências cada vez mais frequentes por razões de saúde.

> **VOCÊ SABIA?**
> **O que as empresas e os grupos terroristas têm em comum?**
>
> Seitas e grupos terroristas também usam a identidade social para deixar as pessoas vinculadas à organização. As técnicas de persuasão usadas para criar apego são as mesmas aplicadas nas empresas, embora mais sinistras.[10] Com muita frequência, seitas e grupos terroristas buscam pessoas emocionalmente vulneráveis, solitárias ou com autoidentidade fraca, posto que são mais influenciáveis por coação e pressão social (como intimidação e doutrinação).[11] Quando uma seita consegue cooptar alguém, aplicam-se táticas de socialização para criar no membro uma forte sensação de pertencimento e dependência psicológica, e a pessoa acaba cortando os laços com o mundo exterior. Isso acaba levando-a a "tomar veneno de canudinho",[12] ou seja, a ter obediência e lealdade inabaláveis em relação à seita e ao líder. Quanto mais forte a filiação (identificação), mais provável que a pessoa faça o que o grupo mandar.

Quando as empresas realmente se comportam à altura do status de família

Algumas empresas realmente fazem um bom trabalho para estar à altura do status de família. Empresas familiares, sobretudo, têm a mentalidade forte de pôr as pessoas em primeiro lugar. Por trabalhar como assessor de várias dessas organizações, costumo ouvir histórias de membros da família que fazem o possível para reter talentos e dar atenção e apoio especiais a funcionários necessitados ou gravemente doentes. Costumo dizer que, para saber mesmo de que forma as pessoas se comportam, deve-se prestar atenção a como elas agem em épocas de crise. Em períodos difíceis, é mais provável que líderes e gestores mostrem quem realmente são. A recente pandemia é um ótimo exemplo disso. Nem todas as empresas e lideranças que tinham "pessoas em primeiro lugar" como valor central se dispuseram a oferecer segurança aos funcionários. Algumas, mesmo depois de um resultado financeiro positivo do primeiro trimestre fiscal, no início da pandemia, fizeram demissões em massa visando reduzir o prejuízo e maximizar o lucro. Nesses casos, os funcionários não estavam em primeiro lugar, mesmo! No entanto, muitas decidiram manter sua folha e apoiar os colaboradores naquela época de dificuldade sem precedentes. Estar à altura dos próprios valores centrais e colocá-los em prática por meio de comportamentos impactantes é o que realmente dá à empresa a marca de família.

A FAMÍLIA NAS EMPRESAS JAPONESAS

As empresas japonesas são famosas por pregar a analogia familiar no trabalho. E estão certas ao fazê-lo. A maioria oferece emprego vitalício (embora isso esteja mudando) e, quando contrata, tende a procurar compatibilidade de valores, mais do que de habilidades (é comum contratarem pessoas recém-saídas da universidade, por exemplo). Pelo fato de o emprego geralmente ser oferecido para a vida inteira, muitos benefícios são fornecidos aos funcionários em troca da lealdade. Segurança no emprego, uma bela aposentadoria e um seguro de saúde com cobertura total, para citar alguns. Como em qualquer família, todos passam muito tempo juntos (inclusive depois do expediente) e não menosprezam os familiares com tanta facilidade quando a situação vai mal. É melhor deixá-los no cantinho do pensamento ou excluí-los temporariamente de outras atividades com o restante da família.[13] Esses comportamentos de engajamento e punição são muito comuns nas empresas japonesas com fortes valores familiares. Socializar fora do trabalho é bem habitual no

Japão (o chamado "depois das cinco", na cultura empresarial japonesa), e beber, jantar e cantar com o chefe e os colegas, no karaokê, é considerado essencial. Muitos negócios importantes e discussões corporativas acontecem e são decididos fora do horário de trabalho regular. Com tempo pessoal limitado, os funcionários rapidamente se sentem sobrecarregados.

Dizer "Esta empresa é uma família" é, sim, carregar um fardo pesado. Fora do contexto japonês como ponto de vista alternativo da empresa como família, não recomendo que as organizações usem essas palavras sem pensar em garantir os aspectos positivos que a vida familiar traz ao trabalho e, ao mesmo tempo, minimizar os negativos.

> Há muitos exemplos de como a tentativa de criar um ambiente de trabalho parecido com uma família pode ser tóxica. Exigir lealdade inabalável leva alguns funcionários muito dedicados a se comportarem de forma pouco ética ou a não denunciarem a má conduta no local de trabalho para proteger a empresa.[14] Em 2015, a Volkswagen foi considerada culpada por fraudar o software de detecção da poluição para passar nos testes de emissão do governo. O presidente da empresa disse, numa entrevista coletiva, que o escândalo das emissões foi causado por uma série de condutas internas inadequadas e uma cultura de trabalho nociva que tolerava o desrespeito às regras.[15] Existem famílias disfuncionais no mundo real, e essa cultura também está nas empresas. Mesmo quando se estabelecem controles apropriados, a cultura e, dentro dela, os comportamentos tolerados podem impedir que as pessoas façam o que é certo.

Gestores que exigem lealdade inabalável — qual é o problema?

Sentir-se conectado ao trabalho é importante. Isso aumenta o bem-estar, ajuda a manter a produtividade e dá uma sensação de pertencimento e proteção, principalmente quando o mundo lá fora está mudando tanto.

Algumas empresas são como uma extensão da família e se esforçam para fazer você se sentir valorizado e para dar ouvidos às suas preocupações, procurando ativamente maneiras de tornar o seu dia a dia mais agradável e produtivo. No entanto, nem todas são assim, e algumas culturas específicas fazem você se sentir um mero número, inclusive. De todo modo, seja qual for a cultura ou o ambiente em que você trabalha, muitos gestores adoram dizer aos funcionários: "Somos uma família." Essa ideia é disseminada de forma excessivamente vaga e, às vezes, é até mal empregada, com o objetivo de exigir lealdade inabalável ou justificar as horas extras. Além disso, os gestores também aplicam outras técnicas de apego psicológico e influência social para alterar, a seu favor, o comportamento dos funcionários. Hoje em dia, as gerações mais novas que começam no emprego têm "ranço" da analogia "somos sua família" para promover apego, o que reflete uma mudança de atitude muito mais ampla em relação ao trabalho. Desde a pandemia, as pessoas aprenderam a priorizar outros aspectos da vida, como o tempo a sós, o bem-estar e a presença na família, e não se dispõem a comprometer a saúde física e mental em prol de uma empresa, muito menos para trabalhar presencialmente num escritório durante cinco dias por semana. As empresas vêm enfrentando dificuldade para manter os funcionários motivados e dedicados, e precisarão repensar o modo de contratar, tratar e reter os talentos. Atualmente, há uma guerra por eles. Somente o dinheiro já não basta para manter as pessoas felizes e produtivas. Hoje, as pessoas procuram empregos significativos, um melhor equilíbrio entre vida e trabalho, crescimento pessoal e relacionamentos positivos no ambiente profissional. Desse modo, as empresas têm o desafio de criar uma forma de apego psicológico resiliente no local de trabalho, a fim de beneficiar em longo prazo tanto o empregado quanto o empregador. Mas criar um verdadeiro sentimento de família para que as pessoas se sintam respeitadas, valorizadas, protegidas e capazes de se exprimir com autenticidade e sem represálias traz responsabilidades. Se a empresa diz "somos uma família", isso deveria ser verdade!

É uma **bandeira vermelha** quando:

- A empresa diz que é sua família, mas não se comporta à altura do compromisso e da responsabilidade que isso implica.

- A empresa usa apego psicológico e outras estratégias de persuasão para exigir lealdade, obediência e dedicação em excesso, ou para pagar menos pelo seu trabalho. Tenha mais consciência de como essas estratégias são aplicadas no local de trabalho.

- Você percebe que faz coisas ruins no trabalho a fim de proteger a empresa. Devido à forte filiação à organização, você considera razoáveis os maus-tratos e as agressões aos funcionários. Pense duas vezes antes de se dedicar a esse comportamento e não se esqueça de que o carma existe!

- Você age no trabalho como se estivesse entre amigos. Lembre-se de que, com o tempo, será difícil separar a vida profissional da pessoal. Isso pode causar problemas no emprego em termos de relacionamento e reputação.

- A empresa faz promessas de aumento salarial ou de promoções futuras, mas não as cumpre. Se aconteceu uma ou duas vezes, é provável que aconteça de novo. Documente tudo!

É uma **bandeira verde** quando:

- A empresa se compromete com o bem-estar dos funcionários: você se sente aceito, respeitado e protegido. E, quando a situação vai mal, os líderes agem rapidamente para remediar isso.

- A empresa tem bons líderes e gestores. Eles são excelentes comunicadores, colocam as pessoas em primeiro lugar e se mostram à altura desses valores quando surgem situações difíceis.

- Você se sente pertencente ao local de trabalho, independentemente de idade, raça, orientação sexual, crença religiosa ou deficiência. Culturas de trabalho que criam a sensação de unicidade para todos levantam grandes bandeiras verdes!

- Seja qual for a política da empresa para o trabalho remoto (caso seu ramo de atuação permita trabalhar em casa), você ainda tem vontade de ir ao escritório por causa da camaradagem e da conexão afetuosa que tem com os colegas.

- Os seus propósitos e valores pessoais se alinham aos da empresa. Quanto mais alinhados, mais forte a compatibilidade e a conexão percebidas. Em geral, as pessoas que incorporam os valores da empresa são promovidas (se também cumprirem outros requisitos específicos do cargo, é claro).

O que considerar ao decidir se você fica ou cai fora

É necessário decidir se a empresa é verdadeiramente uma família para você, com base na avaliação das ações e dos comportamentos observados no local de trabalho. Se tanto o funcionário quanto o empregador fizerem a parte deles no trato e cumprirem o que foi prometido, grandes coisas podem acontecer. Além de ter mais confiança, você se sentirá mais feliz e será mais produtivo. Entretanto, no mundo de hoje ter trocas positivas, pessoais e profissionais, no trabalho não bastam para manter as pessoas engajadas. Quando tudo muda com tanta rapidez, precisamos dar um jeito de nos conectar mais internamente, e a identidade no trabalho ajuda. Ter um propósito elevado permite entender o que leva você a se levantar pela manhã para além do salário apenas, e ter uma sensação de pertencimento no trabalho faz você se sentir protegido e valorizado. No entanto, quando essas coisas faltam e você se sente excluído, coisas ruins tendem a acontecer, o que afeta negativamente a saúde física e mental. Nesse caso, é hora de repensar se você deve ficar ou largar.

SINAIS PARA FICAR

- A empresa aceita quem você é e o respeita como um indivíduo de valor.

- Você sente uma conexão forte e positiva com o trabalho que faz e com seus colegas.

- A empresa cumpre promessas!

- Você consegue estabelecer limites claros entre vida e trabalho, e todos respeitam os acordos feitos.

- Os líderes e gestores praticam ativamente os valores que pregam.

HORA DE PARTIR

- Você não é respeitado pelo seu trabalho ou pela sua identidade pessoal. Fique em lugares onde você seja bem-vindo, não onde seja tolerado!

- Os gestores não valorizam a sua contribuição e não agem depois de dizer que vão melhorar.

- A empresa lhe promete crescimento, mas no fim não fornece treinamento, rodízio de tarefas nem oportunidades.

- O seu gestor exige que você trabalhe mais, mas não oferece o ambiente acolhedor ou o salário adequado para acompanhar o aumento da pressão.

- Você encontrou uma oportunidade melhor em outro lugar? Não tenha medo de ir atrás dela. No atual mercado de trabalho, lealdade tem limites.

BANDEIRA VERMELHA 8
"Você pode trabalhar no domingo?"
Desrespeito aos limites no trabalho

"Encontramos os limites quando os forçamos."
Herbert A. Simon

Respeito aos limites no trabalho

Estabelecer limites é uma habilidade importante de aprender e dominar. Somos o tempo todo bombardeados por mudanças, incertezas sobre o futuro e pedidos pessoais dos outros. É fundamental aprender a estabelecer limites, tanto para controlar o que os outros nos pedem quanto para não ficarmos internamente esgotados por causa do mundo exterior. Colocar limites no trabalho não é diferente de fazer isso em qualquer tipo de família ou relacionamento romântico. É da natureza humana pedir mais do que o necessário ou tomar mais do que precisa. "Você dá a mão, querem o braço" é um ditado comum que reflete esse comportamento. Com tantas metas concorrentes e necessidades pessoais em jogo, é comum as pessoas lhe pedirem que trabalhe mais do que você consegue ou em dias em que estaria de folga ou de férias. Ao mesmo tempo, é difícil dizer "não" ao chefe que exige uma resposta imediata quando você não está no escritório. Embora seja seu horário de descanso, você teme virar um exemplo de membro ruim na equipe ou reduzir suas chances de promoção se não responder. Por outro lado, você percebe que não transmitir as suas necessidades permite que os outros suguem sua energia, o que afeta o desempenho no trabalho e a saúde mental. Há várias razões para acharmos difícil estabelecer limites no trabalho — os quais, em geral, são naturalmente pessoais. Neste capítulo, vamos mergulhar fundo na psicologia dos limites e explorar por que alguns gestores e colegas gostam de desrespeitá-los. Também investigaremos por que para alguns é difícil definir limites e como resolver isso com estratégias específicas que podem se aplicar no trabalho. Estabelecer limites pode assustar no início, mas logo você perceberá que é algo muito importante e que, na verdade, ajuda você a conquistar o respeito de seus pares.

A importância de estabelecer limites no trabalho

Um dos fatores mais importantes que afetam o desempenho profissional é a falta de clareza. Não se deve subestimar o entendimento do que é necessário para executar bem o serviço. É preciso saber quais tarefas precisam ser cumpridas e de que forma podem ser concluídas. É preciso avaliar se você consegue fazer o serviço direito e saber de que habilidades depende para melhorar e obter um alto desempenho. Essas habilidades não são apenas técnicas, mas interpessoais — por exemplo, ser um bom colaborador, com capacidade de influenciar os outros de forma eficaz para que o serviço seja feito e de lidar bem com estresse e gestão do tempo. Estas últimas habilidades são importantes porque às vezes é fácil se perder: trabalhar nos fins de semana, não fazer pausas suficientes ou não se desligar durante as férias. A clareza permite entender quais são os seus limites em relação à função e ao tempo necessário para concluir as tarefas. Se não estabelecer limites claros, você pode acabar sobrecarregado e esgotado. É igualmente importante saber quando dizer "não" aos colegas que pedem o cumprimento de atribuições adicionais, as quais não são responsabilidade sua. Lógico que é bom ajudar os outros, mas fique atento, pois as pessoas costumam ser boas em delegar as próprias responsabilidades para os colegas. É dificílimo dizer "não" a um gestor, principalmente quando ele pede que você assuma ao mesmo tempo mais tarefas do que você consegue cumprir, ou quando solicita que você trabalhe no fim de semana ou no seu tempo livre. É de se esperar que de vez em quando haja um excesso de trabalho, e a vida profissional sempre tem a ver com dar e receber, mas há limites. É importante que você se responsabilize por estabelecer os seus, porque ninguém mais fará isso.

O que impede você de estabelecer limites no trabalho?

Às vezes, é difícil dizer "não" a quem pede que você assuma mais tarefas ou trabalhe além do horário. A cultura da empresa também pode ditar a necessidade de trabalhar mais do que o esperado. Aqueles que vão além de sua função são aplaudidos por serem "pessoas que fazem acontecer" e por "se esforçarem para fazer o que é preciso". No entanto, na cultura do "sempre disponível", o burnout e os rancores estão à espreita. Isso é mais problemático quando você é microgerenciado, pois a pressão é ainda maior. Então por que tanta gente acha difícil rechaçar quem ultrapassa os limites? Em geral, ter medo de dizer "não" a um gestor impede que a pessoa seja assertiva em relação às próprias necessidades. O medo de sofrer retaliação ou perder o emprego também está por trás da falta de assertividade ao se manifestar. Outra razão comum para as pessoas não reagirem é a *necessidade de agradar*, essa inclinação a satisfazer os desejos dos outros para se sentir aceito e amado ou por baixa autoestima. Os colegas e gestores percebem logo quem gosta de agradar, e essa pessoa vira o alvo fácil no qual atiram ainda mais trabalho. Outra razão para a dificuldade de estabelecer limites no trabalho é exercer o trabalho remoto prolongado ou trabalhar como autônomo. A liberdade do trabalho remoto pode ser muito atraente, mas trabalhar remotamente e trabalhar para si mesmo também exige habilidades pessoais para saber quando desligar. Não ter limites bem definidos entre vida pessoal e trabalho faz algumas pessoas trabalharem além da conta. Na pandemia, estudei como o trabalho remoto afetou as atitudes e o comportamento das pessoas e constatei que muitas trabalhavam mais do que o normal não por serem incrivelmente produtivas, mas por estarem ansiosas com a falta de visibilidade e conexão. Chamei esse comportamento de "trabalho em pânico".[1]

A importância da autoconsciência na hora de estabelecer limites

Aprender a identificar os motivos de achar difícil estabelecer limites é o primeiro passo para estabelecer os seus. Esses limites não são só físicos (como pedir aos outros que respeitem seu tempo e espaço); são também mentais (como definir rotina e estrutura) e emocionais (como não permitir que as emoções dos outros o afetem). A autoconsciência é fundamental, juntamente com a autoconfiança para falar e expressar suas necessidades. A seguir estão algumas razões que dificultam estabelecer (e manter) limites no trabalho:

NECESSIDADE DE AGRADAR OS OUTROS

Um problema comum de quem quer agradar é sofrer de ansiedade e culpa quando tenta impor limites no trabalho, porque fazer isso lhe parece estranhíssimo. Além do medo do desconhecido, quem quer agradar também tem dificuldade de impor limites por medo de sofrer rejeição ou magoar os outros. Essas emoções negativas retroalimentam a tendência em agradar, e a pessoa recai nos antigos padrões de comportamento, o que torna dificílimo manter os limites estabelecidos.

PERFECCIONISMO

O perfeccionismo também é uma razão importante que dificulta estabelecer limites no trabalho. Como perfeccionista, você quer ser o melhor possível e garantir que tudo seja feito corretamente. Isso o leva a trabalhar mais horas do que deveria e ir além do padrão normal para executar as tarefas com a qualidade que você julga necessária. Quando examinamos o que há por trás, o perfeccionismo pode ser causado por vários fatores. Uma das principais razões para ser perfeccionista é o medo de julgamento ou desaprovação. Elaborar cada detalhe de um projeto pode lhe dar a falsa sensação de controle, o que minimiza o risco de estar errado ou de não fazer o serviço direito. Impor limites para si baixa a capacidade de exercer controle sobre o ambiente, o que volta a provocar o medo do fracasso, e por consequência você não consegue manter os limites que estabeleceu.

> **VOCÊ SABIA?**
> **Se não consegue estabelecer limites físicos, aprenda a estabelecer limites mentais**
>
> Quando trabalhamos em casa, precisamos equilibrar a vida profissional e a vida privada/familiar. Ser capaz de decidir quando e como trabalhar é necessário para ter certo controle sobre a vida. Isso é dificílimo quando se mora numa casa ou apartamento pequeno, em que não há espaço para separar fisicamente vida pessoal e profissional. Uma estratégia eficaz é criar limites mentais. São exemplos de limite mental: seguir rotinas bem-definidas — como levantar-se de manhã e vestir-se para trabalhar como faria normalmente —, fazer pausas e encerrar o trabalho no horário. A mente gosta de compartimentalizar a vida, pois isso facilita alternar as identidades pessoal e profissional. Os limites mentais ajudam a fazer a separação entre pessoal e profissional mesmo quando você trabalha no mesmo espaço em que mora.

Como dizer "não" a chefes e colegas de um jeito profissional

Em ambientes profissionais nos quais é preciso fazer mais com menos, há uma grande probabilidade de que os chefes e colegas tentem lhe repassar mais trabalho. Isso acontece por dois motivos: um, as empresas querem aumentar a relação custo-benefício e têm dificuldade de encontrar talentos; dois, as pessoas são inerentemente preguiçosas. Se conseguirem lhe passar trabalho e você se dispuser a aceitar essa carga extra, está correndo o risco de que isso se torne recorrente. Portanto, aprenda a resistir e a dizer "não" profissionalmente, para não ficar sobrecarregado e não acostumar os colegas a lhe passar tarefas que não fazem parte das suas obrigações.

O CHEFE DIZ "QUERO QUE VOCÊ FAÇA ISSO AGORA"

Talvez seja supernormal que seu chefe ou supervisor tome decisões de última hora sobre o planejamento e as prioridades do trabalho. No entanto, se ele não para de mudar os planos e repriorizar as funções que você deve fazer, o trabalho se torna frustrante, porque não é possível ter um prazo em vista e o controle do processo se perde. Esse é o tipo de situação que, quando se prolonga por muito tempo, pode causar um burnout. Busque declinar respeitosamente uma tarefa específica ou reorganizar as prioridades do seu próprio trabalho quando necessário. Uma estratégia eficaz para usar com os chefes que exigem ação imediata é responder: "Entendo que isso exige atenção imediata e posso, sim, cuidar disso agora. Mas, para garantir que eu termine as outras tarefas no prazo, você pode me ajudar a decidir que tarefa posso tirar da lista ou parar de priorizar?" Se o gestor insistir no pedido, lembre-o de quanto tempo cada tarefa exige. Dar ao gestor uma visão geral do seu trabalho e do prazo esperado para cada atividade pode resolver o problema.

Na versão norte-americana do famoso seriado de TV *The Office* (uma comédia que retrata o dia a dia em um escritório), dirigida e produzida por Greg Daniels, o gerente regional Michael Scott diz ao temporário Ryan: "Preciso que você chegue cedo e me compre no caminho um salgado de ovo, queijo e linguiça." Quando chega ao escritório e entrega o café da manhã, Ryan percebe que essa foi a única razão para ele ter que chegar cedo.[2] No seriado, é uma cena meio engraçada que, infelizmente, reflete como alguns chefes tratam os funcionários. Respeitar os limites no trabalho é importante, mas, devido a determinadas dinâmicas de relacionamento no emprego ou por mero mau comportamento, algumas pessoas exigem ou interferem mais do que deveriam.

RELAÇÕES DE TRABALHO

Desrespeito aos limites no trabalho — qual é o problema?

O ambiente empresarial nunca foi tão complexo. Precisamos produzir mais com menos tempo e recursos. Além disso, os limites entre a vida pessoal e profissional se confundem no trabalho remoto. Vivemos na cultura do "sempre disponível", colados aos nossos dispositivos e precisando responder rapidamente para suprir as demandas. Caso isso não aconteça, podemos perder oportunidades ou nos esquecer de agir. Nesse ambiente, é fácil para os gestores exigir mais do que o esperado e não respeitar os limites tradicionais entre casa e trabalho. Não surpreende que mais gente hoje se sinta descontente e esgotada. É importante aprender a estabelecer limites no campo profissional, ainda mais se você for sensível a pressões externas e achar difícil dizer "não", especialmente para o chefe. Há muitas razões para isso, como o medo de perder o emprego, a necessidade de agradar ou o perfeccionismo. Estabelecer limites ajuda a controlar sua energia e manter a boa saúde física e mental quando se trabalha sob pressão. Se você naturalmente tende a trabalhar demais, impor limites é igualmente importante. É necessária uma boa dose de autoconsciência[3] para identificar por que você não os estabeleceu desde o princípio e para superar a resistência. Outro fator importante na criação de limites no trabalho é dizer "não" ao chefe com tato e respeito.

É uma **bandeira vermelha** quando:

- O gestor diz que você só pode tirar uma semana de férias.
- O gestor diz que será necessário trabalhar no domingo (de novo).
- A empresa diz que você será promovido se fizer horas extras e assumir tarefas adicionais por um tempo.
- Você está doente e a empresa lhe dá uma advertência por não responder aos e-mails.

- Você não impõe limites no trabalho e atende às solicitações com mais frequência do que gostaria.

É uma **bandeira verde** quando:

- Como gestor, você respeita os limites dos funcionários em casa e no trabalho.

- Como gestor, você dá aos funcionários descrições claras de suas tarefas para que saibam o que é ou não responsabilidade deles.

- Você sabe transmitir suas necessidades de forma objetiva e consegue dizer "não" de um jeito profissional.

- Você é capaz de se desligar do trabalho.

O que considerar ao decidir se você fica ou cai fora

É normal que nos sintamos pressionados no trabalho e que outras pessoas peçam que trabalhemos depois do horário. Hoje em dia, muita gente acredita que um bom funcionário é aquele que está "sempre disponível" e dá o sangue pela empresa. É fácil que esse tipo de ambiente de trabalho leve os gestores a invadir os limites pessoais com muita frequência. Encontrar um bom equilíbrio entre atender às expectativas alheias e proteger a própria saúde física e mental é ainda mais importante atualmente. Se seus colegas e gestores vivem passando dos limites, é importante verbalizar suas necessidades. Se ainda assim elas não forem respeitadas e você achar difícil manter o equilíbrio entre vida profissional e pessoal por causa das pressões no trabalho, talvez esteja na hora de repensar a importância desse emprego na sua vida.

SINAIS PARA FICAR

- Você sente que os seus limites são invadidos com muita frequência, mas sabe dar um basta. Está satisfeito de ficar onde está, por enquanto.

- Embora o chefe seja exigente demais, a cultura de trabalho em geral é positiva e acolhedora.

- Você consegue exprimir, com clareza, suas necessidades e seus limites ao chefe. Em resposta, ele minimiza a situação sempre que pede para você trabalhar depois do horário ou durante as folgas.

- Você aprende a administrar melhor sua energia e seu tempo no trabalho.

HORA DE PARTIR

- Como gestor, você respeita o equilíbrio entre casa e trabalho, mas o ambiente da empresa o força a exigir mais dos funcionários, mesmo sabendo que eles estão sobrecarregados.

- O gestor não para de invadir os seus limites apesar de você já tê-los expressado com clareza.

- Ser solicitado a atender prontamente o tempo todo e a trabalhar nas horas de folga está afetando sua saúde física e mental.

- O gestor sabota contínua ou deliberadamente sua autoridade.

BANDEIRA VERMELHA 9
"Pare de reclamar! Aqui é assim mesmo!"

Quando não há consideração pelo bem-estar
nem pela saúde mental do funcionário

"Quem não consegue lidar com meu pior lado,
com toda a certeza, não merece meu melhor."
Marilyn Monroe

Priorizar o bem-estar do funcionário

O trabalho tem um papel significativo na vida de todos nós. Além de ser nossa fonte de renda, também traz vários benefícios emocionais e psicológicos, como propósito, status, sensação de pertencimento e crescimento pessoal, e pode até aumentar a autoestima. Por passarmos uma parcela muito grande da nossa vida no trabalho, é importante que o ambiente seja seguro e acolhedor. As experiências no local de trabalho e as conexões ali forjadas afetam bastante o modo como nos sentimos no emprego e fora dele, bem como nosso desempenho na empresa. Os ambientes de trabalho positivos nos deixam felizes e cheios de energia, podendo até melhorar a saúde física e mental. No entanto, ambientes tóxicos têm o efeito oposto e causam problemas de saúde variados, como burnout, depressão e, em último caso, podem levar à morte. Com a ascensão dos sistemas de trabalho remoto e da cultura de estar sempre à disposição, é importante que as empresas encontrem maneiras de ajudar os funcionários a estabelecer limites mais claros. Sejamos realistas: hoje precisamos fazer mais com menos, e parece que essa tendência não vai mudar tão cedo. No entanto, muitas culturas empresariais não são muito centradas nos funcionários nem consideram o bem-estar deles como prioridade. Em algumas empresas, RH significa mais "restos humanos" do que "recursos humanos" e se concentra mais em espremer até a última gota de sanidade e saúde do corpo dos colaboradores em prol da eficiência e do lucro. É difícil priorizar o bem-estar do funcionário quando a cultura de trabalho impõe uma mentalidade do tipo "Apenas aceite! Não reclame!". Ser capaz de identificar valores e práticas profissionais que sustentem o bem-estar e a saúde mental do funcionário é importante para decidir se você quer trabalhar em determinada empresa ou ficar mais tempo no seu emprego. "Aqui é assim mesmo" deixa você alheio às transformações ocorridas no mundo atual do trabalho e para a necessidade de priorizar a saúde e o bem-estar geral no quadro da empresa.

A importância de se concentrar no bem-estar e na saúde mental do funcionário no trabalho

Com o aumento da diversidade e da inclusão no local de trabalho e com mais empresas que priorizam a saúde mental por meio de políticas e iniciativas, o bem-estar passou a ser um tópico muito debatido. O susto da pandemia de Covid-19 — que provocou demissões em massa, mas também fez muitos funcionários saírem voluntariamente do emprego (a chamada *Grande Demissão*) — foi um momento fundamental para reavaliar as prioridades da vida e a relação com o trabalho. O lockdown imposto na pandemia, juntamente com o medo do contágio e a violência doméstica, contribuiu para aumentar os quadros de solidão, ansiedade e depressão. Essas tristes consequências deixaram as empresas mais conscientes da importância de priorizar o bem-estar dos funcionários e de reter (e atrair) talentos. As iniciativas de diversidade e inclusão também provam que priorizar as pessoas, além de beneficiar os funcionários, afeta positivamente o desempenho da empresa.

Como definir saúde mental no trabalho?

Nos últimos anos, a saúde mental se tornou um tema importante. Além de lidar com os problemas de saúde mental provocados por condições de trabalho insalubres e excesso de trabalho, muitas empresas reconhecem os impactos disso sobre o modo como as pessoas pensam e sentem, sem falar do impacto dos aparelhos e plataformas digitais sobre a natureza mutável do bem-estar e dos relacionamentos. No entanto, as iniciativas de saúde mental ainda estão engatinhando no âmbito das empresas, e muitos desafios precisam ser superados para que as pessoas comecem a enxergar os benefícios desse tipo de projeto no trabalho. Ainda há muito estigma em torno da saúde mental, e ninguém quer ser rotulado com um transtorno que provoca a pergunta "E daí?". Há o temor de que, ao ser rotulado, o indivíduo se torne um funcionário de segunda classe, e talvez ele não tenha certeza se encontrará o suporte necessário para sua condição.

O tema da neurodiversidade (admitir as maneiras diferentes de processar informações e tomar decisões, para além do pensamento neurotípico) costuma ficar limitado a diversidade, inclusão e saúde mental, e não se sabe se essa característica deve ser considerada um ponto forte ou uma deficiência que exige suporte. Hoje, as pessoas que têm TDAH ou estão no espectro autista estão mais dispostas a falar sobre neurodiversidade no trabalho; segundo diversas pesquisas, em geral elas são muito inteligentes, criativas e bem-sucedidas. No entanto, nem todos veem isso como um ponto forte, pois na maior parte dos casos as características comportamentais que acompanham esses estilos cognitivos são atípicas (como hiperatividade, hiperfoco, menos sociabilidade do que o habitual e ausência de filtros na comunicação). Um aspecto que considero importante é o modo como enquadramos o que é saúde mental. Você a vê como um estado de doença e, portanto, uma deficiência que exige acomodação? Ou define saúde mental como um estado de produtividade, resiliência e estratégias para lidar com problemas (em outras palavras, um estado de bem-estar)? Esta última definição muda completamente o significado de saúde mental, o modo de promovê-la e o envolvimento dos funcionários com ela. Pessoalmente, a maior parte do meu trabalho é examinar o indivíduo a partir de um estado de bem-estar e resiliência, não de doença. O modelo clínico é apenas um paradigma para avaliar a cognição e o comportamento humanos. Um ótimo exemplo disso na prática é a forma como os Emirados Árabes Unidos se referem a pessoas com deficiências físicas ou mentais: *pessoas com determinação*. O modo como rotulamos as coisas na vida por um lado pode nos impedir de enxergar novas possibilidades, mas por outro, pode nos dar energia para sermos mais. Definir a saúde mental no trabalho provavelmente é um dos passos mais importantes que as empresas deveriam dar para fazer os funcionários desabrocharem.[1]

Empresas que priorizam a produtividade em detrimento da saúde

É uma pena, mas até hoje, mesmo com tanto foco na melhora do bem-estar físico e mental no trabalho, ainda há muitas empresas que não dão a devida atenção ao tema. A redução de custos e o aumento da eficiência são priorizados, não o bem-estar dos funcionários. Vejamos, por exemplo, o advento da inteligência artificial. Muita gente teme perder o emprego para essa tecnologia e quase ninguém está recebendo apoio emocional ou psicológico durante essa transição. Além disso, em geral os ambientes de trabalho que promovem a cultura do "Aqui é assim mesmo, apenas aceite" fazem as pessoas se sentirem excluídas e desamparadas. A cultura do trabalho é algo construído no decorrer dos anos, e o emprego moderno muda com tanta rapidez que é comum a cultura não se adaptar a tempo de respaldar a mudança necessária. Vemos isso com frequência no modo como os gestores normalmente reagem aos tópicos ligados a bem-estar e saúde mental. E isso pode acontecer ainda que haja iniciativas e políticas de bem-estar do funcionário. Regras tácitas como não tirar férias longas, fazer regularmente horas extras sem pagamento e ficar disponível durante as folgas são bandeiras vermelhas nítidas de que a empresa não prioriza o seu bem-estar e que a cultura da organização dificulta a adoção de comportamentos mais saudáveis no trabalho, mesmo quando novas políticas são implementadas.

> **VOCÊ SABIA?**
> **Segurança psicológica**
>
> A segurança psicológica reflete até que ponto você se sente seguro para se manifestar no trabalho, participar de debates importantes, avisar quando alguém comete um erro, correr riscos e experimentar novas ideias sem medo de represálias. Foi constatado que a segurança psicológica aumenta o desempenho da equipe, a inovação e o bem-estar físico e mental. Criar segurança psicológica em uma empresa leva tempo, principalmente quando se trabalha num ambiente onde todos têm muito medo de se manifestar ou de questionar o *status quo*. É comum que as empresas só comecem a pensar nisso quando algum funcionário sofre assédio ou bullying no local de trabalho. Mudanças na legislação local também podem forçar as organizações a se concentrar mais na criação de ambientes psicologicamente seguros. Nesse estágio inicial, a maioria dos funcionários não acredita nas iniciativas e as vê com muito ceticismo. Com o tempo, conforme as empresas começam a executar o que prometem, a criar a segurança psicológica e oferecer recompensas relacionadas a isso, os funcionários passam a se manifestar mais no trabalho e há espaço para que a mudança cultural possa acontecer. Desenvolver um ambiente psicologicamente seguro no trabalho deveria ser intencional, realizado de forma diligente e com a compreensão de que a mudança comportamental e a criação de confiança exigem tempo.

Como distinguir a mentalidade de pôr as pessoas em primeiro ou último lugar

Talvez você ache que é fácil identificar quando a empresa prioriza o bem-estar no trabalho. E tem razão: em muitos casos, é fácil avaliar se a empresa ou organização é boa para o seu bem-estar físico e mental. No entanto, em algumas situações isso não é tão óbvio assim. O fato de se dedicar a práticas de bem-estar e adotar políticas de saúde mental não significa automaticamente que a empresa seja boa para você. Além disso, trabalhar num ambiente de muita energia pode dar certo por muito tempo, mas o que acontece quando, em virtude de mudanças no ambiente ou no mercado de trabalho, você sente que não aguenta mais? O nível de apoio recebido para lidar com fatores de estresse e exigências do emprego é um critério importante, o qual avalia se a sua organização realmente o ampara. Aqui estão algumas situações profissionais interessantes que, à primeira vista, parecem positivas, mas exigem reflexão para concluir se colocam as pessoas em primeiro lugar:

"Não temos políticas de saúde mental, mas temos a Sexta da Pizza!"

"Claro, você pode trabalhar de casa, mas, para ser justo com os outros funcionários, você também trabalharia no fim de semana?"

"Aqui você precisa se superar se quiser ser promovido."

"Fale dos seus problemas de saúde mental e nos diga como podemos ajudá-lo."

> Em maio de 2023, fui o responsável pela palestra principal de uma das reuniões virtuais do World Bank Group. Na apresentação, falei sobre a importância da segurança psicológica para aumentar o bem-estar

> no trabalho e sobre as estratégias que organizações grandes como aquela poderiam incorporar a fim de criar um ambiente psicologicamente seguro. Uma das maiores lições naquele momento era que segurança psicológica significa diferentes coisas para diferentes pessoas no mundo inteiro, devendo ser abordada com uma lente transcultural. Outra lição importante para manter as pessoas motivadas e criar locais de trabalho mais seguros e confiáveis é tornar todos conscientes de que aprimorar a segurança psicológica no trabalho é uma jornada constante.

Quando não há consideração pelo bem-estar nem pela saúde mental do funcionário — qual é o problema?

Hoje em dia, o bem-estar e a saúde mental do funcionário são pautas prioritárias de muitas empresas. O atual mercado de trabalho exige bastante das pessoas: de lidar com imprevistos globais, como a pandemia de Covid-19 e as guerras na Ucrânia e no Oriente Médio, a promover transformações empresariais para tornar o local de trabalho mais inclusivo, digital e sustentável. A pressão profissional está aumentando para todo mundo, e não é fácil para ninguém lidar com ela. Mas se além disso você ainda tem um gestor que lhe diz "Não reclame! Aqui é assim mesmo!", podemos concluir que seu bem-estar não é prioridade na pauta dele. Se você se sente negativamente afetado pelas exigências do serviço ou pela cultura organizacional, é importante deixar claro quais são as suas necessidades. No entanto, nem todos se sentem seguros para fazer isso, o que evidencia falta de segurança psicológica. O conceito pode ser explicado como a crença de que você pode correr riscos interpessoais, ser quem verdadeiramente é e verbalizar suas preocupações sem medo de sofrer retaliação nem de perder o emprego. Não se sentir seguro nessa área da vida afeta a produtividade, o bem-estar e a saúde mental. É preciso pensar minuciosamente se você quer permanecer num ambiente que se concentra mais em números do que em pessoas.

É uma **bandeira vermelha** quando:

- O gestor lhe diz para não reclamar e para apenas aceitar, pois "Aqui é assim mesmo!".
- A empresa pede que você a compartilhe com ela seus problemas de saúde mental, embora não adote políticas objetivas para lidar com essa questão no trabalho.
- O gestor não acredita em saúde mental e diz que você é sempre negativo e que só precisa ser mais otimista!
- Você mergulha de cabeça no trabalho para fugir dos problemas pessoais.

É uma **bandeira verde** quando:

- Como gestor, você examina com regularidade a carga de serviço dos funcionários e delega ativamente as tarefas para um ou outro, de modo que ninguém fique sobrecarregado.
- A empresa promove um ambiente que acolhe as necessidades dos funcionários, criando segurança psicológica.
- O gestor demonstra empatia e vulnerabilidade, servindo de modelo para um comportamento atencioso e que fomenta uma sensação de pertencimento ao local de trabalho.
- Você sabe manter um equilíbrio saudável entre vida pessoal e profissional, usa seu tempo livre com coisas que você gosta, delega tarefas quando possível, pode trabalhar em casa e passa tempo de qualidade com amigos e pessoas queridas.

BANDEIRAS VERMELHAS, BANDEIRAS VERDES

O que considerar ao decidir se você fica ou cai fora

As empresas realmente têm buscado encontrar e reter os talentos num mundo em que a lealdade vem desaparecendo com rapidez. Em um mercado de trabalho caótico e volátil, não há dúvida de que não priorizar o bem-estar e a saúde mental dos funcionários tirará as organizações das classificações globais de "bom empregador" ou "melhor lugar para trabalhar". E nem mesmo o fato de o local onde você trabalha estar nessas listagens é garantia de que o seu bem-estar e a sua saúde mental estarão protegidos. Felizmente muitas empresas têm se empenhado em melhorar e tentado criar maneiras de aprimorar as práticas administrativas e a cultura organizacional. Caso você esteja em uma empresa que não se preocupa com seu bem-estar e sua saúde mental, talvez esteja na hora de repensar se esse é mesmo o seu lugar.

SINAIS PARA FICAR

- Você é uma pessoa resiliente e gosta do que faz. A falta de interesse da empresa pelo seu bem-estar no trabalho não o afeta. Você sabe que poderá sair caso a situação tome outras proporções.

- Você consegue dialogar com seu gestor e solicitar mudanças na condução do seu trabalho ou a redução da carga de atividades, para que a demanda se torne mais viável.

- A empresa está em transição e prioriza boas práticas de gestão de pessoal. Você tem esperanças de que a situação melhore.

- Você está infeliz no seu atual emprego devido ao excesso de exigências, mas por enquanto não tem para onde ir.

HORA DE PARTIR

- Você não se sente psicologicamente seguro no trabalho. O ambiente o impede de se manifestar e de ser você mesmo.

- Você não se sente bem física ou mentalmente, devido à pressão constante no trabalho. Em resposta a isso, seu gestor diz coisas como: "Apenas aceite!"

- A empresa promove um ambiente de trabalho tóxico, no qual a politicagem e as puxadas de tapete são vistas como pontos fortes e modos de sobrevivência.

- Você se sente subvalorizado e não mais que tolerado. Hora de procurar um lugar onde seja benquisto.

BANDEIRA VERMELHA 10
"Por que você não faz assim?"
O chefe que microgerencia

"Ou as coisas são feitas do meu jeito ou nada feito."
Anônimo

O chefe que microgerencia

Ter um bom líder é importante. Os bons gestores preparam você para ter sucesso na empresa, oferecem recursos para cumprir as tarefas e dão feedback e orientação para lidar com questões ligadas ao serviço e com problemas interpessoais. O tipo de relação que se estabelece com o chefe é fundamental para o sucesso e a sobrevivência no emprego. No decorrer da vida, você provavelmente terá vários chefes, e talvez até se torne chefe de alguém um dia. Gerenciar pessoas é muito diferente de gerenciar tarefas. As tarefas você controla; as pessoas, não. Os bons gestores sabem extrair o melhor de sua equipe e delegar com eficácia. Infelizmente, muitos chegam a esse cargo sem ter desenvolvido a habilidade de gerir pessoas. Às vezes, isso se deve à falta de competência; em outros casos, à falta de confiança (ou de outras habilidades interpessoais). A falta de habilidade pode ocorrer quando a pessoa é nova na gestão, ou seja, foi promovida a gerente porque não havia mais ninguém qualificado para a função. Seja qual for o problema por trás da má gestão, é importante não só saber quando o chefe não se sai bem na gestão de pessoal, como também entender como lidar com isso, de modo que a falta de aptidão dele não se torne a sua ruína. Identificar as bandeiras verdes e vermelhas que seus gestores levantam (e a psicologia por trás disso), além de ajudar a lidar melhor com eles, também revela as habilidades necessárias para que você seja um líder competente.

O que é microgerenciamento?

O microgerenciamento é um estilo de gestão no qual o chefe quer saber tudo o que os funcionários estão fazendo e ditar cada etapa e cada passo deles no trabalho. Isso pode ser uma abordagem eficaz para funcionários novos, mas não por muito tempo. O ato de microgerenciar só pode resultar em frustração para os trabalhadores, porque corrói a autonomia e demonstra falta de confiança em sua capacidade de executar o serviço corretamente, tornando-os menos produtivos. Além disso, microgerenciar impede que os funcionários cresçam e causa problemas de saúde mental no trabalho. A perda de autonomia e o sentimento de desconfiança fazem as pessoas se sentirem muito desconfortáveis e estressadas no trabalho, além de provocar diversas questões de saúde, como burnout, ansiedade e depressão. Como ocorre com muita frequência, é preciso aprender a lidar com esse problema, caso ele aconteça.

A psicologia do microgerenciamento

Há várias razões para os chefes microgerenciarem os funcionários. A maioria delas tem a ver com falhas na gestão de pessoal e na capacidade de confiar nos outros. Do ponto de vista da competência, ser capaz de delegar tarefas de maneira eficaz é importantíssimo. Os gerentes recém-promovidos talvez ainda precisem passar da mentalidade de gerenciar tarefas para a de gerenciar pessoas. Essa básica, porém fundamental, mudança de mentalidade é a causa de muitos erros de gestão no trabalho. É possível que o gerente pense "Preciso garantir que o serviço seja feito direito! Meus funcionários não estão trabalhando do jeito que eu quero" e acredite que ou as coisas são feitas do jeito dele ou nada feito. Novos gerentes sofrem com essa fixação funcional porque vinculam a forma de trabalhar ao comportamento que os fez ser promovidos.

Gestores também microgerenciam por falta de confiança, que pode vir de experiências passadas não necessariamente relacionadas ao trabalho. Pelo fato de já confiarem menos nos outros, por padrão alguns gerentes veem os colegas como menos confiáveis, sem nenhuma razão além da própria insegurança ou programação mental. A desconfiança também pode ser consequência da cultura de trabalho da empresa. Algumas dessas culturas se caracterizam por ceticismo e desconfiança, e estão repletas de paranoia. O ambiente de trabalho pode fazer gestores confiarem menos nos outros gestores da empresa e até em seus superiores diretos. Nesse caso, a desconfiança é mais um problema sistêmico. Desconfiança só gera mais desconfiança e, quando trabalhamos num ambiente tóxico, é difícil dizer se o chefe que microgerencia costuma ficar em cima por temer que você não saiba trabalhar direito, ou se está tentando prejudicá-lo de propósito para que você passe vergonha ou para parecer melhor do que ele realmente é. Durante a pandemia, alguns chefes supercontroladores aumentaram o microgerenciamento e usaram ferramentas on-line para monitorar a presença e a atividade dos funcionários. Outra razão para os gerentes não confiarem nos funcionários e, portanto, escolherem microgerenciar tem a ver com os sucessivos erros ou maus comportamentos dos subordinados. É possível que o gestor queira intervir de forma controladora a fim de corrigir temporariamente o problema ou passe a agir em modo de microgerenciamento pleno para garantir que não haja mais erros. Nesse caso, a intensidade do microgerenciamento vai depender da personalidade do gestor e do efeito que as falhas cometidas por outras pessoas tiveram na avaliação de desempenho dele. Quaisquer que sejam os problemas por trás da falta de confiança, estar em um cargo de liderança sem confiar nas pessoas prejudicará o seu desempenho (podendo inclusive causar burnout) e a percepção objetiva dos outros, além do desempenho e do bem-estar dos liderados.

Finalmente, o microgerenciamento também pode ser provocado por chefes que querem fazer uma fiscalização total. Até os executivos de cargos mais altos podem ser microgerenciadores em série. Essa postura é muito insalubre, porque demonstra a vontade de ter controle completo de todas as situações por medo de que algo prejudique a empresa, a reputação ou a oportunidade de ser promovido.

> **VOCÊ SABIA?**
> **O Princípio de Peter**
>
> Na psicologia empresarial, existe o Princípio de Peter, que reflete a relação entre competência e avanço na carreira. Esse princípio afirma que, em estruturas hierárquicas, as pessoas são promovidas de acordo com seu nível de incompetência, ou seja, continuam sendo promovidas até que não tenham mais um bom desempenho.
>
> O interessante é que o Princípio de Peter também afirma que, em geral, as pessoas que se percebem incompetentes ficam insatisfeitas com a situação, enquanto as que não se percebem dessa forma ficam felizes e não são afetadas. No entanto, em muitas culturas (profissionais) o Princípio de Peter não se aplica, pois as pessoas podem ser promovidas (a cargos acima do seu nível de habilidade) devido a favoritismo, vínculos íntimos, nepotismo e conexões políticas. No Oriente Médio, é essencial desenvolver o conceito de *wasta* (conexões fortes) para conseguir um emprego, permanecer nele e não se meter em encrencas. Ter *wasta* pode levar uma pessoa a cargos que vão muito além dos que apenas o mérito e o desempenho seriam capazes de fazê-la alcançar. Ser beneficiado, às vezes até promovido, por ter laços fortes com alguém é algo comum em todas as partes do mundo, mas em alguns países isso tem bem mais destaque do que em outros. Em inglês, há um ditado que diz que o valor que você acumula na vida é o equivalente a sua rede de apoio [*your network is your net worth*], ou seja, estabelecer laços sociais fortes é fundamental para o sucesso na carreira.

Como minimizar o microgerenciamento no trabalho

Então, o que fazer quando se é microgerenciado? Há várias estratégias para conseguir mais autonomia e poder de decisão sem comprometer o relacionamento com seus superiores. A abordagem que será aplicada depende muito das razões para o chefe microgerenciar você. Também é importante garantir que a abordagem seja feita regularmente (não uma vez só), o que requer conversas frequentes. As estratégias a seguir mostram como combater o microgerenciamento, levando em conta a origem do comportamento controlador do chefe (se é um traço de personalidade ou se faz parte da cultura do próprio local de trabalho).

MICROGERENCIAMENTO BASEADO NA PERSONALIDADE

O seu chefe tenta microgerenciar dizendo coisas como "Não gosto que seja feito assim, quero que você faça desse jeito". Ter alguém que fica o tempo todo olhando sobre seu ombro e explicando como fazer o serviço reduz a capacidade de pensar e trabalhar de forma independente. Às vezes é importante resistir para conseguir se orientar no trabalho com mais liberdade pessoal (senão, é melhor que contratem um robô para o serviço). Veja o que você pode dizer para resistir de uma maneira respeitosa: "Obrigado pela contribuição. Vou pensar nessa abordagem. Mas existe alguma razão específica para eu não fazer do jeito que sempre fiz? A sua contribuição pode me ajudar a trabalhar melhor e com mais independência nesse tipo de projeto daqui para a frente."

MICROGERENCIAMENTO DEVIDO AO LOCAL DE TRABALHO

É difícil criar confiança num ambiente de trabalho em que a desconfiança faz parte da cultura da empresa. As culturas profissionais que geram desconfiança costumam ser muito competitivas e cheias de politicagem, tendendo a ser um lugar onde os funcionários geralmente recebem tratamento injusto (veja mais sobre política organizacional na Bandeira vermelha 11, na página 129). Os chefes que prosperam em ambientes de ceticismo e desconfiança em certa medida incorporam a cultura da organização ao próprio modo de trabalhar. Às vezes, o microgerenciamento tem apenas a ver com o local de trabalho, nem sempre é ligado ao estilo de gestão preferido da pessoa. A falta de confiança na organização ou ligada à natureza do trabalho pode fazer os gestores confiarem menos nos funcionários. Nessas situações, talvez seja bom criar um relacionamento próximo com seu chefe. Confiança e responsabilidade andam de mãos dadas, e encontrar maneiras de criar esse tipo de relação é a melhor estratégia quando há dificuldade de encontrar essa confiança na empresa. Você pode começar a criar uma relação forte com seu superior se tentar entender quais são as principais preocupações dele ou dela em relação a confiabilidade e responsabilidade. Em seguida, você pode abordá-las oferecendo oportunidades de mostrar da maneira mais transparente possível que é confiável, responsável e cumpre os objetivos do trabalho. Algo que você pode dizer para começar a criar uma conexão mais forte seria: "Entendo que é difícil ter confiança nos outros, sobretudo considerando nosso atual ambiente de trabalho, mas quero lhe garantir que você pode confiar em mim para entregas eficientes com transparência total. Diga como podemos criar uma relação sólida, franca e pautada em confiança."

> Um exemplo de chefe exigente e microgerenciador ao extremo é a personagem Miranda Priestly, interpretada por Meryl Streep, no filme *O diabo veste Prada*. Famosa por exigir perfeição, ter comportamento impiedoso, agir com prepotência, ser implacável e gostar de menosprezar a assistente diante dos outros, Miranda é o exemplo clássico de microgerência capaz de transformar a vida do funcionário num inferno.

O chefe que microgerencia — qual é o problema?

Ter um bom gestor é fundamental para o seu desempenho e as oportunidades de desenvolvimento no trabalho. É comum que as pessoas sejam atraídas pela reputação da empresa e saiam do emprego por um relacionamento ruim com o chefe. A qualidade do seu relacionamento com o gestor pode ajudar ou destruir você, e é importante desenvolver uma conexão de confiança com ele. Apesar do seu esforço, você pode acabar subordinado a um tirano que não confia em você nem permite que você trabalhe com independência. Eis o chefe que microgerencia, o pior pesadelo de muitos funcionários! Gestores que microgerenciam querem ditar exatamente como você deve fazer o serviço e, em geral, não confia em sua capacidade de fazer as coisas bem-feitas. Trabalhar com gente assim costuma ser uma experiência horrível e muito cansativa, que afeta negativamente o desempenho e até a saúde mental do funcionário. Aprender a se comunicar de um modo eficaz com o chefe microgerenciador é uma habilidade importante se você quiser encontrar maneiras de criar confiança e manter a autonomia. Como o microgerenciamento costuma impactar toda a equipe, também é importante abordar os problemas coletivamente (por exemplo, durante uma reunião em equipe). Entender por que o chefe microgerencia é um primeiro passo fundamental para dar atenção ao conflito no trabalho. Em geral, o microgerenciamento vem do medo e da insegurança, da necessidade de controle, da falta de confiança e/ou da falta de habilidade de gestão.

É uma **bandeira vermelha** quando:

- O gestor se aborrece porque você não faz o serviço da mesma maneira que ele.

- O gestor demonstra (direta ou indiretamente) que não confia em você.

- O gestor usa a vigilância on-line para monitorar sua presença e suas atividades no trabalho remoto.

- Você permite que outras pessoas o microgerenciem por medo de errar ou perder o emprego.

É uma **bandeira verde** quando:

- Como gestor, você dá aos funcionários flexibilidade e autonomia para trabalhar.

- Como gestor, você confia nos funcionários que trabalham remotamente. O foco é voltado para a qualidade da produção do funcionário, não para as horas de trabalho registradas pela equipe a cada dia.

- A cultura da empresa é de aprendizado e os erros não são vistos como faltas graves, e sim como oportunidades de aprender e crescer.

- O gestor lhe dá feedback sobre seu desempenho e, sem ditar normas, explica como melhorar.

- Você usa linguagem efetiva para se manifestar contra o microgerenciamento e ajuda o gestor a criar confiança no modo como você trabalha, ao mesmo tempo que respeita a autoridade do cargo dele.

O que considerar ao decidir se você fica ou se cai fora

É difícil decidir se você quer continuar trabalhando para um chefe que não confia em você e quer ditar cada passo seu. Mesmo que você adore o emprego, não ter uma relação produtiva com um gestor pode ser cansativo e desmotivador. Tomar decisões a respeito desses limites e encontrar maneiras de trabalhar da forma mais eficiente possível, além de ser importante para aumentar sua produtividade, também melhora a autoestima e a confiança. Pode ser demorado criar confiança em relação aos colegas, principalmente quando o ambiente é tóxico, mas saiba que chefes difíceis de lidar sempre existirão, não importa onde você trabalhe. Aprender a lidar com um chefe que microgerencia pode ser complicado, mas não é impossível. A decisão de ficar ou cair fora vai depender, em grande parte, da confiança que é possível estabelecer entre vocês e até que ponto você consegue convencê-lo a permitir que você tenha mais autonomia

SINAIS PARA FICAR

- O gestor é uma boa pessoa, mas falta a ele treinamento de gestão adequado para administrar bem a equipe. Você encontra maneiras de ajudá-lo a confiar mais na capacidade e no método do seu trabalho.

- Você não se incomoda de receber instruções diretas e supervisão regular, principalmente nos estágios iniciais do emprego.

- Você aborda o problema do microgerenciamento diretamente com o chefe e encontra caminhos para trabalharem juntos. Isso mostra ao gestor que ele pode confiar na sua capacidade de avaliação e no seu modo de trabalhar.

- Você sabe que o chefe microgerenciador não ficará na empresa por muito tempo, então resolve esperar.

HORA DE PARTIR

- Apesar dos seus esforços para aumentar a confiança, o chefe continua controlador e desconfiado.

- Você sente que suas oportunidades de crescimento estão sendo prejudicadas pelo microgerenciamento.

- Ser microgerenciado afeta negativamente o seu bem-estar.

- O chefe que microgerencia isolou você de todo mundo na empresa e dificulta que você receba o auxílio necessário para lidar com as suas dificuldades.

BANDEIRA VERMELHA 11
"Pode confiar em mim!"
A política de escritório

"Na política, estupidez não é desvantagem."
Napoleão Bonaparte

Política de escritório

Quando você vai trabalhar, provavelmente a última coisa em que pensa é em envolver-se em política de escritório. Você quer se concentrar nas tarefas a cumprir e no máximo bater um papinho com os colegas no almoço ou na pausa do café. Não é sempre que dá para amar o emprego, mas você quer ao menos garantir que poderá fazer o serviço em paz, sem muito estresse. Para a maioria, envolver-se na política do escritório toma muito tempo, e quem se dedica a ela provavelmente é uma criatura traiçoeira com quem não é bom se envolver. Esta é a mentalidade da maioria, ao pensar na política de escritório: algo negativo que consome muito tempo e energia. Além disso, você não acredita em confraternização dentro da empresa. Tudo o que importa é o resultado. Infelizmente, o sucesso na carreira nao se baseia apenas em mérito. Ele também depende muito da rede de apoio, dos aliados, da reputação, da boa vontade e da sua capacidade de influenciar as camadas de cima, de baixo e dos lados. Politicagem de escritório não é só um comportamento tóxico no local de trabalho, mas um conjunto de habilidades multidisciplinares que é preciso aprender se você quiser promover o seu sucesso na carreira e acabar aumentando o poder da sua situação e do seu cargo. No entanto, a maioria das escolas de administração e dos programas de educação executiva não ensina a arte e a ciência que isso envolve. Em geral, você precisa se virar sozinho e descobrir tudo por conta própria. Desnecessário! Neste capítulo, vamos nos aprofundar sobre o que realmente é política de escritório e por que ela é importante. Além disso, mergulharemos nos bastidores e exploraremos a psicologia (sombria) que move o engajamento político no trabalho e aprender a identificar os comportamentos políticos no emprego e como enfrentá-los. Reconhecer as bandeiras verdes e vermelhas da política de escritório ajudará a identificar e neutralizar com rapidez e confiança as ações negativas, ao mesmo tempo que possibilitará aproveitar os comportamentos positivos que contribuem para melhorar a reputação profissional, criar alianças fortes e crescer em cargo e poder (ou, pelo menos, a proteger a sua posição).

O que é política de escritório?[1]

Quando pensamos em política de escritório, costumamos imaginar algo negativo: os colegas que têm mau comportamento no trabalho para magoar alguém e/ou avançar na carreira jogando os outros na fogueira. Também é frequente associarmos a expressão "política de escritório" a comportamentos tóxicos, como "fofoca", "traição", "sabotagem" e consequências mais negativas — por exemplo, "demissão" e "desconfiança", e algo que é "tabu" e não deve ser mencionado. Essas crenças negativas grudam na mente e impedem que a maioria participe de atividades políticas. Envolver-se na batalha política errada pode custar o seu emprego, algo que a maioria das pessoas não quer sacrificar. Além disso, muita gente vê política de escritório como confraternização e não acredita que puxar o saco do chefe seja a melhor maneira de obter a próxima promoção. "Só o meu trabalho importa, e ele deve ser a única métrica para definir uma promoção" é a mentalidade de muita gente quando vai trabalhar. No entanto, à parte da politicagem, todos sabemos que o mérito, sozinho, não nos leva muito longe na vida. Quem você conhece e o modo como mobiliza os outros para ajudá-lo a cumprir as suas metas ou as da empresa também são importantes.

    Política de escritório é mais do que maltratar os outros ou dedicar-se a atividades dúbias. Quando você começa a ver isso como um conjunto de habilidades que pode ter uma força de mudança positiva na empresa, consegue melhorar a forma como promove relacionamentos no trabalho. Políticas de escritório se refletem no comportamento, na dinâmica e nas estratégias que as pessoas usam no trabalho (individualmente ou em grupo) para aumentar o poder e a influência e para cumprir metas. Para ter sucesso nessa arena política, é preciso ser esperto na criação de conexões em toda a organização (e não só com o seu chefe e os colegas da mesma equipe). É comum que as pessoas se concentrem tanto no emprego em si que se dediquem pouco a conhecer pessoas de outros setores e equipes e a entender as necessidades e os interesses delas. A frase "não é O QUE você sabe, mas QUEM você conhece" é fundamental para ter sucesso na política do emprego. Não surpreende que às vezes pessoas menos capacitadas, mas ótimas em criar redes de contato, ou seja, que entendem a importância de formar aliados e conexões fortes no trabalho, ficam por um tempo maior nas empresas e, em muitas ocasiões, avançam mais rapidamente do que aquelas que têm mais conhecimento ou experiência, mas pouca sociabilidade.

Por que você deveria se importar com a política de escritório

Fico perplexo com o fato de que praticamente nenhuma faculdade de administração ou programa de educação empresarial ministre algum tipo de disciplina voltada para o tema, apesar de ser algo fundamental para o sucesso na carreira. Como tudo o que é político, sempre haverá frutos podres que se comportam mal, mas isso não chega nem perto do que é realmente esse conceito. Lidar com as atitudes tóxicas no emprego é só a ponta do iceberg em relação às competências necessárias para navegar com eficácia. Política de escritório envolve forjar relações fortes dentro e fora da empresa e identificar aliados e adversários, além de saber trabalhar efetivamente com eles, criar reputação e marca pessoal fortes no trabalho e ser capaz de se controlar quando obtiver poder na empresa. Desenvolver essas habilidades alavancará a produtividade e o sucesso da sua carreira e ajudará a minimizar o nível de estresse. Além do mais, irá ajudá-lo a se proteger e a cuidar dos interesses da sua equipe quando os desafios surgirem.

A psicologia da política de escritório

A psicologia está no centro da política de escritório em geral. Isso ajuda a explicar os fatores invisíveis que promovem as atitudes e os comportamentos. A fim de dominar as habilidades políticas no trabalho, é importante entender os motores psicológicos de determinados comportamentos e as razões profundas para as pessoas agirem assim. Se o chefe tenta assumir o crédito pelo trabalho que você fez, essa atitude pode ter sido causada por medo, falta de confiança ou sensação de merecimento, e reflete incompetência de gestão. Do mesmo modo, o colega que sempre quer assumir papéis de liderança ou ser o porta-voz da equipe pode ser levado pelo desejo de poder e status. O comportamento por si só não é ruim,[2] mas essa busca pode levar algumas pessoas a agir de forma pouco ética. Há um lado sombrio na psicologia da política de escritório que ajuda a explicar por que as pessoas se comportam mal ou maltratam os outros no local de trabalho. Entender o que motiva essas condutas é muitíssimo importante para encontrar maneiras de identificar e neutralizar os comportamentos tóxicos no ambiente profissional.

PODER

O poder é um princípio central da política organizacional. As pessoas se envolvem com política de escritório para elevar o seu poder ou o poder do grupo que elas representam. Há diversas maneiras de obter poder numa empresa. A primeira é subir cada degrau da escada corporativa. As pessoas em cargos mais altos têm mais poder sobre os recursos sociais e organizacionais. No entanto, o cargo não é a única maneira de obtê-lo. O poder pessoal ou situacional pertence a quem é bom em forjar relações fortes em toda a empresa, geralmente contornando as cadeias de comando e as estruturas formais existentes. Estar ligado às pessoas certas, em especial as que têm maior relevância, lhe dá mais acesso a oportunidades e oferece certa proteção em épocas de mudanças internas. A especialização é outra forma de conquistar poder. É possível que ser especialista num determinado campo (como dominar as ferramentas de IA, por exemplo) ou ter conhecimentos sobre um mercado específico lhe abra portas, aumentando seu status e valor dentro da empresa.[3]

MAQUIAVELISMO

O maquiavelismo é um traço de personalidade que usa o comportamento manipulador e enganoso para conquistar dinheiro e poder. Os maquiavélicos enganam e usam a força para controlar ou coagir o comportamento alheio, aumentando o próprio poder. A palavra "maquiavélico" vem de Nicolau Maquiavel (1469-1527), autor de *O príncipe*, livro que elogia o ardil, a dissimulação e o comportamento agressivo como astúcia política. Acredita-se que uma das razões para a política ser vista hoje como algo negativo é o maquiavelismo. Além disso, muitas pessoas ainda tentam usar violência e táticas manipuladoras para obter recursos e poder no local de trabalho, movidas pela crença de que a política é predatória e que é preciso ser enérgico para galgar degraus mais altos.

MOTIVOS PESSOAIS

As mais diversas motivações moldam o comportamento humano. O poder é apenas um deles. Em geral, a necessidade de controle está ligada à necessidade de poder, que pode ser motivada pelo desejo de estabelecer ordem e ter previsibilidade, mas também pela ansiedade, pela insegurança ou pela vontade de ser melhor do que os outros. Costumo dizer que os participantes nível A escolhem outros participantes nível A, enquanto os participantes B escolhem os C, porque lhes falta confiança para trabalhar com pessoas brilhantes — por medo de perderem o emprego ou de parecerem incompetentes. Outro motor individual do comportamento político no local de trabalho é o reconhecimento. Algumas pessoas são tão movidas pelo reconhecimento e pela sede de serem vistas que fazem o impossível na busca dessa meta. A falta de reconhecimento a quem merece também pode gerar atritos políticos. A necessidade profunda de ser valorizado vem de várias áreas da vida, como os traumas de infância, por exemplo, e pode motivar de forma positiva ou negativa. Por fim, a autonomia também pode ser um grande motivador. Uma divisão ou equipe de projeto pode se dedicar à política de escritório na tentativa de obter mais autonomia nas decisões ou na alocação de recursos.

CULTURA ORGANIZACIONAL

A cultura organizacional desempenha um papel central na disposição das pessoas a participar da política de escritório. Em algumas empresas, é fundamental ser político, senão sua jornada em tal instituição será curta. Conviver com as pessoas certas ou formar alianças com os colegas para causar a demissão de alguém são atitudes que fazem parte de um ambiente tóxico. Não aconselho trabalhar em lugares assim, mas realmente há quem prospere neles. No entanto, a política de escritório também pode ser positiva. Principalmente nas grandes empresas — como corporações e instituições onde há muitos grupos com interesses opostos —, ter uma cultura organizacional que ofereça recursos de mentoria e grupos de interesse é importante para forjar relacionamentos íntimos entre as diversas divisões e aproveitar motivos diferentes para atingir uma meta em comum.

> **VOCÊ SABIA?**
> **Cinco por cento dos executivos são psicopatas!**
>
> Normalmente, a ocorrência de psicopatas na população em geral é próxima de 1%, mas nas empresas esse número aumenta bastante. Os psicopatas nem sempre estão na cadeia; às vezes, eles também são encontrados na diretoria. O número de executivos e líderes importantes que exibem traços de psicopatia fica entre 5% e espantosos 20%, de acordo com algumas fontes.[4] É difícil avaliar se alguém é psicopata sem um estudo clínico adequado, mas os traços comportamentais são fáceis de identificar. Psicopatas são motivados pelo poder e buscam cargos que, além disso, lhe deem controle sobre os outros (especificamente por meio de recursos sociais e materiais).[5] Muitos psicopatas de sucesso exibem características como carisma, determinação, confiança e imunidade ao estresse — características que costumam ser associadas à liderança eficaz.[6] Sobretudo em uma época de instabilidade e rápidas mudanças, os psicopatas empresariais têm facilidade em prosperar.[7] Eles não sentem empatia, não são emocionalmente tocados nem entendem os sentimentos em termos intelectuais — isso facilita as decisões duras e frias que afetam de forma negativa o ambiente onde essas pessoas operam. As empresas com gestão fraca e que prezam mais o heroísmo e o carisma do que a colaboração são especialmente vulneráveis ao comportamento psicopata. No livro *Snakes in Suits* [Cobras de terno], os psicólogos Dr. Robert Hare e Dr. Paul Babiak fazem uma descrição detalhada dos psicopatas nos negócios e das formas de lidar com eles.

Avance na carreira jogando limpo!

Em vez de evitar a política de escritório, busque dominá-la. É comum acreditar que ser político é um traço sombrio. Ou você é político ou não é. Quero desmentir essa crença, porque ser político não é uma característica: demanda, na verdade, um conjunto de habilidades que podemos aprender. Desenvolvi um gráfico que chamo de 5P da política organizacional. (Visite o meu site www.drfenwick.com e veja o gráfico.) Ele explica os quatro inventários de habilidades e competências que você precisa desenvolver para se orientar e usar melhor as situações políticas no trabalho. No centro do modelo está o inventário psicológico, que explica os aspectos psicológicos dos quatro inventários e a importância do poder.

O lado esquerdo do sistema esquematizado reflete a influência pessoal interna e externa que você tem. A influência interna (ou o inventário de gestão pessoal) é a sua capacidade de se controlar diante de situações políticas no trabalho. Você aborda a situação ou se afasta dela? A gestão pessoal também trata das suas crenças e temores pessoais a respeito da política de escritório e mostra a sua forma de lidar com o poder enquanto sobe os degraus da organização. A influência externa (o inventário político) reflete até que ponto você consegue influenciar politicamente os outros na empresa. Alguns exemplos seriam a habilidade de gerenciar conflitos e a capacidade de proteger seus interesses. Mas o inventário político também abarca os jogos políticos e os comportamentos tóxicos.

O lado direito do sistema esquematizado reflete a sua capacidade de influenciar os outros interna e externamente. A capacidade interna de influenciar os outros é até que ponto você consegue criar uma marca pessoal e melhorar sua reputação (o inventário de reputação pessoal). A reputação pessoal reflete sua capacidade de progredir na carreira e criar uma boa reputação dentro e fora da empresa. Ser percebido como colaborativo, positivo e digno de confiança ajuda de várias maneiras, desde receber promoções até ser escolhido como porta-voz ou representante. Quanto mais visibilidade tiver na empresa, maior a possibilidade de ser promovido e aumentar o seu poder. Influenciar os outros externamente acontece com a formação de alianças fortes e parcerias estratégicas dentro e fora da empresa (o inventário de parcerias). Quando tentar fazer mudanças na organização, é necessário ter certeza de que os maiores interessados estejam do seu lado. Entender as necessidades dos diversos agentes da empresa e de outras organizações ajuda a formar alianças para atingir metas pessoais e coletivas. Dominar as habilidades e competências ligados aos muitos inventários de política organizacional permite se orientar com confiança no ambiente profissional e aproveitar as relações de trabalho para alcançar seus objetivos e os da equipe.

> Para chegar ao poder político, o ambicioso comandante militar Júlio César não agiu sozinho. Durante sua missão, ele foi apoiado por muitos aliados. Um dos mais próximos era Crasso, um rico general romano. Crasso foi o patrono financeiro de César e lhe ofereceu as conexões necessárias. Forjar alianças fortes com interessados importantes é necessário se você quiser progredir e subir degraus. E aprender a aproveitar a necessidade dos interessados e inseri-la no contexto maior é necessário para permanecer e crescer no poder.

Política de escritório — qual é o problema?

O comportamento político no local de trabalho é uma parte inevitável da vida empresarial. Sempre que grupos de pessoas trabalham juntos, ocorrem competições por poder e recursos. Pessoas com interesses opostos tendem a estabelecer jogos de soma zero, ou seja, tentarão se dedicar a situações em que o ganho de um significa necessariamente o desfavorecimento de outro, a fim de receber mais poder — seja com ações individuais, seja com a formação de alianças para atingir metas em comum. Uma ou várias vezes na carreira, você sofrerá ataques políticos ou se envolverá na política de escritório para defender seu território e proteger seus interesses e seu emprego, ou para conquistar o poder e derrubar os outros no processo. No entanto, a política de escritório não é feita apenas de sabotagem, puxadas de tapete ou fofocas. Ela engloba um leque de habilidades e competências importantes que todo funcionário deveria dominar, como saber criar boas alianças e parcerias, uma marca pessoal e uma boa reputação no trabalho, além de aprender a usar múltiplas inteligências a fim de crescer como líder sem se deixar corromper pelo poder. Tudo isso apoia e ajuda a promover o sucesso na carreira ao chegar à liderança, dentro e fora da empresa. A psicologia é a lente basilar para explicar os motivos, bons e maus, por trás do comportamento político. Ao mesmo tempo, a lente psicológica também oferece um mapa para de fato neutralizar os ataques políticos no trabalho, pois decifra as razões que levam as pessoas a se comportarem de determinada forma.

É uma **bandeira vermelha** quando:

- O chefe tenta roubar o crédito pelo trabalho dos outros.

- O chefe tenta isolar você de pessoas e informações importantes na empresa.

- Um colega espalha boatos sobre você.

- A empresa tem controles fracos para identificar e lidar com maus comportamentos e desenvolveu uma cultura que promove o carisma e o resultado individual em vez da colaboração em grupo. Além disso, é um problema quando o sistema de recompensas no trabalho propaga comportamentos políticos negativos.

É uma **bandeira verde** quando:

- Você aprende a formar alianças e parcerias estratégicas na empresa para atingir metas pessoais, coletivas e organizacionais.

- Você constrói sua reputação e sua marca pessoal. Cria relações em toda a organização, com base na confiança e na excelência, e é visto como alguém que atende e protege o interesse de todos.

- Você aprende a lidar efetivamente com o poder — não só para conquistá-lo, mas também para se resguardar e não ser corrompido.

- Você lida bem com os ataques políticos no trabalho. Por meio de manobras estratégicas, você impede que eles aconteçam e os encara de frente quando ocorrem.

O que considerar ao decidir se você fica ou cai fora

Decidir ficar ou cair fora de uma empresa altamente política é uma escolha difícil. No entanto, não importa aonde você vá, de um modo ou de outro você sempre estará exposto a jogos e manobras políticas reprováveis. Portanto, além de desenvolver habilidades nesse sentido, também é importante saber em que ambiente você quer prosperar.

SINAIS PARA FICAR

- Você gosta do que faz e entende que é importante aprender as regras do jogo porque, aonde quer que você vá, a política de escritório estará sempre presente.

- Você conseguiu criar o poder do especialista para proteger seu posto na empresa pelo maior tempo possível. Você não tem interesse de participar de discussões políticas além do necessário para manter boas relações com o chefe e os colegas.

- Você gosta de socializar e ser a alma popular da empresa. Acha bom conhecer todo mundo e vê valor nisso — uma vez que o ajuda a atingir as próprias metas.

- Você entende a importância de criar alianças fortes na empresa. Gosta de defender causas e se dispõe a lutar pelo que acredita. Considera necessário participar da política de escritório para proteger o seu pessoal e satisfazer as necessidades dessas pessoas.

HORA DE PARTIR

- Você foi alvo de um ataque político cruel e sente que o melhor é sair.

- Você trabalha num ambiente tóxico que não se alinha com seus valores pessoais. Você sabe que ficar nesse emprego ou empresa acabará por corrompê-lo e deixá-lo igual aos outros, o que você não quer. Hora de cair fora!

- Você não se dá bem com as pessoas que atualmente estão no poder. Você vê a possibilidade de ser maltratado ou de se tornar vítima.

- Engajar-se na política de escritório está prejudicando sua saúde física e mental, causando estresses diários e afetando seu trabalho e seus relacionamentos dentro e fora do emprego.

BANDEIRA VERMELHA 12:
"Da próxima vez você vai cumprir a meta!"

Chefes que mudam a linha de chegada

"Quando for óbvio que a meta não pode ser atingida,
não altere a meta, e sim as providências a tomar."
Confúcio

Mudar a linha de chegada

Ter objetivos claros é importante para você se manter focado no que precisa ser feito. Além de manter a motivação, isso também ajuda a avaliar o seu desempenho na busca por esses alvos. Metas e objetivos funcionam psicologicamente como linhas de chegada mentais e orientam as decisões e prioridades cotidianas. As pessoas têm metas de curto e longo prazos, impostas por outros ou criadas por si mesmas, e estas últimas têm mais impacto sobre a motivação. As metas dão muita energia e ajudam a guiar a conduta ligada ao trabalho, principalmente quando seu cumprimento gera recompensas, financeiras ou não. Os gestores usam metas e objetivos para manter os funcionários concentrados nos propósitos da empresa e para aumentar o desempenho. No entanto, é comum que mudem as metas e os objetivos no meio do caminho, dificultando ou impossibilitando que a quantidade de vendas e a proporção de projetos concluídos sejam atingidas. Em outras situações, os objetivos ligados ao trabalho são vagos e pouco claros, e o modo de atingi-los fica aberto a interpretações. Às vezes, isso é feito de propósito, com o intuito de minimizar custos ou enganar os funcionários, sem que se perceba o grande prejuízo dessas práticas para a motivação e a satisfação dos funcionários no emprego. Neste capítulo, mergulharemos na psicologia das metas e aprenderemos como elas guiam e motivam o comportamento no local de trabalho. Também aprenderemos a reconhecer as bandeiras verdes e vermelhas no modo como os gestores incentivam o desempenho e descobriremos formas de minimizar a chance de ser ludibriado com metas falsas. Provavelmente, o mais importante é saber o que você mesmo pode fazer para se manter motivado no emprego sem necessidade de reforço externo nem de recompensas financeiras — habilidade fundamental e muito útil em sua carreira e vida pessoal.

A necessidade de ter metas na vida

Ter metas na vida é um modo importante de se manter concentrado no que você quer atingir. É possível buscar metas de curto e longo prazos que guiem suas ações em estágios diferentes da vida. As metas podem ser impostas pelo ambiente e pela sua criação — por exemplo, a necessidade de se casar, de comprar uma casa ou de trabalhar na profissão que seus pais desejam. Também podem ser autoimpostas e dar direção e significado na vida. Pense em seu propósito, em suas paixões e em como tudo isso define as decisões que você toma no cotidiano. Esses aspectos se tornam uma bússola (moral) que o ajuda a decidir em épocas de incerteza e mudança, ou a se sentir conduzido por algo maior que você. As metas ativam e energizam o comportamento, sendo fontes poderosas de motivação.

Como as metas afetam a motivação e o comportamento

As metas são uma importante fonte de motivação. Elas ajudam a manter o foco, a trabalhar com dedicação e a decidir quais parcerias deve fazer para atingi-las. A importância emocional e cognitiva que as pessoas dão às metas e às recompensas que as acompanham é algo central para a motivação no emprego. É comum acreditar que o dinheiro é o único fator em jogo e, de fato, cá entre nós, não se consegue incentivar ninguém quando a questão financeira não é colocada em pauta. Mas tire-a da jogada e logo você descobrirá que os funcionários também são motivados por muitas outras coisas, como reconhecimento, pertencimento, status social, poder, criatividade, inovação e domínio da própria jornada. Para mim, além de ganhar dinheiro, *ter autonomia* e *ver outras pessoas crescerem* é algo que me motiva de verdade a fazer meu melhor e descobrir como aprimorar continuamente minhas habilidades. Também darei cinco vezes mais de mim se me deixarem trabalhar do jeito que quero. É importante identificar os fatores que, além de motivar você extrinsecamente (como recompensas, status, punição), também o motivam intrinsecamente (como realização, ambição, criatividade). A motivação intrínseca é a fonte mais poderosa e sustentável de motivação; é ela que ajuda você a manter o foco nas metas mesmo quando a situação é difícil.

Por que os gestores vivem mudando a linha de chegada

Estabelecer metas e objetivos claros é um modo importante de motivar as pessoas no emprego. Isso ajuda a cumprir os propósitos gerais da empresa e define expectativas claras do tipo de desempenho e comportamento que será valorizado e recompensado. No entanto, nem todos os gestores criam metas claras e muitos até mudam as linhas de chegada, a fim de dificultar que elas sejam alcançadas (e se for possível alcançá-las). Em geral, isso é feito de propósito, quando as metas de venda são mais fáceis do que o esperado ou quando não se pretende remunerar o esforço dos funcionários. Pode acontecer de os gestores criarem objetivos vagos e não quantificáveis, dificultando o entendimento do que de fato é preciso atingir e de como cada item será avaliado. Mesmo quando os objetivos são claros, avaliar o desempenho como "abaixo do esperado", "bom desempenho" ou "excelente" também é extremamente subjetivo. É algo que pode ser descrito como "a critério da gerência" e ser influenciado por todo tipo de motivo pessoal ou político. O impacto negativo de mudar a linha de chegada, estabelecer metas não realistas e manter os objetivos de negócios vagos é a desmotivação significativa dos funcionários. Isso também destrói a confiança no trabalho e pode até causar atitudes contraproducentes, como furto, fraude, perseguição, sabotagem, falta de assiduidade e alta rotatividade.[1]

> **VOCÊ SABIA?**
> **A Teoria da Expectativa de Vroom**
>
> A Teoria da Expectativa de Vroom é um modelo conhecido de motivação que ajuda a explicar por que as pessoas se dedicam ou não a atingir metas na empresa. O modelo afirma que os funcionários só se esforçarão para isso se:
> 1. Acreditarem que as metas podem ser atingidas (expectativa).
> 2. Souberem que serão recompensados quando atingirem as metas (instrumentalidade).
> 3. As recompensas forem interessantes para eles (equivalência).
>
> Se o funcionário não acreditar que as metas podem ser atingidas, não se esforçará para cumpri-las. A causa para isso pode estar ligada ao excesso de dificuldade de alcançar a meta, à falta das habilidades adequadas para realizar o serviço direito ou à influência de questões políticas. Você acredita que será adequadamente recompensado quando atingir as metas? Isso depende: o gestor realmente lhe paga

> por isso ou muda de propósito as linhas de chegada, para impossibilitar que você as atinja plenamente? As revisões de desempenho podem virar uma guerra em que o empregador luta para não pagar a remuneração total pelo seu trabalho em vez de avaliar com justiça o seu desempenho. Por fim, você acha as recompensas atraentes a ponto de trabalhar para consegui-las? Além de gratificações monetárias, como os bônus, elas também podem incluir promoções ou prêmios de funcionário do ano e podem refletir necessidades mais intrínsecas — reconhecimento e realização, por exemplo.

Sinais de que a empresa não cumpre o que promete

Como falado no Capítulo Bandeira vermelha 7, cumprir promessas é importante para criar relacionamentos fortes e positivos no trabalho. Quando isso não acontece, o contrato psicológico que você tem com a empresa é violado, o que provoca menos engajamento e confiança. É fácil prometer, mas também é fácil esquecer promessas feitas. Muitas vezes, os gestores firmarão contratos verbais sobre o futuro, mas esquecerão mais tarde o que disseram. Nem sempre se pode culpá-los; gestores precisam cuidar de muitas coisas. No entanto, fazer falsas promessas de propósito para atingir metas pessoais é uma forma absolutamente errada de administrar, e isso prejudica as relações no trabalho. Se você foi ludibriado, é importante decidir se quer continuar ali. Dizem que entramos em uma empresa pelo que ela representa, mas geralmente saímos por causa do relacionamento com o gestor. Em vez de só esperar que as promessas sejam quebradas (essa estratégia nunca dá certo), é melhor estar preparado para diversas situações. Aqui estão algumas bandeiras vermelhas nas quais prestar atenção quando o gestor fizer um acordo com você, além de dicas de como preveni-las ou combatê-las.

Criação de metas vagas — "No ano que vem, quero que você aumente a consciência da marca do nosso novo produto."

Qualquer meta de natureza qualitativa (não numérica) está sujeita a interpretações e será avaliada de forma subjetiva. Em algumas empresas, os gestores estabelecem essas metas de propósito para dar a si mesmos o tal "critério da gerência". No entanto, o problema dessas avaliações de desempenho é que o cérebro humano não consegue recordar ou analisar igualmente todos os eventos e experiências. O gestor também não tem uma ideia completa do comportamento e do desempenho de ninguém no trabalho. É muito comum que acontecimentos específicos se destaquem, sejam lembrados e, assim, formem o núcleo da avaliação. A solução é dupla. Primeiro, tente combinar com o seu gestor que todas as metas sejam SMART.[2] Torná-las SMART deixará claro para todo mundo o que esperar e quando esperar. Assim, aumente a consciência da marca em 20%, comparando com hoje. Em segundo lugar, considere buscar ter uma avaliação 360° se isso se referir ao seu desempenho no trabalho. A avaliação 360° pode ser uma pesquisa com perguntas sobre o seu comportamento e performance. Além disso, é enviada a vários interessados com quem você se relaciona dentro e fora da empresa (como colegas, gerentes, clientes, fornecedores). Dessa maneira, é possível coletar diversas avaliações, que serão mais completas do que uma avaliação fornecida unicamente pelo gestor.

Promessas quebradas — "Infelizmente, ainda não pude dar a sua promoção."

É uma pena, mas outra coisa muito comum é que as promessas sejam quebradas e outras sejam feitas na tentativa de manter os acordos. Você pode ouvir coisas como: "Acabamos de sair da pandemia e não posso dar aumento a ninguém agora, mas, se o seu desempenho for bom no ano que vem, claramente levarei isso em consideração." Esse tipo de indefinição é uma bandeira vermelha grave, porque não há nenhuma intenção de manter um compromisso firme. As promessas feitas verbalmente são mais fáceis de quebrar, e é importante registrar por escrito o que você receberá em um futuro próximo e qual é o desempenho esperado para obter essa recompensa. Lembre-se de que o desempenho futuro está ligado a expectativas. A cultura organizacional tem um papel enorme na manutenção das promessas feitas pelos gestores. Algumas culturas de trabalho quase nos obrigam a sacrificar as recompensas e os benefícios futuros para fazermos parte da empresa: "Temos de perder algo para ganhar algo." Novamente, as ações com intuito de minimizar o impacto das falsas promessas são ambivalentes. Primeiro, sempre que concordar com alguma coisa no trabalho em termos de desempenho e recompensa, deixe tudo por escrito, a iniciativa vinda de você ou do gerente, num e-mail após a reunião. Tendo o acordo por escrito, sempre será possível voltar à pessoa munido do que foi combinado (quando e por quem). Mesmo assim, pode ser que os gestores não cumpram a promessa (por razões legítimas ou não). Acordos por escrito são sempre melhores do que os verbais. Em segundo lugar, garanta que haja alternativas a uma possível recompensa. Se não forem financeiras, considere as não financeiras, como um novo cargo, folgas, investimento em formação ou mais possibilidade de trabalho remoto. Escolha as opções que gostaria de receber se a monetária não estiver mais disponível. Se prometerem uma promoção para o ano seguinte, assegure-se de que isso esteja descrito com clareza em seu plano de carreira (com marcos intermediários, se for o caso).

Mudança do alvo no meio do caminho — "Temos de aumentar em 20% as metas do 3º e do 4º trimestre."

Pode ser muito irritante quando a gerência muda no meio do ano as metas anuais. É muito injusto ter de aceitar objetivos novos, principalmente se você estava perto de cumprir os inicialmente estabelecidos. Isso pode acontecer por vários motivos. Às vezes, as metas são reduzidas porque o desempenho do mercado está abaixo do esperado. Acontecimentos inesperados que afetam o setor são uma razão válida para baixá-las. Isso ajuda a manter a motivação quando a situação não vai bem. O oposto também é verdadeiro. Quando a situação melhora, as metas de vendas podem ser aumentadas. No entanto, fazer isso de forma não proporcional aos objetivos anteriores pode reduzir a motivação para atingir os números e dar a impressão de que a empresa não quer remunerar de forma justa ou está enganando o funcionário para não pagar o que foi combinado anteriormente. Esperamos que esta última opção não seja verdadeira, mas, dependendo da cultura de trabalho ou do comportamento do gestor, é uma possibilidade. Também é possível que o gestor não seja bom no planejamento e não tenha estabelecido metas cuidadosas para o ano. Portanto, é importante trabalhar diretamente com ele ou ela, para descobrir por que as metas estão sendo ajustadas e buscar novos termos que pareçam adequados aos dois lados da dinâmica. Pense em ser pago pelas metas que você cumpriu até agora e renegociar a remuneração pelos novos objetivos. Se esse tipo de ajuste acontece com frequência na empresa ou no seu ramo de atuação, antecipadamente discuta com o gestor as situações alternativas e se prepare melhor para o futuro.

Criação de metas inatingíveis — "Temos de ser lucrativos até o ano que vem. Sei que é pedir muito, mas tenho certeza de que você consegue!"

Se a gerência estabelece metas irreais, pode ser dificílimo se manter motivado. O momento em que você deixa de acreditar que consegue cumprir as metas comerciais é o momento em que sente que perdeu o controle. Como seres humanos, precisamos achar que controlamos o nosso ambiente, a fim de nos sentirmos seguros e produtivos. Perder isso deixa você menos interessado em trabalhar rumo aos objetivos. Os gestores podem dizer que as metas mais altas do que de costume forçarão você a ir além e que estabelecer metas difíceis de fato aumenta a motivação; o problema é: se forem irreais, elas surtem o efeito contrário. A pergunta que você precisa se fazer é: "É realmente impossível cumprir essas metas?" O problema é real ou só percebido? Se for real, então a pergunta a fazer é: "Por que o gestor está estabelecendo essas metas ridículas?"

Aprenda a questionar justificativas. Se o problema for só percebido, talvez você mude essa percepção por meio de algum treinamento específico. É importante ter consciência do que está sob o seu controle (ou não) e o que você consegue alcançar.

> Nem todos os sistemas de bônus projetados pelas empresas motivam as pessoas do jeito certo. Às vezes, criar alvos agressivos ou planos de incentivo unilaterais motiva o mau comportamento. No caso da Enron, empresa americana de energia que decretou falência por causa de um imenso escândalo contábil, o sistema de recompensas se concentrava principalmente em ganhos de curto prazo. Esse cenário contribuiu para os funcionários apostarem e, assim, criarem uma cultura de trabalho disfuncional que gerou vários tipos de comportamento antiético. Dinheiro motiva as pessoas, mas às vezes do jeito errado.

Chefes que mudam as linhas de chegada — qual é o problema?

As metas carregam consigo um forte componente motivacional. Elas nos ajudam a nos concentrar nas tarefas e a avaliar nosso desempenho até atingi-las. Podem ser de curto ou longo prazos, o que influencia as decisões tomadas ou o comportamento adotado com o tempo. As metas também nos impulsionam, pois sentimos orgulho e realização quando conseguimos atingir nossos objetivos no trabalho e na vida. No emprego, esse sistema é usado para manter as pessoas motivadas e focadas. No entanto, às vezes têm efeito adverso, principalmente se as metas forem vagas, difíceis de atingir ou alteradas de repente. Muitos gestores têm o hábito de mudar os objetivos financeiros no meio do caminho, elevando os já existentes, quando veem que os números são fáceis de alcançar. Pode ser também que um supervisor lhe prometa uma promoção (caso você atinja determinado resultado no fim do ano) e não cumpra. Mudar as linhas de chegada, algo que certas pessoas fazem o tempo todo, mata a confiança, a motivação e o moral do funcionário. É uma quebra de confiança e um sinal claro de má administração. Ajustar os alvos de vez em quando por uma necessidade da empresa acontece e tudo bem. Mas fazer disso um hábito não é bom e deve ser evitado.

É uma **bandeira vermelha** quando:

- O gestor muda as linhas de chegada regularmente; isso dificulta atingir a meta e acaba com o moral dos funcionários.
- O gestor estabelece metas irreais ou vagas, difíceis de atingir ou interpretar.
- O gestor baseia a revisão de desempenho anual ou semestral em meros incidentes (em geral, coisas que acabaram de acontecer). Não avalia você com base no desempenho geral.
- O gestor usa o sistema "a critério da gerência" para decidir boa parte dos bônus.

É uma **bandeira verde** quando:

- Como gestor, você sabe qual é a melhor maneira de motivar os funcionários intrínseca e extrinsecamente.
- O gestor estabelece metas difíceis, mas inspiradoras e possíveis, para ajudar a equipe a se manter motivada e crescer.
- Como funcionário, você faz questão de ter por escrito as metas e os planos de bônus.
- Você adota uma abordagem ativa para combater as falsas promessas: documenta tudo e se assegura de que as metas sejam SMART.

O que considerar ao decidir se você fica ou cai fora

Se você for ludibriado com falsas promessas e as linhas de chegada forem mudadas com frequência, há uma grande probabilidade de que sua confiança no gestor e talvez até na empresa tenha se perdido. A pergunta é: você quer ficar numa empresa que não cumpre promessas nem acordos verbais? Essa é uma situação atípica, com razões legítimas para os objetivos terem sido alterados de repente? Ou esse estilo de administração se tornou uma prática comum para maximizar a produtividade e minimizar o custo? Está na hora de decidir se você quer continuar trabalhando para uma organização que muda o tempo todo as linhas de chegada.

SINAIS PARA FICAR

- Você compreende que a empresa está passando por mudanças sérias que exigem reavaliar as metas e estratégias em andamento.

- Você tem uma boa relação com o gestor e não se incomoda de acompanhar tais mudanças.

- Você tem motivação intrínseca para fazer o próprio trabalho. A mudança regular das linhas de chegada é irritante, mas não a ponto de ser um incômodo profundo.

- Você entende a importância das negociações e se dispõe a aceitar os novos alvos financeiros, mas só se isso também significar um aumento das recompensas.

HORA DE PARTIR

- Você não aguenta mais não atingir as metas pelo fato de elas serem alteradas no meio do caminho.

- As metas não são SMART e são propositalmente vagas.
- O gestor descumpre regularmente as promessas, e isso afeta sua confiança e motivação.
- O gestor muda de maneira intencional as linhas de chegada, a fim de importunar você.

Namoro

Bandeiras vermelhas no namoro

Namorar nunca sai de moda. A ascensão dos encontros românticos via internet e aplicativos de namoro transformou uma atividade antes considerada divertida e sem esforço, realizada em ambientes sociais externos, em um empreendimento realizado no conforto do sofá de casa. Hoje, também temos mais opções e não precisamos fazer perguntas difíceis para conhecer a outra pessoa. As informações de perfil oferecem tudo que é preciso saber sobre os interesses do outro e o que ele procura em um par romântico. Preferem gatos ou cachorros? Procuram um grisalho estilo George Clooney ou querem uma mulher independente e decidida? O acesso fácil e as inúmeras opções significam que estamos vivendo um renascimento moderno do namoro, certo? Infelizmente, o namoro nos tempos atuais é um território superambíguo, difícil de transitar e por vezes tóxico. Algumas pessoas o chamam de ninho de cobras. Se você pretende namorar alguém a longo prazo, é importante saber o que procura. Hoje em dia nem todos buscam amor ou romance. O namoro moderno deu origem a novas formas de relacionamento íntimo, como os parceiros de transa, os amigos com benefícios e as ficadas, cada uma com vantagens e desvantagens, mas claramente nada disso é uma opção se você procura algo mais exclusivo ou duradouro. E, com a facilidade do namoro pela internet, algumas pessoas acham que não há problemas em fazer joguinhos e acabam tendo comportamentos tóxicos de todos os tipos, como tomar chá de sumiço (*ghosting*), manter uma pessoa interessada dando migalhas de atenção aqui e ali (*breadcrumbing*), ter namorados/namoradas reserva (*cookie-jarring*) e seguir a pessoa nas redes sociais sem jamais se comprometer ou tentar um contato mais próximo (*orbiting*). O namoro moderno mais parece uma "preparação para o divórcio" do que uma "preparação para o casamento". Ser capaz de identificar as bandeiras verdes e vermelhas nesse campo tão delicado é extremamente importante, pois ajuda você a avaliar se alguém é um bom match ou não. Hoje, mais do que nunca, é importante identificar os comportamentos saudáveis e não saudáveis no namoro, pois isso ajuda a se concentrar nas pessoas importantes para você e prevenir muita dor de cabeça. Infelizmente, os aplicativos ainda não vêm com filtro de asneiras. Por isso, é preciso aumentar a habilidade de identificar o que não lhe faz bem. Mas sejamos francos: ninguém é perfeito, e todos temos algumas bandeiras vermelhas dentro de nós. Principalmente quando começamos a namorar, pensamentos e comportamentos limitantes causados por traumas passados podem emergir. Fugimos ao avistar a primeira bandeira vermelha ou admitimos que comportamentos pouco empáticos podem, sim, aparecer num ambiente romântico? Que podemos ser parceiros para nos ajudarmos a crescer em meio às dores do passado, por meio de amor, compreensão e compromisso mútuos? Os seis capítulos a seguir sobre as bandeiras vermelhas e verdes no namoro ajudarão você a entender a selva complexa do namoro moderno e dos comportamentos mais comuns nesse campo, para então encontrar o match perfeito e criar uma relação que seja mais sustentável com o tempo.

BANDEIRA VERMELHA 13
"Não estou a fim de namorar!"
Escolhendo a solteirice

"A nossa maior fraqueza está em desistir."
Thomas Edison

Quando namorar se torna desinteressante

Você sente que namorar hoje em dia dá muito trabalho? Você se esforça para conhecer uma pessoa, mas não chega a lugar nenhum com ela? Ou, por medo de se magoar novamente, sente medo de se apegar em excesso? Ao recordar traições e brigas horríveis, você diz a si mesmo "Nunca mais, prefiro ficar sozinho"? Ou será que acabou de entrar na sua era *bad boy* ou *bad girl* e quer arrasar alguns corações? Você se magoou com alguma pessoa babaca e agora está se transformando em outro babaca só para se vingar? Se alguma dessas coisas soa familiar, o mais provável é que você esteja voando solo e que namorar seja a última coisa na qual quer pensar agora.

Mas, além do coração partido e do exame de consciência, há muitas outras razões para desistir de namorar. Alguns acreditam que as mídias sociais deixaram as pessoas menos dispostas a isso, outros ressaltam os aplicativos de relacionamento como principal causa e há, ainda, os que colocam a culpa em mudança das normas sociais que resultaram na perda de conexão social e emocional. Concentrar-se em si mesmo é algo que pode ser bastante positivo, mas sentir-se amedrontado ou sem disposição para conhecer novas pessoas ou se conectar mais profundamente com alguém talvez indique que algo mais está em jogo. Seja qual for a razão, é importante identificar de onde vem essa falta de interesse pelos relacionamentos românticos.

Somos seres sociais por natureza, e o nosso bem-estar físico e mental — inclusive o desempenho cognitivo e o funcionamento do sistema imunológico — depende muito da conexão humana. Neste capítulo, mergulharemos na psicologia do por que as pessoas namoram menos hoje em dia e examinaremos em que ocasião escolher não namorar é uma bandeira verde ou vermelha. Também veremos as alternativas das pessoas para os interesses românticos e mencionaremos tendências como "ter encontros consigo mesmo" e "apaixonar-se por personagens de ficção". Entender o que promove a opção de não namorar pode dar ideias interessantes sobre o que aproxima as pessoas no mundo moderno (quando estão dispostas a isso, lógico).

Tendências do namoro moderno

De acordo com vários estudos publicados na revista *The Journal of Personality and Social Psychology* e segundo diversos artigos sobre sucesso em relacionamentos e dinâmica humana, parece haver uma tendência moderna a não namorar.[1] Os dados demonstram que muitos escolhem ficar solteiros por mais tempo e adiam os relacionamentos de longo prazo e o planejamento familiar, caso venham a ocorrer. A vida de solteiro também é muito promovida nas mídias sociais, com trends do tipo "pegue, mas não se apegue". Muitos se sentem socialmente pressionados a namorar (mesmo quando não querem), por acreditarem que serão menosprezados pela sociedade se não estiverem casados ou em um relacionamento. Essa pressão não vem só da família e dos amigos; também é colocada por colegas e até pessoas que você só encontrou uma vez na vida. Quando a pessoa diz aos outros que é solteira, é comum darem *aquela* olhada de canto de olho,[2] como se perguntassem "Ué, por que você ainda não se casou?" ou "Por que está sozinho há tanto tempo?", insinuando que deve haver algo errado com quem permanece solteiro. Há razões legítimas para não namorar. No entanto, os preconceitos impedem que as pessoas percebam um ponto de vista alternativo ao casamento e às uniões tradicionais em geral (principalmente porque ser solteiro e feliz põe em xeque o conceito de felicidade das pessoas casadas). Há muitos motivos para as pessoas preferirem ficar sozinhas. Embora não seja possível abordar todos, vamos examinar os mais importantes ligados à vida e ao namoro modernos.

EXPERIÊNCIAS RUINS DE RELACIONAMENTOS ANTERIORES

Uma das principais razões para as pessoas escolherem não namorar e optarem por se concentrar mais em si mesmas são as experiências ruins de namoro no passado. Depois de namorar um narcisista (veja mais sobre narcisismo na Bandeira vermelha 16, na página 201), ter um relacionamento abusivo (veja a Bandeira vermelha 22, na página 287) ou um parceiro que trai (veja a Bandeira vermelha 23, na página 299), a pessoa pode se tornar insegura, vulnerável, traumatizada e desconfiada, com dificuldade para confiar. Quando isso acontece, não há espaço para se abrir novamente a alguém. Concentrar-se em si mesmo por um tempo de fato é o melhor a fazer. E, mesmo depois de se recuperar de más experiências de relacionamento, talvez você ainda não se interesse por parceiros românticos, com medo de encontrar outro fruto podre. Concentrar-se em si mesmo e não permitir que mais ninguém o magoe provavelmente é a opção mais segura. Em especial por vermos nas mídias sociais tantos outros homens e mulheres passando pelas mesmas péssimas situações, é reconfortante não ser o único a escolher a vida de solteiro. Dito isso, não creio que as mídias sociais sejam tão sociais assim, pois têm essa capacidade de inconscientemente isolar as pessoas.

A LISTA DE AFAZERES NOS TEMPOS MODERNOS

Quando observamos a vida moderna, é nítido que temos bem mais acesso à informação do que no passado. Ter mais informações deveria nos ajudar a tomar decisões mais assertivas, mas uma quantidade excessiva de informações também é debilitante e pode nos fazer pensar e analisar incansavelmente cada situação. A vida também é mais caótica do que nunca, e somos consumidos pela incerteza infligida por grandes acontecimentos, como a pandemia de Covid-19, a agitação geopolítica e o avanço rápido da tecnologia, como a IA generativa (que assusta se pensarmos na quantidade de pessoas que possivelmente perderão seus empregos). Hoje, muitos têm uma programação bem-planejada,[3] o que os deixa menos interessados em romances que não se encaixam na agenda. Uma citação famosa do TikTok é: "10 horas de trabalho, 2 horas de treino e 8 horas de sono. Se eu mandei mensagem para você, sinta-se importante!" Ela reflete a mentalidade por trás dessa tendência. Certa vez, um amigo me disse: "Todos temos uma lista de afazeres hoje em dia. Com a internet e as redes sociais, isso só ficou mais longo. Sempre há uma razão boa o bastante para não levar nada adiante se as pessoas não satisfizerem as minhas necessidades."

Na hora de resolver se namoramos ou não ou se procuramos um parceiro de longo prazo, não existe muita disposição para assumir compromissos. Várias pessoas estão solteiras e se sentem felizes assim. Você preenche seu dia com trabalho, esportes e interações sociais. As necessidades sociais podem ser satisfeitas em encontros rápidos com amigos, pela internet ou no mundo real. Quando o desejo carnal está à flor da pele e surge a vontade de ter um "lance" com alguém, aqueles *affairs* já conhecidos ou os aplicativos de relacionamento oferecem a felicidade íntima momentânea necessária. A virtualização das relações facilitou o foco em si mesmo. Não surpreende que, no Ocidente, os aplicativos e a tecnologia de consumo tenham sido projetados para incrementar a individualidade. Assim, os nomes iPhone ("eu fone"), i-Reserve ("eu reservo"), iFormBuilder ("eu crio a forma"), Mercedes Me (Mercedes Eu) e Myspace (Meu Espaço) refletem a importância dada a essa individualidade. Na Ásia oriental, os relacionamentos humanos são vistos sob uma ótica mais coletiva, e isso se reflete nos títulos dos aplicativos criados nessa parte do mundo, como os das empresas chinesas WeChat ("nós conversamos") e WePay ("nós pagamos").[4]

O EFEITO IKEA

No passado, dedicávamos mais tempo presencial de qualidade a outras pessoas, a fim de conhecê-las melhor e fortalecer os relacionamentos. Era (e é) necessário esforço para as relações humanas darem certo. Também recorríamos mais à rede de apoio física próxima, no intuito de obtermos apoio e nos sentirmos seguros. Embora hoje tenhamos mais "amigos" virtuais,[5] o número de amizades verdadeiras (e a satisfação geral com as amizades) declina rapidamente.[6] A pandemia, a tecnologia e a evolução social mudaram a maneira como nos conectamos com os amigos e o tempo de qualidade que estamos dispostos a dedicar nessas amizades. O mesmo acontece quando dedicamos tempo a alguém em quem investimos romanticamente. Quanto mais dedicamos tempo a uma pessoa, mais a valorizamos. Na psicologia, esse viés cognitivo costuma ser chamado de *Efeito IKEA*.[7] As pessoas valorizam subjetivamente as coisas (ou pessoas) quando dedicam mais tempo e esforço a isso. (Daí o sucesso da loja IKEA, inclusive.) As pessoas adoram ir até essas lojas e gastar dinheiro com pedaços de madeira (e frequentemente com vários outros utensílios domésticos dos quais é nítido que não precisam...) que depois elas mesmas têm de montar... POR QUÊ? Há certa satisfação de ter montado os próprios móveis em vez de tê-los comprado já prontos, e o aumento do esforço está diretamente relacionado com uma maior valorização do objeto. Quando investimos menos esforço para criar relacionamentos de amizade ou românticos, damos menos valor a eles. Portanto, não é à toa que a percepção do valor dos relacionamentos humanos no mundo digitalizado esteja diminuindo e promovendo um foco mais intenso no eu e nas necessidades pessoais.

VOCÊ NÃO QUER NAMORAR PORQUE SE IDENTIFICA COMO ARO OU ACE

As razões mais intrínsecas para as pessoas não quererem namorar podem estar ligadas ao tipo de vínculo que naturalmente estabelecem por outras pessoas. Há a falsa crença de que todos se sentem romântica ou sexualmente atraídos pelos outros, mas na verdade muita gente não sente atração nenhuma, sem que isso tenha a ver, por si só, com problemas de saúde ou traumas passados.[8] As pessoas que não sentem atração romântica pelos outros são chamadas "arromânticas" — ou Aro, para encurtar. É comum confundirem arromânticos com assexuais, mas os conceitos não são sinônimos. Assexual (ou Ace) é aquele que não sente atração sexual por ninguém. O Aro pode sentir atração sexual, mas não conecta essa energia sexual a nada romântico. Há quem acredite que as pessoas Aro não sentem amor, o que não é verdade. Elas amam amigos e pais. Só não amam ninguém romanticamente. As pessoas Aro podem desejar ter um relacionamento romântico com alguém, mas não há atração romântica real. Os Ace podem se apaixonar ou se sentir romanticamente atraídos por alguém, mas não têm atração nem interesse sexual. O curioso é que algumas pessoas Ace fazem sexo, mas não se sentem sexualmente atraídos pelo parceiro. É possível ser Aro e Ace ao mesmo tempo. Em geral, essas pessoas têm pouco desejo por relacionamentos românticos ou sexuais (ou sentem repulsa da ideia) e até questionam se a atração sexual ou romântica não seria mais uma reação às pressões sociais do que um desejo real.

Quando não querer namorar é uma bandeira verde?

Não há problema nenhum em não querer namorar ou ter um relacionamento; não se sinta forçado a isso. Ver que colegas e amigos íntimos têm relacionamentos pode levar você a achar que também precisa do seu, mas é claro que isso não é essencial. No mundo de hoje, escolher morar ou ficar sozinho é uma opção de estilo de vida que, do ponto de vista social, é cada vez menos um tabu (inclusive em muitas sociedades nas quais casar-se cedo é culturalmente imposto). Os solteiros que escolhem morar sozinhos sem se envolver com alguém costumam citar "escolhi a minha paz", "quero mais liberdade", "vou me concentrar na carreira" e "preciso de tempo para me curar" como razões para não quererem nada que lembre um compromisso de longo prazo.

Estilos de vida se adaptam à época. Por exemplo, atualmente mais mulheres estão escolhendo a carreira em vez da família e adiando compromissos mais sérios e filhos até bem depois dos 30 ou 40 anos. Hoje vivemos num mundo em que o desenvolvimento pessoal e a saúde mental estão em alta. Hoje é comum que as pessoas exijam que um possível parceiro seja bem resolvido em sua vida pessoal antes de entrar num relacionamento. Tirar lições de relacionamentos passados, refletir para ser um parceiro melhor ou aprender a curar feridas e traumas antigos antes de se comprometer com alguém é algo que recomendo muito. Todas essas são bandeiras verdes quando o assunto é focar em si e optar por não namorar.

Quando não querer namorar é uma bandeira vermelha?

Não querer namorar é uma escolha pessoal, mas nem todas as decisões desse tipo são boas. Escolher ficar sozinho quando seria melhor estar junto de alguém é algo que merece uma reflexão mais profunda. Ficar muito tempo sem um relacionamento romântico pode se tornar tão recorrente que vira um padrão e faz você rechaçar quem se aproxima, sem antes avaliar atentamente se a relação pode dar certo. Ou talvez você seja exigente demais quanto ao que o outro deveria ser (para que ele se encaixe no *seu* estilo de vida). Não me entenda mal; ser autossuficiente é bom, mas pode ser prejudicial a longo prazo e impedir que as pessoas entrem na sua vida porque você não quer se adaptar ou por ter um medo excessivo de conhecer os outros.

Um importante estudo realizado em Harvard acompanhou um grupo de pessoas durante mais de 85 anos, a fim de descobrir os fatores que levam a uma vida mais longa e feliz. Todos sabemos que a alimentação saudável e a atividade física na vida adulta são fundamentais. No entanto, o estudo constatou que o principal fator responsável por maior longevidade são as conexões sociais fortes.[9] Ao que tudo indica, como nos alimentamos ou nos exercitamos importa menos do que ter vínculos estreitos com outras pessoas no que diz respeito à longevidade. O namoro moderno e a vida mais orientada ao curto prazo nos impedem de criar relacionamentos longevos em muitas áreas e, em consequência, somos menos capazes de estabelecer conexões duradouras, o que nos faz correr o risco de termos menos qualidade de vida com o tempo.

Apaixonar-se por personagens fictícios

Quando morei no Japão, no início dos anos 2000, conheci os animês (desenhos animados japoneses) e os mangás, que eram populares tanto entre adolescentes quanto entre adultos. Era muito comum (e ainda é) que homens e mulheres adultos fossem muito fãs de personagens de animês e mangás. Até Hello Kitty tem um imenso fã-clube de adultos (Hello Kitty se tornou tão popular no mundo inteiro que chegou a alcançar o status de seita).[10] Ali foi a primeira vez que ouvi falar de pessoas que tinham relacionamentos parassociais com personagens fictícios.[11] Eu me lembro do personagem de mangá Salary Man Kintaro, um integrante de uma gangue de motociclistas que vira empresário e no qual os japoneses da classe operária se reconheciam: um homem que lutava contra a corrupção e a injustiça que muitos vivenciavam no trabalho. Para vários trabalhadores de escritório da vida real, Kintaro era uma fuga mental das pressões e frustrações diárias do emprego.[12] Ele se tornou um raio de esperança durante as mudanças da época de globalização e recessão no Japão.

Ao longo dos últimos anos, dediquei parte do conteúdo das minhas mídias sociais ao fenômeno da paixão por personagens fictícios (chamada de fictorromance, fictossexualidade ou fictofilia),[13] tendência que vi avançar aos poucos para o Ocidente, mas que raramente vejo citarem. As pessoas se apaixonam pelo protagonista de uma história — em geral, uma pessoa, um super-herói ou um vilão retratados na ficção ou em animês — e sabem muito bem que essa adoração ocorre em relação a alguém que não existe na vida real. É fácil entender por que as pessoas são tão atraídas por personagens fictícios e como é possível que se apaixonem pelo protagonista da história que tem tanto em comum com elas: as pessoas querem fugir das frustrações da vida real. Esse fenômeno pode ser uma distração de uma batalha constante vivida em casa ou demonstrar um nível tão profundo de desilusão com as relações da vida real, que o personagem fictício torna-se uma fonte de conforto. Talvez você se sinta solitário e o personagem principal da história ofereça o tão necessário companheirismo. Você sabe que, aconteça o que acontecer, ele estará sempre lá ao seu lado para salvá-lo da angústia e nunca vai magoá-lo (nem ficará magoado com você). Não haverá rejeição, e você sabe que está sempre no controle do relacionamento parassocial com o personagem.

Os vídeos que publiquei sobre esse tópico em diversas plataformas de mídia social logo viralizaram e me fizeram perceber que o amor e a paixão das pessoas por personagens fictícios no Ocidente eram maiores do que eu esperava, mas podem ser explicados pelo desapontamento crescente com os relacionamentos humanos, principalmente os românticos. A princípio, essa ideia parece estranha, mas a fictofilia pode ser considerada a evolução natural dos relacionamentos sexuais e românticos no mundo moderno. Não me surpreenderá se as IAs se tornarem uma nova fuga para muita gente, que buscará criar conexão com chatbots de IA, robôs e outros autômatos semelhantes a seres humanos e capazes de ter empatia.

A identificação com o herói ou o vilão da história acontece porque o protagonista é absolutamente perfeito — melhor do que qualquer pessoa de verdade — aos olhos de quem é fã, ou porque o fã gosta muito do modo como o vilão é retratado ou da vida que este tem, mesmo que esse anti-herói mate e cause destruição. Eren Yeager, do famoso animê japonês *Ataque dos Titãs*, é um personagem fictício que muitos adoram, mas que claramente não é um modelo de bom sujeito. É interessante notar o fato de as pessoas também se apaixonarem por vilões da vida real. No México, por exemplo, a *cultura narco* (a realidade mexicana do narcotráfico) é muito idolatrada e romantizada por vários moradores de lá. O Cartel de Sinaloa é o maior daquele país (e, de acordo com serviços norte-americanos de inteligência, o maior do mundo) e uma família que tantos admiram não pelas atividades ilegais da família em si, mas pelo estilo de vida luxuoso.[14] A cultura das ruas, a moda e até a música se inspiram nesses poderosos barões das drogas. É fácil imaginar por que as pessoas idealizam a vida do criminoso, principalmente quando elas constatam que o bom comportamento nem sempre traz vantagens.

O fato de que hoje muita gente desiste de se envolver com alguém devido às más experiências e à dificuldade de encontrar um parceiro adequado faz o foco em si mesmo parecer a melhor opção. Mas por quem resta nos apaixonarmos, se desistimos de encontrar alguém na vida real? Caso você se apaixone por personagens fictícios, fique tranquilo... você não está maluco, tudo bem![15] Muita gente teve essa experiência, embora seja meio vergonhoso admitir. No entanto, a fictofilia pode ser um problema quando você se envolve com alguém no mundo real e se vê mais atraído ou apaixonado pelo personagem fictício do que pelo parceiro em carne e osso. Hora de abrir o jogo com seu parceiro humano a respeito disso.

> **VOCÊ SABIA?**
> **Nova tendência:** *dates* **consigo mesmo**
>
> Com a alta valorização do *eu*, entrou na moda também ter encontros, ou *dates*, consigo mesmo. Mas o que isso significa? Significa dedicar tempo e energia nutrindo seu amor-próprio, do jeito como você gostaria que um encontro com outra pessoa fosse. Você se leva para jantares suntuosos, tira férias, passa noites à luz de velas com Netflix

e petiscos, e vai ao cinema, tudo sozinho. Aonde quer que você vá, carrega seu fiel escudeiro, o celular, a fim de se manter socialmente conectado e tirar algumas fotos da experiência, mas escolheu de propósito ficar sozinho. Além de apreciar o tempo que passa consigo (ou a experiência de se mimar), ter *dates* consigo mesmo também pode ser terapêutico. Dá a você a chance de controlar o encontro (decidir as coisas, dizer "sim" ou "não") e é uma forma de treinar para saber como proceder em encontros com outras pessoas, quando eles ocorrerem. Infelizmente, por causa da dependência da tecnologia para facilitar as relações interpessoais, muita gente acha difícil bater papo, falar com estranhos ou exprimir emoções. As pessoas precisam reaprender a sair e ter encontros (principalmente se isso não acontece com você faz muito tempo).

No Japão, há restaurantes voltados para clientes que preferem jantar sozinhos. Esses estabelecimentos oferecem cubículos para cada cliente e não exigem interação social nem mesmo com os funcionários, caso a pessoa não queira.[16] Não me surpreenderia se, no futuro, os serviços de viagem e hospedagem começarem a atender esse público também. Em junho de 2023, Rosanna Ramos, uma nova-iorquina de 36 anos, casou-se virtualmente com Eren Kartal,[17] um chatbot baseado em IA que ela mesma criou no aplicativo Replika.[18] Que tal moldar o parceiro ideal e criar oportunidades para aprimorar o narcisismo? Particularmente, não sou fã de passar muito tempo na solidão. As consequências disso para a saúde já foram bem documentadas,[19] e precisamos nos lembrar de que somos animais sociais por natureza. Precisamos dos outros para sobrevivermos (mesmo quando temos toda a tecnologia do mundo para vivermos com independência).

Escolhendo a solteirice — qual é o problema?

Escolher não namorar é uma decisão que pode ter motivações saudáveis ou não. Hoje, há muitas razões para as pessoas decidirem seguir esse caminho e permanecer solteiras. No entanto, nem todos os motivos são benéficos. Você prefere ficar solteiro porque quer se concentrar na carreira, ou escolhe não namorar porque antes quer se curar de experiências negativas de namoros passados? Escolher a solteirice pelas razões certas pode ser psicologicamente enriquecedor e, portanto, uma justificativa válida para não namorar. É possível descobrir também que sua vida passou a ser tão planejada ou que você está solteiro há tanto tempo que não tem mais energia ou interesse de ajustar seu ritmo ao de outra pessoa. Talvez você não namore porque não sente atração pelos outros ou porque se acha velho demais, tem baixa autoestima ou fica apavorado com relatos de namoro que circulam nas mídias sociais e parecem verdadeiras histórias de terror. Esse pode ser um momento para refletir se você está realmente fazendo as escolhas certas na vida quando se trata de romance. É importante ter mais consciência da razão pela qual você prefere ficar sozinho. Estudos mostram que a vida solitária pode ser boa por algum tempo, mas também traz prejuízos a longo prazo. Quanto mais consciência você tiver das suas escolhas, mais intencionalmente viverá sua vida (de solteiro). Este capítulo tem a ver principalmente com identificar as bandeiras verdes e vermelhas em você mesmo.

É uma **bandeira vermelha** quando:

- Você está sozinho há bastante tempo e muito preso aos próprios hábitos. Você não quer se comprometer, mas quer que os outros se ajustem ao seu estilo de vida mesmo que o contrário não aconteça.

- Você se dá conta de que, depois de anos sem namorar, ainda tem muito medo de tentar e buscar interesses românticos. Talvez esteja na hora de falar com alguém sobre seus temores ou inseguranças.

- Você não aguenta os desafios e as discussões dos relacionamentos. O conflito é uma parte inevitável de qualquer relação, e excluir alguém ou tomar um chá de sumiço ao primeiro indício de problemas é uma enorme bandeira vermelha. Aprender a lidar com as dificuldades faz bem à saúde física e mental.

- Você ficou tão obcecado por um personagem fictício ou chatbot de IA que se recusa a namorar ou se apaixonar novamente por um ser humano.

É uma **bandeira verde** quando:

- Você prioriza sua carreira intencionalmente e sabe que no momento não faz sentido envolver-se com alguém a longo prazo. Como precisa se concentrar nas metas profissionais, você não quer correr o risco de magoar ninguém.

- Você está numa jornada de cura e quer trabalhar primeiro em si mesmo antes de se relacionar romanticamente. Você optou por isso porque deseja resolver traumas do passado ou aumentar a eficácia pessoal, para ser capaz de estabelecer limites e exprimir melhor suas necessidades.

- Você é meio babaca em namoros (ou seja, uma pessoa que já conhece a própria tendência de tratar mal os parceiros) e não quer se envolver para não partir o coração de ninguém. Assim, você escolheu se concentrar apenas em relacionamentos casuais e não afetar a vida de ninguém com táticas de manipulação (o máximo possível), até chegar a um estágio na vida em que sente que quer e pode mudar (lembre-se: você sempre pode mudar!).

- Você ainda está se descobrindo e entendendo o que realmente quer. Por enquanto, seu principal objetivo é explorar e experimentar. Você sabe que, quando chegar a hora certa, namorar é algo que vai acontecer naturalmente.

O que considerar ao decidir se você fica ou cai fora

O mundo moderno facilita morar sozinho e ser mais autossuficiente. A solteirice é uma opção de estilo de vida e muitas pessoas estão preferindo seguir esse caminho. No entanto, isso não deixa de ter consequências. Ficar solteiro por muito tempo pode fazer mal à saúde e ao bem-estar geral. Viver sozinho por muito tempo deixa você menos à vontade para interagir com pessoas na vida real e menos propenso a mudar seu ritmo a fim de conviver com alguém ou formar um relacionamento. E ainda existe a questão da estigmatização de pessoas que preferem ficar solteiras por mais tempo ou em determinada idade. No entanto, se relacionar com alguém também não é fácil. Exige dedicação, esforço, adaptação e sacrifício. Experiências de namoro negativas também contribuem para que você não queira namorar. Afinal, isso significaria precisar confiar outra vez e confrontar as suas próprias questões e as do parceiro. Acha que está pronto para isso, ou é cedo demais e você prefere ficar solteiro por um período? Aqui estão algumas considerações para ajudá-lo a tomar essa decisão.

MELHOR FICAR SOLTEIRO

- Se você não se sente mental e/ou fisicamente pronto para ficar com alguém, então não fique! Mantenha-se focado em si mesmo e em sua carreira, em sua jornada de cura ou no seu propósito de vida.

- Você gosta de ter paz e de ficar sozinho (sem se sentir solitário). Ser solteiro dá poder e mais controle sobre a vida. Para ser um bom parceiro, é necessário provar a si mesmo que também consegue ficar satisfeito sozinho. Se ainda estiver procurando entender isso, então fique a sós primeiro. Essa questão será benéfica para você e para o futuro relacionamento.

- Você é assexual e/ou arromântico. Se não encontrar alguém parecido ou que se disponha a aceitá-lo desse jeito, então é melhor ficar solteiro até encontrar a pessoa certa. Não tente reprimir seus valores e sentimentos.

HORA DE CAIR FORA (DA VIDA DE SOLTEIRO)

- Quando você sentir que deseja permitir que alguém se aproxime outra vez. Não se esquive desse sentimento. Tente conhecer pessoas novas.

- Caso tenha desistido de encontrar pessoas online, mas ainda queira namorar. Nesse caso, continue. E lembre-se de que há muitas maneiras de conhecer alguém fora dos aplicativos de relacionamento: festas de amigos, bares, eventos, clubes e até o supermercado. Mas é preciso conseguir puxar assunto com desconhecidos.

- Namorar ajuda a descobrir que tipo de parceiro você quer ser ou não. Também ajuda a priorizar qualidade em vez de quantidade, caso você deseje um relacionamento mais exclusivo.

BANDEIRA VERMELHA 14
"Prefiro não rotular as coisas ainda"
Status: ficando sério

"Sei que para seu coração sou como o verão,
não todas as quatro estações do ano."
Soneto XXVII, Edna St. Vincent Millay

O ficante sério

Você já esteve numa situação em que está saindo com alguém há meses, mas nenhum dos dois chegou a definir o que realmente são em relação ao outro? Você tem muito medo desse tipo de conversa, ou o parceiro não quer rotular o relacionamento? Se esse for o caso, então talvez você esteja ficando sério com essa pessoa. Ficar sério pode ser definido como um relacionamento fixo mas indefinido, pois não foi rotulado por nenhum dos parceiros. As pessoas podem ficar com alguém durante anos e acreditar que há um relacionamento, mesmo cientes de que nada foi definido. E em muitos casos nem sequer há um acordo explícito sobre sair com outras pessoas. Pode ser muito confuso e até frustrante perguntar por que, mesmo depois de tantos meses, o tópico de rotular o vínculo como "relacionamento" não foi abordado ainda. Você não sabe se o que tem com o parceiro vai durar e se você deveria investir mais tempo nisso.

Pode ser que o relacionamento não tenha sido definido em decorrência do comportamento manipulador do parceiro, mas também pode apenas ser uma forma de conexão que todas as partes desejam. Convenhamos:

num mundo com tantas opções, não definir o que se tem dá liberdade e flexibilidade para aproveitar a vida sem se prender a uma só pessoa. As ficadas podem levar a relacionamentos de longo prazo, mas será preciso investir esforço para fazer as coisas funcionarem. E não se decepcione se não der certo. Entender melhor a psicologia por trás das ficadas, por que as pessoas as desejam e como se orientar nessas dinâmicas no atual cenário das interações românticas deixará você em melhores condições para tomar decisões mais empoderadas no futuro, principalmente em um mundo com muito mais formas de conexão romântica do que antes. Se estiver ficando com alguém agora, está na hora de decidir o que fazer!

Por que o estágio de "só ficar" se tornou tão importante no namoro moderno?

Antes de mergulhar na psicologia do status "ficando sério", vamos entender melhor seu equivalente em inglês e examinar as razões para esse status de relacionamento ter se tornado tão popular nos últimos anos. De acordo com o WordSense,[1] dicionário on-line de inglês, a palavra *situationship* (uma mistura das palavras *situation* e *relationship*) aparece em obras literárias já em 2014. Entretanto, várias fontes do Google indicam que o termo veio a público por meio da redatora autônoma Carina Hsieh, em 2017, quando os aplicativos de relacionamento começaram a bombar. No mesmo ano, o Tinder mencionou, em seu relatório anual, as *situationships* como um status válido de relação.

Os aplicativos tiveram grande influência sobre a forma de as pessoas namorarem e se envolverem romanticamente e sobre o modo de enxergar os encontros e as relações sexuais casuais. Com um toque na tela, você tem acesso a uma vasta gama de possíveis parceiros, suas respectivas informações pessoais e preferências sexuais, e tudo que você precisa fazer é arrastar para a esquerda ou para a direita.[2] Além disso, há algoritmos trabalhando por trás disso tudo para manter você o máximo possível no aplicativo, mostrando mais conexões e, potencialmente, mais chances de relação sexual sem compromisso. Isso é ótimo se você estiver passando por uma "fase transante" na vida, mas se torna complicado se você quiser encontrar determinada pessoa com mais frequência. É como uma droga viciante que puxa você de volta à rápida e fácil opção de gratificação instantânea, sem querer investir demais numa só pessoa. Ou, quando as coisas não vão bem, os aplicativos de relacionamento criam a ilusão de que você não precisa lidar com dramas e emoções, sendo capaz de encontrar outra pessoa facilmente. "Tchau, próximo!" é a atitude que muitos têm, pois sabem que conseguem achar outra "opção" em cinco minutos.

Como consequência disso, a cultura do namoro mudou drasticamente nos últimos vinte anos, e muitas pessoas de todas as gerações a criticam por ser "tóxica", "fria" e por "tratar as pessoas como opções em uma prateleira". Antes da revolução digital, você precisaria sair para procurar alguém e teria que se encontrar regularmente com essa pessoa para saber mais sobre ela. Esse tipo de esforço era imprescindível para criar conexão, e o status de namoro era a norma. Hoje, a regra é ter múltiplas opções e facilidade para encontrar parceiros sexuais, enquanto namorar ou qualquer coisa que exija mais diligência parece trabalhoso e até incomum (principalmente para a geração que já cresceu nessa cultura do namoro moderno). É por isso que os conceitos tradicionais de monogamia e relacionamento romântico vêm sendo questionados e muitas pessoas não decidem tanto por relações estáveis. Você está solteiro e procura ficantes? Ou tem um parceiro? Você se encontra com alguém regularmente e sem compromisso, mas ainda quer conhecer outras garotas, garotos e tudo que tiver direito? Há muitíssimas opções a escolher, o que é um fator importante para a prática do ficar se tornar tão popular.

BANDEIRAS VERMELHAS, BANDEIRAS VERDES

Formas diferentes de conexão romântica

Não faz muito tempo, você ou era solteiro ou tinha um parceiro (ou seja, estava numa relação de curto ou longo prazos, casado ou em união estável). Se tivesse algo fora do relacionamento tradicional, provavelmente o status do seu relacionamento seria "é complicado". Até a pesquisa científica costuma classificar os relacionamentos dentro dessas categorias. A tecnologia digital, as mídias sociais e mudanças na etiqueta do relacionamento deixaram confuso o campo do namoro, sem falar dos diversos tipos de status à escolha. Hoje, o universo do namoro tem uma série de nuances em termos de opções de status, o que é logicamente mais inclusivo, mas também muito confuso. Vamos olhar mais de perto as diversas maneiras de rotular o vínculo romântico, classificando-o com base no nível de conexão emocional e envolvimento sexual.

COMPANHEIRISMO

O companheirismo é definido como um vínculo em que duas pessoas passam muito tempo juntas (saem, jantam, visitam lugares) e se confortam (principalmente do ponto de vista emocional). Em geral o companheirismo é um laço de relacionamento não romântico com alto nível de intimidade. A diferença entre o companheirismo e a amizade é que, normalmente, os amigos passam menos tempo juntos do que os companheiros. Além dos seres humanos, os animais de estimação também oferecem isso.

FODA AMIGA

A foda amiga é uma ficada rápida com alguém. O nível de envolvimento sexual é alto, mas a conexão emocional costuma ser baixa, embora isso não signifique que não haja intimidade nesse tipo de relação.[3] Encontrar alguém de vez em quando para uma rapidinha, mesmo que seja só para satisfazer necessidades físicas, exige algum nível de intimidade.

AMIZADE COLORIDA

Os amigos coloridos vão um passo além das fodas amigas. São pessoas que se encontram regularmente para fazer sexo. Pode haver alguma amizade envolvida, mas esse aspecto é o de menos nesse caso. O nível de envolvimento sexual é alto, e o nível de conexão emocional de baixo a médio. Os dois lados sabem que a principal meta dessa relação é fazer sexo (e nada mais).

AMIZADE COM BENEFÍCIOS

A amizade com benefícios é um passo além da amizade colorida. As duas pessoas estão interessadas principalmente em transar e, às vezes, saem juntas (ou com um grupo de amigos) para beber ou jantar. O nível de envolvimento sexual vai de médio a alto, e o de conexão emocional de baixo a médio.

FICADA

Os ficantes são um pouco semelhantes aos amigos com benefícios, mas com a complicação adicional de nunca terem rotulado o relacionamento ou a si mesmos de nenhuma maneira. Como tudo é indefinido, pode acontecer de um dos parceiros desenvolver sentimentos mais românticos pelo outro e querer um relacionamento exclusivo (mas o outro, não). Devido à ambiguidade de uma relação não definida e ao estresse que costuma causar, prefiro chamá-la de "fritada". O nível de envolvimento sexual vai de médio a alto, e o de conexão emocional também.

RELACIONAMENTOS CONSENSUAIS NÃO MONOGÂMICOS (RELACIONAMENTOS CNM)

CNMs são relacionamentos não exclusivos (também chamados de "abertos"). Os dois parceiros gostam de estar numa relação assim e podem decidir se encontrar com outras pessoas para fazer sexo juntos, separados ou uma combinação de ambos. O nível de envolvimento sexual e de conexão emocional é alto.

RELACIONAMENTOS TRADICIONAIS

Finalmente, relacionamentos tradicionais são relacionamentos românticos em que os dois parceiros escolhem ter uma relação monogâmica, cuja duração pode variar. O nível de envolvimento sexual vai de médio a alto, e o nível de conexão emocional é elevado.

Qual é a psicologia por trás das ficadas?

Não há uma única teoria ou princípio psicológico que explique por que as pessoas querem ser apenas ficantes. Há várias razões para escolher esse tipo de relacionamento e muitas outras para se manter nele. Vamos examinar a psicologia dos dois lados.

RAZÕES PSICOLÓGICAS PARA ESCOLHER "SÓ" FICAR

- **Múltiplas/melhores opções**

    É possível escolher só ficar com alguém para propositalmente não definir a situação com um indivíduo específico, criando abertura para sair com mais gente (ou passar para alguém melhor com mais facilidade). As pessoas se sentem mais poderosas quanto têm mais opções, pois isso lhes dá a sensação de controle. O medo ou a aversão de perder alguma coisa também leva as pessoas a querer vários parceiros. Principalmente num mundo que parece incerto e imprevisível, as pessoas sentem necessidade de maximizar as opções como meio de sobrevivência (instinto básico). No entanto, a sobrevivência nem sempre é a razão primária para escolher diversas alternativas. Isso também pode se resumir à personalidade ou à dificuldade do indivíduo em assumir compromissos. A má intenção e a manipulação são outros motivos para explicar a vontade de ter muitas opções ou de ser ficante de várias pessoas.

- **Investimento temporário**
A pessoa pode escolher só ficar simplesmente porque planeja estar em determinado lugar por pouco tempo e sabe que terá de se mudar devido a incumbências profissionais ou familiares, ou a melhores oportunidades de outra ordem. Ter um parceiro temporário sem tanto compromisso ajuda a satisfazer as necessidades físicas e emocionais e reduz o fardo do rompimento quando chegar a hora. Além disso, manter uma relação mais superficial com alguém facilita ter foco nas metas pessoais e profissionais. Mas o investimento temporário também pode ser manipulador, principalmente quando o parceiro não é claro sobre sua intenção de partir em um futuro próximo e de só investir em um relacionamento a curto prazo.

- **Menos responsabilidade**
A pessoa pode escolher só ficar com outras pessoas porque não quer a responsabilidade que o status de relacionamento traz. Isso pode ter a ver com preocupações pessoais ou falta de desejo de se envolver mais. Ela quer conexão emocional e envolvimento sexual, mas de forma compartimentalizada. Nunca assumir a responsabilidade que acompanha um relacionamento mais comprometido também pode resultar da sensação de não ter o pleno controle da própria vida. Isso acontece quando o ambiente (como família e cultura) dita com quem você precisará se casar.

OPTAR POR CONTINUAR SÓ FICANDO COM OUTRAS PESSOAS

- **Medo da rejeição**
A pessoa pode manter esse status de relacionamento por ter muito medo de conversar sobre o rótulo da relação mais à frente, pois esse momento pode criar tensões e acabar encerrando aquela interação casual. Em geral, isso está ligado ao medo da rejei-

ção, provocado por vários fatores — por exemplo, experiências passadas, tendência a agradar, estilo de apego ansioso, pouca autoestima, autocrítica e/ou ansiedade, entre outros. Estar com alguém que não respeita as suas necessidades emocionais ou que usa propositalmente sua insegurança para mantê-lo no status de ficante não é saudável, e continuar nessa relação será mais prejudicial do que cair fora.

- **Pressões sociais**
A pessoa pode querer ser só ficante por não sentir necessidade de ceder à pressão social de se casar ou de ter um relacionamento tradicional. As ficadas são uma oportunidade de estar com alguém, ao mesmo tempo que mantém a liberdade de um modo discreto. Também é possível escolher esse caminho por causa de interesses românticos que o ambiente social não aceita (como namorar alguém de outra cultura ou religião, envolver-se com uma pessoa do mesmo sexo). Não se comprometer plenamente com ninguém dá a liberdade de explorar os próprios desejos sem ter de revelá-los. Em algumas culturas, espera-se que a pessoa se comporte "adequadamente" no espaço público, e, desde que aja assim, ela pode fazer o que quiser no espaço privado. Isso talvez soe duro e injusto, mas é mais comum do que se pensa. Em última análise, o status "ficando sério" também pode surgir porque um dos parceiros está traindo. Isso nunca é bom! Geralmente, configurações como essa, quando se mantêm intactas por medo ou pressão social, só causam angústia; pense bem se vale a pena continuar.

- **Facilidade**
Também é possível continuar só ficando com outras pessoas por gostar da conexão emocional e da intimidade física sem ter o compromisso e a profundidade do relacionamento monogâmico. O ficar oferece companheirismo e uma sensação de segurança, podendo até lhe dar tempo para curar o impacto de um relacio-

namento anterior. Quando os dois parceiros a aceitam bem e não procuram algo mais sério, essa dinâmica é ideal. É como projetar um relacionamento com base nos próprios desejos e necessidades sem se sentir amarrado. Aproveitar o momento tem os seus benefícios, e não ser forçado a lidar com o drama envolvido em um relacionamento facilita muito estar com alguém hoje em dia. Além disso, sem dúvida ficantes são mais fáceis de achar. Só deixe claro que você pretende se manter assim e que não vê problema nisso.

> **VOCÊ SABIA?**
> **Você já caiu na *friendzone*?**
>
> *Friendzone* é uma expressão comum no universo dos relacionamentos modernos. Em português, significa "zona da amizade" e se refere a quem tem interesse romântico ou sexual por outra pessoa (muitas vezes, amiga ou conhecida) e não é correspondido (por exemplo, "João queria namorar Joana, mas ela não estava interessada e o manteve na *friendzone*"). Você também pode acabar nessa situação depois de sair algumas vezes com alguém. Talvez a pessoa tenha perdido o interesse em você, encontrado outra pessoa, ou talvez não tenha gostado do sexo nem sentido uma conexão forte o suficiente para alimentar um interesse romântico. Só que talvez ela ainda goste de você como amigo e, em vez de tomar chá de sumiço, o põe na *friendzone*.

Em que situações só ficar pode ser benéfico?

Como mencionado, esse tipo de relacionamento nem sempre é ruim. As pessoas escolhem esse caminho porque ele permite aproveitar os benefícios dos relacionamentos (conexão emocional, intimidade e/ou companheirismo) sem abrir mão completamente da vida de solteiro. Ele dá tempo para as pessoas se conhecerem e testarem o terreno. Quem disse que não é possível assoviar e chupar cana ao mesmo tempo? Pode haver outras razões válidas para manter a situação indefinida. Talvez os dois parceiros tenham outros objetivos ou interesses na vida e temam que o compromisso atrapalhe as oportunidades. Ou pode ser que nenhum dos dois seja capaz de investir mais, devido à imaturidade ou à falta de disponibilidade emocional. As ficadas oferecem um parque de diversões para descobrir e encontrar conexões, com a flexibilidade de explorar opções diferentes. Deixar a situação indefinida nem sempre significa algo necessariamente ruim. Pode ser que a pessoa apenas tenha medo de criar uma conexão mais profunda naquele momento ou sinta a pressão da mudança rápida do mundo atual e ache que a vida é passageira. "Estou aqui para viver bons momentos, não para viver muito tempo" é o lema que ouço de muitos alunos e clientes. "Com tantas opções por aí, como saber com certeza o que eu quero ou o que é melhor para mim?"

Outro exemplo de benefício em só ficar é aquele "mutuamente exclusivo", uma ideia que apareceu recentemente nas redes sociais e que se refere a relações em que os envolvidos gostam de estar juntos e até podem sair com outras pessoas, mas têm exclusividade sexual (são "sexclusivos").[4] Quando o parceiro tem valores ou crenças que não se alinham aos seus, é possível mantê-lo fora dessa dinâmica sem se sentir mal. O que todas as relações ficantes que dão certo têm em comum é a comunicação franca e o respeito — o respeito é o que mantém as pessoas sãs e felizes dentro do vínculo. A falta de rótulo tem um propósito e, no mundo tão incerto do namoro, talvez seja um modo de definir sua própria história de amor.

Como saber se sou o ficante de alguém?

Pode ser que você esteja se perguntando: "Como saber se sou o ficante de alguém?" Essa é uma pergunta necessária caso não tenha certeza do seu relacionamento e queira mais clareza. Aqui está uma lista de verificação para confirmar se sua relação atual é uma ficada. Veja se você se identifica com quatro ou mais das seguintes afirmativas:

1. Você sai com alguém há seis meses ou mais e não tem certeza se pode dizer que tem um relacionamento.

2. Toda vez que você diz que quer rotular o relacionamento como "namoro", o parceiro inventa desculpas para não fazer isso ainda, evita a discussão ou se aborrece.

3. Por um longo período, você recebeu falsas promessas de um relacionamento mais sério ou exclusivo.

4. Você desenvolveu emoções pelo parceiro, mas está com muito medo de falar sobre isso porque teme que a conversa atrapalhe o que vocês já têm.

5. Você se sente emocionalmente esgotado com a incerteza da relação.

6. Você ou o parceiro ainda se relacionam sexualmente com outras pessoas.

7. O parceiro diz todas as coisas certas, mas as ações dele não corroboram o que ele diz.

8. O parceiro diz não ter certeza de que você é a pessoa certa para algo mais sério, embora vocês estejam se relacionando há mais de seis meses.

Como parar de ser o ficante de alguém?

Caso você não esteja mais se sentindo feliz com o status de ficante, está na hora de cair fora! A falta de clareza, de limites e de compromisso e a inconstância da relação podem ter um impacto grave sobre a sua saúde física e mental. Estudos mostram que relacionamentos não definidos aumentam a ansiedade, a solidão, os problemas de autoestima e a depressão; tudo isso pode lhe dar muito medo de terminar, por acreditar que ninguém mais vai querer você ou por se sentir preso num círculo vicioso.[5,6]

Para evitar que isso aconteça (ou para tomar uma atitude caso você esteja em uma situação como essa), aqui estão duas táticas que podem ajudá-lo a sair do status de ficante:

FALE ABERTAMENTE COM O PARCEIRO

Fale aberta e respeitosamente com seu parceiro sobre as suas necessidades e explique de que modo o status de ficante tem afetado você. Caso o outro tente fugir da conversa, não se preocupe com o seu bem-estar ou lhe dê falsas esperanças: está na hora de se afastar. Lembre-se de que você está ficando com a pessoa, logo, nem você nem o seu parceiro se comprometeram expressamente com nada. Não fique obcecado com isso. Claro que mandá-lo embora dá medo, mas não se esqueça de que esse receio vem de dentro. As pessoas se atraem por quem é confiante e sabe cuidar de si. Se você acha que a sua autoestima é baixa e que o medo tem impedido você de sair dessa relação, está na hora de trabalhar em si mesmo antes de se comprometer com alguém (mesmo que temporariamente). Ser só o ficante de alguém o ajudará a perceber isso melhor.

BLOQUEIE!

Se acha que não consegue ter essa conversa com o parceiro, escreva uma mensagem de texto bem detalhada e se despeça. Parece uma atitude fria, mas, quando sua saúde mental está em jogo e você não vê chance de melhora, é alta a probabilidade de que a situação não melhore mesmo. Sempre digo que o indicador mais assertivo do comportamento futuro é como a pessoa se comporta no presente. Dispense-a, mas de maneira educada e desapegada.[7] Se o outro ficar agressivo ou tentar "pôr você no seu lugar", bloqueie! É provável que você esteja questionando: "Dr.

Fenwick, como pode falar uma coisa dessa?" Mas estou pensando no seu bem, lembre-se. Além disso, essa é uma circunstância específica em que recomendo com vigor cortar a pessoa da sua vida imediatamente.[8] Isso lhe poupará muita dor de cabeça e custosas sessões de terapia.

Status: ficando sério — qual é o problema?

No universo do namoro moderno, só ficar define, justamente, o relacionamento casual que não foi rotulado com clareza — em geral na intenção de manter a situação vaga. Nessa dinâmica, as expectativas claras, os "o que fazer e não fazer" e os planos não são discutidos, pois um dos parceiros (ou ambos) deseja manter a situação flexível. Em geral, isso é feito de propósito, para que haja a opção de sair com outras pessoas sem deixar de satisfazer suas demandas emocionais, aproveitando outros benefícios da relação (como o companheirismo) com o ficante. Para o parceiro que quer saber "o que há entre nós", isso costuma ser muito confuso. Se acontecer com você, perceba que, com o tempo, a confusão e a incerteza constantes podem instaurar o caos na sua saúde física e mental.

Com o surgimento dos aplicativos de relacionamento, a ficada e outras dinâmicas de envolvimento interpessoal se tornaram superpopulares. O desejo de namorar no sentido tradicional da palavra diminuiu, e a prevalência do namoro online contribui para uma cultura sexual em que as palavras "compromisso" e "exclusividade" parecem quase tabus. Com tantas opções de relações virtuais à disposição, por que ter uma pessoa só ou mesmo ficar com ela se a relação engendra tanto drama? Também é importante lembrar que, quando alguém lhe disser que não está pronto para assumir um compromisso, você não deve esperar que no íntimo essa pessoa esteja sentindo o oposto. Criar falsas esperanças é ruim tanto para si quanto para os outros. Todavia, nem todas as ficadas são ruins, e elas podem ter um propósito — como ajudar você a se recuperar de um relacionamento anterior e lhe dar tempo para voltar a sentir algo por alguém. Ser só ficante também pode ser positivo caso você goste de estar com determinada pessoa, mas os dois ainda exploram opções para descobrir o que querem. Nem é preciso dizer que franqueza, respeito e comunicação aberta são fundamentais para essa dinâmica de relacionamento dar certo. Nunca se sabe; algum dia, a ficada pode virar algo mais bem definido.

É uma **bandeira vermelha** quando:

- O parceiro "age" como se estivesse namorando, mas não mostra sinais de compromisso nem rotula a relação como algo mais sério.
- Você está ficando com alguém há seis meses ou mais e o tópico do "compromisso" ou do "namoro" não foi discutido, mas é algo que você quer. Essa é uma **bandeira vermelha** para os dois!
- Você se sente confuso a respeito da relação. O parceiro evita a conversa ou o manipula sempre que você quer falar sobre o relacionamento ou o futuro dos dois.
- O parceiro diz "hoje, você é o número cinco, mas, se tudo der certo entre nós, há potencial para se tornar o número um". Dispense essa pessoa imediatamente!
- Você sofre mental ou fisicamente com a incerteza que a relação lhe provoca.

É uma **bandeira verde** quando:

- Você e seu parceiro estão ficando porque querem testar o terreno juntos e dar um tempo para desenvolver uma conexão emocional mais forte.
- Você e seu parceiro são claros sobre a situação e os dois querem aproveitar os benefícios da relação sem se comprometerem entre si.

- Você não tem certeza ainda do que quer e deseja descobrir qual é o seu interesse. Mas não se esqueça de explicar isso ao parceiro.

- Você quer se recuperar antes de voltar a ter uma relação mais séria com alguém. Ser apenas o ficante de alguém é uma boa oportunidade para isso. Mais uma vez, não deixe de conversar com a outra pessoa. Talvez ela possa ajudar em seu processo.

O que considerar ao decidir se você fica ou se cai fora

Se acha que tem um relacionamento ruim, pergunte-se antes se está mesmo num relacionamento. Se vocês nunca chamaram de namoro, talvez sejam ficantes. O que você faz? Fica ou cai fora? A escolha pode ser difícil, principalmente quando existem sentimentos pelo parceiro. Agora você já sabe que o status de ficante nem sempre é algo negativo. Aqui estão algumas sugestões do que considerar na hora de decidir o que fazer.

SINAIS PARA FICAR

- Vocês ainda estão se conhecendo e aproveitam o tempo para testar o terreno.

- Os dois gostam da companhia um do outro e querem explorar opções. Vocês não procuram nada sério e estão contentes de ver aonde as coisas vão dar (e tudo bem se o parceiro preferir outra pessoa).

- Você ou o parceiro não se sentem (ainda) emocionalmente prontos para assumir compromissos. Se para nenhum dos dois há problema em esperar sem se comprometerem, aproveitem o status de ficante. A meta com essa dinâmica deveria ser a satisfação de necessidades físicas e emocionais. Recuperação, atenção, companheirismo e tempo de qualidade com alguém são necessidades emocionais diferentes, que podem ser satisfeitas sem precisar assumir compromissos. Vocês se envolvem intencionalmente numa troca física e emocional benéfica aos dois.

HORA DE PARTIR

- O parceiro vive se esquivando da conversa sobre o futuro e sobre o status da relação de vocês.

- Você descobre que o parceiro já tem um relacionamento (ou é casado) com outra pessoa. Não se contente em ser o segundo lugar. Quem não tem respeito pelos outros não vai mudar. Fuja!

- O parceiro se vale de manipulação ou fica agressivo e abusivo quando você pede mais clareza. Essa é uma bandeira vermelha clara e mostra que você precisa sair dessa relação o mais breve possível! Pergunte-se: "Por que fico nessa se sou tratado assim?" Lembre-se sempre: quanto mais tempo você permanece num relacionamento abusivo, pior a situação se torna.

- A sua saúde física e/ou mental está se deteriorando, devido ao comportamento do parceiro ou à incerteza vivenciada na dinâmica de ficantes.

BANDEIRA VERMELHA 15
"Desculpe por ter sumido nos últimos nove meses. Perdi o carregador, mas agora achei. O que vai fazer hoje à noite?"

Os riscos do namoro moderno

> "Aquele que já foi picado pela cobra teme qualquer pedaço de corda."
> Provérbio chinês

O comportamento no namoro moderno

Para muitos, o namoro moderno é um mistério e, em geral, uma enorme decepção para quem procura algo sério. Encontrar alguém on-line se compara muito com um ninho de cobras cheio de gente que faz joguinhos e tem atitudes tóxicas. Navegar pelos encontros que começam virtualmente desafia muitos comportamentos que antes eram a norma na vida real. A infinidade de "opções" disponíveis nos vários aplicativos de relacionamento cria a ilusão de que é fácil achar, usar e trocar pessoas, o que afeta o modo como todos se tratam. Apesar de os indivíduos estarem mais presos aos seus dispositivos na busca pelo amor, a intimidade sentida ao interagir com os outros on-line vem diminuindo quando comparadas às interações na vida real — isso sem mencionar o impacto dos algoritmos sobre a conduta das pessoas no namoro, dentro e fora da internet. Essa mudança no cenário dos relacionamentos deu origem a novos fenômenos comportamentais — como tomar chá de sumiço (*ghosting*), manter uma pessoa interessada dando migalhas de atenção aqui e ali (*breadcrumbing*) e seguir a pessoa nas redes sociais sem jamais se comprometer ou tentar um contato mais próximo (*orbiting*) — que provocaram a redução do interesse em se envolver com uma só pessoa. O ramo econômico costuma afirmar que "quanto mais temos, mais felizes somos". Mas a ciência comportamental provou que "quanto mais temos, mais paralisados ficamos". Mergulhar na psicologia e na tecnologia do mundo atual do namoro pode esclarecer por que as pessoas se tratam assim. Essas ideias, além de ajudar a entender situações pessoais ou explicar o que vemos acontecer ao nosso redor, dão sugestões para aumentar a probabilidade de sucesso no campo amoroso. Entender quais são as tendências e os comportamentos modernos do namoro e por que eles ocorrem reduz a preocupação de muitos sobre o tema atualmente. Vamos esclarecer as coisas e diminuir a fixação dessa ideia.

Namoro moderno versus namoro tradicional

Talvez você esteja se perguntando: *Quais são, então, as diferenças entre o namoro moderno e o tradicional?* Para responder a essa pergunta, o melhor é começar pela descrição da abordagem tradicional. Antigamente, as pessoas se conheciam em bares e boates, por meio de amigos ou parentes e, às vezes, por anúncios de namoro nos jornais. O processo de procurar um parceiro adequado exigia tempo e esforço. E, quando se achava uma pessoa com quem ter um encontro, era preciso tempo para conhecê-la. O mais bonito no namoro "tradicional" era a empolgação sentida ao encontrar alguém. Investia-se um esforço a mais para impressionar o possível parceiro e para que a relação fosse duradoura. Uma das principais razões para namorar alguém era achar uma pessoa adequada para ter um relacionamento de longo prazo, além de fazer sexo com regularidade. Lógico que naquela época as pessoas também traíam e existiam, sim, relacionamentos tóxicos, mas, como havia menos opções disponíveis e as pressões sociais se concentravam na criação de núcleos familiares fortes, as pessoas se sentiam mais obrigadas a fazer a relação funcionar (embora às vezes em detrimento de um dos parceiros ou de ambos, é importante acrescentar). Uma consequência positiva do namoro tradicional era que muitos casais aprendiam juntos a ser mais resilientes. Naquela época, sair de um relacionamento não era tão fácil (e ainda não é, em muitas culturas), e essa é uma razão para os pais de muitos de nós das gerações Y e X ainda estarem casados.

Para falar a verdade, o namoro moderno não é tão diferente assim do namoro tradicional; ainda há muitas pessoas que desejam ser amadas, se casar ou ter alguém com quem compartilhar momentos da vida. A grande diferença é que, no mundo de hoje, encontrar alguém exige muito menos esforço. Os aplicativos de relacionamento e as plataformas de redes sociais derrubaram a barreira para procurar um possível parceiro ou saber mais a respeito dele. Um simples ajuste do filtro de preferências do aplicativo e pronto: você encontra aquele pai bonitão que ganha mais de um milhão por ano, é tatuado, barbudo, bem-dotado, curte secretamente assistir a vídeos de gatinhos nas horas vagas e aos domingos vai levar café da manhã na cama para você (só quando a esposa não estiver na cidade). Ou aquela estudante de Direito de 26 anos que adora ler, viajar, sair com as amigas e procura algo exclusivo (e, com a pessoa certa, está aberta a ter uma experiência *hentai*).[1] Seja qual for o tipo, ambição ou fetiche buscado num parceiro, é possível encontrar nos aplicativos de relacionamento. E há muitas pessoas a escolher. O namoro moderno tornou tudo muito acessível. Isso parece bom, mas infelizmente vemos que essa facilidade de uso e acesso nos relacionamentos traz grandes desvantagens.

Ter tantas possibilidades a um clique de distância mudou o valor que as pessoas dão às opções e estratégias de relacionamento. Encontrar parceiros para o sexo (frequente) é uma das principais razões do namoro. No entanto, a facilidade de uso não exige o requisito de encontrar um parceiro exclusivo para satisfazer as necessidades íntimas. Dedicar-se a encontros casuais e ficadas de uma noite também se tornou mais socialmente aceitável em várias partes do mundo. Por essa razão, o namoro mais tradicional é menos desejado, e isso deu origem à cultura da "transa". Em geral, as estratégias masculinas de relacionamento são mais voltadas ao curto prazo;[2] os homens desejam mais parceiras no decorrer do tempo e demoram menos que as mulheres para consentir em fazer sexo. Isso acontece em diversas culturas e classes socioeconômicas. No entanto, as mulheres também se beneficiam das estratégias para relacionamento de curto prazo e, portanto, também se dedicam a isso. Como o foco está mais no curto do que no longo, o modo como as pessoas se tratam nas relações românticas mudou muito nos últimos anos. As pessoas passaram a ver o sexo como algo mais transacional, não como um ato que conecta emocionalmente os indivíduos de um jeito profundo. Além do pouco interesse em buscar parceiros de longo prazo, o relacionamento on-line também gerou comportamentos mais nocivos, como o abuso emocional e psicológico, por exemplo. Embora no passado as redes sociais ajudassem a investigar as pessoas que você conhecia, o espaço virtual dá acesso a gente de todo tipo, inclusive homens e mulheres que não estão em boas condições (mentais) para se relacionar ou não têm boas intenções.[3] Com todos esses fatores reunidos, muitas pessoas encaram o ato de namorar como algo trabalhoso e, em várias situações, ele se torna uma experiência extremamente dolorosa.

A psicologia do namoro on-line

Para promover relacionamentos saudáveis e duradouros e fazê-los dar certo, é preciso ter esforço e dedicação. O pensamento e o comportamento humanos são complexos e, em geral, imperfeitos (com vieses mentais, equívocos, teimosia), assim, habilidades sociais refinadas e inteligência emocional são necessárias para envolver-se efetivam mudar o outro por um período prolongado. Além disso, os traumas e as experiências passadas também levam a comportamentos questionáveis no futuro. Quando estamos em um namoro duradouro, precisamos lidar com as limitações comportamentais e cognitivas do parceiro, além dos fatores diários de estresse. Faz parte. Conceitos psicológicos como confiança, compromisso, perdão, sacrifício e apoio são virtudes importantes para que em qualquer área da vida os relacionamentos de longo prazo entre seres humanos deem certo.

No entanto, quando os aplicativos afetam a natureza social do namoro e enfatizam as estratégias do relacionamento de curto prazo em vez das estratégias de longo prazo, muitas dessas virtudes se tornam menos necessárias — e isso sem contar o impacto de tais aplicativos sobre a cultura dos relacionamentos amorosos em geral.[4] Para entender melhor o efeito psicológico do espaço digital sobre as condutas no envolvimento, separei aqui aquelas que atuam sobre o comportamento humano:

1. Facilidade de acesso.
2. Facilidade de uso.
3. Distância percebida.

FACILIDADE DE ACESSO (ACESSIBILIDADE)

Quando alguma coisa se torna escassa, nós damos mais valor a ela e dedicamos mais esforço para consegui-la. Na psicologia, esse efeito é chamado de *escassez*, um fator poderosíssimo do comportamento humano. Lembre-se do que diz o site Booking.com: "Só resta um quarto vago. Reserve agora!" É mais provável que reservemos o quarto nesse momento, por causa da mensagem (talvez não o fizéssemos se ela não estivesse ali). A escassez também atua quando você fica numa fila do lado de fora, em um frio cortante, só para entrar numa boate exclusiva. Você espera, porque todos querem entrar lá e o espaço é limitado.[5] O oposto da escassez é a abundância; se algo se torna muito disponível, tendemos a dar menos importância a isso. A mentalidade da abundância no mundo do namoro faz você ficar mais concentrado na gratificação instantânea e ter menos apreço pela conexão profunda. Você fica mais propenso a ver as pessoas como opções — não como seres humanos — e a tratá-las com menos respeito. Ou, quando surgirem épocas difíceis, em vez de você tentar resolver os problemas, a mentalidade da abundância o motivará a procurar outra pessoa, pois é menos desgastante. Com o tempo, a percepção de facilidade de acesso deixa você menos disposto a lidar com situações difíceis em geral e menos capaz de fazer isso (enfrentar discordâncias, dizer ao outro que você não está interessado e investir esforço para se envolver com alguém além de quatro paredes, por exemplo).

FACILIDADE DE USO (USABILIDADE)

O cérebro humano é inerentemente preguiçoso e não gosta de pensar mais do que o necessário, em especial no caso de atividades físicas e mentais que exigem esforço. Por isso, gostamos do que é fácil de usar. Por exemplo, em compras no supermercado: a maioria adota o padrão de comprar os mesmos produtos e marcas. Quando usamos sempre as mesmas coisas, não precisamos pensar muito para escolher e sabemos o que esperar em termos de qualidade. Costumamos repetir mais aquilo que é fácil (e agradável) de fazer; isso acaba se tornando um hábito inconsciente, o que nos deixa menos atentos aos nossos comportamentos. No entanto, enxergar pessoas como fáceis de usar não é bom, principalmente em relacionamentos românticos. Ao perceber a facilidade que existe em paquerar alguém on-line, você dedica menos esforço ao processo. Isso resulta em menos conversas antes do sexo, além de mais foco nas estratégias para uma relação de curto prazo (menos compromisso, mesmo quando você gosta da pessoa). Também significa que namoro e sexo se tornam mais transacionais (e consequentemente menos emocionais) e que, para ser uma pessoa melhor, não é preciso adaptar-se ao mau comportamento de alguém (algo que exige muito esforço). Se analisarmos o namoro tradicional, veremos que o desafio e a dedicação eram ingredientes fundamentais para tornar duradouros o amor e os relacionamentos.

DISTÂNCIA PERCEBIDA (PROXIMIDADE)

A proximidade é um conceito interessante quando se trata de psicologia humana. A proximidade física ou percebida influencia o modo como vivenciamos as coisas. Quando percebemos que algo está perto de nós, damos mais atenção àquilo. Além de dizer respeito à distância física entre as pessoas, a proximidade também está ligada ao tempo que estas passam juntas.[6] Estudos mostram que há uma correlação diretamente proporcional entre esse tempo e a atração. Isso também acontece nas amizades e nas relações profissionais. É mais provável tornar-se amigo de quem se senta ao seu lado na sala de aula ou no trabalho do que de quem se senta muito longe. E, quando algo é percebido como distante, você se sente menos afetado por aquilo, pois se sente menos conectado. Vejamos, por exemplo, o pagamento com cartão de crédito. Na ciência comportamental, existe a chamada *dor de pagar*,[7] ou seja, as emoções negativas que sentimos quando abrimos mão do nosso suado dinheirinho para pagar alguma coisa. A dor de pagar é maior quando usamos dinheiro vivo em vez de um método de pagamento eletrônico. Quando pagamos com cartão de crédito ou débito, gastar se torna menos doloroso e, portanto, mais fácil. Mas essa percepção de distância também é a razão para as pessoas tenderem a ser menos éticas na venda de ativos que possam ser trocados por dinheiro (como criptomoedas, ações, hipotecas "podres" — lembre-se do escândalo contábil da Enron). O mesmo acontece com o comportamento nas interações on-line. Quando você trata alguém mal na internet, sente menos dor, porque a pessoa parece muito distante. Também há o fator do anonimato, que o faz pensar menos nas possíveis consequências dos seus atos. E isso sem falar das pessoas que fingem ser outras (pense no "golpista do Tinder").[8] A percepção de distância nos engana, fazendo-nos acreditar que podemos ficar impunes, e explica, inclusive, por que há pessoas que têm uma pose de maioral nas mídias sociais ou no privado, enquanto pessoalmente agem de forma muito diferente ou até evitam os outros.

Tendências do namoro moderno

Há muito a dizer a respeito do impacto da tecnologia sobre o comportamento humano. Os aplicativos de relacionamento e as redes sociais, além de terem facilitado o sexo, também contribuíram para uma cultura mais tóxica de namoro e ficada. A facilidade de acesso e de uso e a percepção de distância exacerbam as condutas nocivas e motivam até pessoas que não são problemáticas a se comportarem de forma abusiva. Não surpreende que as tendências do namoro moderno, que surgiram graças às interações on-line em geral, sejam negativas e baseadas nos efeitos psicológicos que os aplicativos de relacionamento causam no comportamento humano. A seguir apresento oito dessas tendências que são muito faladas hoje em dia no mundo dos relacionamentos românticos e que você precisa conhecer. Quantas você já sofreu (ou fez os outros sofrerem)?

- *Breadcrumbing*
  Breadcrumbing (oferecer migalhas de interesse) é o ato de embromar no relacionamento: enviar mensagens sedutoras de vez em quando ou fazer promessas falsas sobre possíveis encontros, sem ter o plano de concretizá-los. O *breadcrumbing* vai desde fazer joguinhos até enviar mensagens só para manter a pessoa apegada e, assim, garantir ganhos ou diversão futuros.

- *Ghosting*
  O *ghosting* (tomar chá de sumiço ou dar uma de fantasma) acontece quando aquela pessoa não responde mais às suas mensagens e some da sua vida. Ele pode ocorrer em diversos estágios do envolvimento com alguém e é muito dolorido quando você está saindo com a pessoa há muito tempo. O melhor conselho que posso dar às vítimas de *ghosting* é "respeite os mortos!" — as pessoas que somem simplesmente não deveriam existir.

- *Orbiting*
  Orbiting (seguir a pessoa nas redes sociais, mas sempre mantendo certa distância para não se comprometer) é não responder às ligações e mensagens privadas de alguém, porém sempre visualizar e/ou curtir as postagens e stories dessa pessoa. Acontece por várias razões: talvez as conversas por mensagem de texto não fluam

direito, por exemplo, ou pode ser o caso do seu ex estar de olho em você, sem nunca responder às suas mensagens, ou, ainda, pode ser que a pessoa simplesmente seja esquisita. De toda forma, é muito desagradável.

- *Pocketing* (ou *stashing*)
  Pocketing (guardar no bolso) ou *stashing* (deixar no estoque) é uma tendência comum de relacionamento na qual o outro mantém você no sigilo, ou seja, não apresenta você aos amigos nem à família. O padrão dessas situações é o outro só querer encontros em lugares privados (por exemplo, em casa), evitando locais públicos (como restaurantes). A pessoa reluta em apresentar você ao círculo íntimo dela, mesmo se vocês já estiverem juntos há algum tempo. Há várias razões para alguém agir assim, e uma delas é já ser comprometido.

- *Cookie jarring*
  Cookie-jarring (guardar no pote de biscoitos) ocorre quando alguém sai com você, mas não se interessa em desenvolver nada sério porque o foco principal é outra pessoa, e usa você como um estepe, um plano B. Quem pratica *cookie-jarring* se relaciona com mais de uma pessoa e está guardando o "biscoito" para quando for necessário. Quem faz isso geralmente não tem certeza da afeição do outro ou, com frequência, duvida de si mesmo e acredita que o parceiro que é seu principal interesse pode abandoná-lo quando suas falhas forem identificadas.

- **Dar uma de zumbi**
  Dar uma de zumbi é tomar um chá de sumiço e reaparecer depois de meses sem contato. Zumbi é aquela pessoa que volta dos mortos para procurar você e ainda manda uma mensagem de madrugada dizendo: "Oi, sumida! Já faz nove meses! Perdi o carregador, mas agora achei. O que você vai fazer hoje à noite?"

- **Pé na bunda silencioso**
  Semelhante à demissão silenciosa, *quiet quitting*, no local de trabalho (veja mais sobre isso na Bandeira vermelha 7, na página 84), o pé na bunda silencioso se refere a encontrar maneiras de se separar do parceiro sem confronto, minimizando aos poucos a energia, o envolvimento e o contato com a pessoa até que tudo cesse por completo. Como rompimentos podem ser difíceis, hoje em dia muita gente prefere ir descartando sutilmente o parceiro em vez de comunicar que não está rolando mais.

- *Catfishing* e *kittenfishing*
  O *catfishing* existe desde o surgimento da internet. É o ato de atrair alguém para um relacionamento romântico usando um perfil ou foto falsos, em geral com a meta de extorquir dinheiro da vítima. Já enviar fotos com filtro (ou de dez anos atrás) para convencer alguém a se encontrar com você, na esperança de que role uma relação sexual quando se encontrarem pessoalmente, é o chamado *kittenfishing*.

VOCÊ SABIA?
As consequências (não) intencionais dos algoritmos em relação aos comportamentos no namoro

Aplicativos são projetados para serem ferramentas persuasivas. Quanto mais persuasivo ele for, mais provável é que você o use por bastante tempo. O foco dos desenvolvedores é a acessibilidade, a usabilidade e a frequência de uso. Quanto mais fácil for de mexer, mais você vai gostar de usar. E quanto mais acessível for, mais frequente será o uso. Pelo menos, esse é o pensamento a curto prazo. No entanto, também são aplicadas técnicas mais sinistras para manter o apego: enviar notificações, dar um *match* e oferecer descontos e recompensas inesperados que brincam com as suas emoções, valendo até mesmo o envio de mensagens personalizadas para incitar uma resposta. Vários estudos, inclusive a minha pesquisa, mostram que a forma como os aplicativos de relacionamento são idealizados é fundamental para explicar por que as pessoas ficam viciadas neles. Essas plataformas fomentam o FOMO (o famoso *Fear Of Missing Out*), ou seja, estimulam a angústia nas pessoas pela possibilidade de ficar de fora de alguma coisa. Como o aplicativo de namoro em si continua a atrair você, fica difícil concentrar-se numa só pessoa (principalmente para alguém que usa a ferramenta como se fosse Pokémon GO e sai colecionando *matches* e contatinhos no celular, mais para se autovalidar do que para realmente encontrar alguém especial). Já descobriram que aplicativos de relacionamento cujo mecanismo seja arrastar a tela para a direita ou para a esquerda criam mais desconforto psicológico.[9] Resumindo, os aplicativos móveis foram projetados para propositalmente manter os usuários mais apegados e envolvidos. Eles transformaram o namoro tradicional num jogo de números. No entanto, a frequência excessiva do uso desses aplicativos pode prejudicar a saúde mental e contribuir para o comportamento negativo com os outros na internet. Uma estratégia melhor é não gastar muito tempo tentando encontrar alguém e dedicar mais tempo a se tornar uma pessoa que valha a pena encontrar. Vamos começar a cultivar a alegria de ficar de fora de algumas coisas (*Joy Of Missing Out* ou JOMO).

Os romances passageiros e as rapidinhas não são coisas de hoje. Pablo Picasso, o famoso pintor espanhol do início dos anos 1900, era conhecido por ser um mestre na arte da sedução. Sua autobiografia descreve as muitas aventuras que ele teve com mulheres. Era notório o comportamento ambivalente dele com as amantes: Picasso as tratava como deusas no começo e depois como lixo, descartando-as em seguida.[10]

Os riscos do namoro moderno — qual é o problema?

O namoro moderno às vezes parece um labirinto. Os aplicativos de relacionamento e as redes sociais são infraestruturas digitais nas quais as pessoas se conhecem hoje em dia. O ambiente virtual tornou a interação fácil, acessível e interminável. Faria sentido imaginar que encontrar alguém on-line para algo mais sério do que uma ficada seria mais simples do que no passado. Entretanto, isso não poderia ser menos verdade. O fato é que, a facilidade de uso oferecida por esses aplicativos e o fluxo interminável de possíveis parceiros teve o efeito contrário: exacerbou os comportamentos tóxicos e fez as pessoas se sentirem fracassadas quando se trata de namoro. De uns anos para cá, surgiram novas tendências de dinâmicas nas relações interpessoais — como *catfishing, ghosting, breadcrumbing* e *cookie jarring;* todas são negativas e refletem o modo como os aplicativos facilitaram tratar mal os outros. A falta de conexão pessoal cria a ilusão de que os rostos vistos virtualmente são apenas "opções" que você pode usar, abusar e perder. A forma como os aplicativos de relacionamento foram projetados também afeta negativamente o comportamento das pessoas, o que dificulta que os usuários deixem de usá-los, mesmo quando encontram alguém de quem eles gostam. O cenário atual das interações é mais voltado à ficada e a outras estratégias de envolvimento de curto prazo, o que leva a um número crescente de pessoas menos dispostas a formar conexões mais profundas, que se sentem perdidas e menos capazes de lidar com situações difíceis.[11] Para um relacionamento bem-sucedido no mundo moderno, é necessário ter tempo, esforço, foco e perseverança.

É uma **bandeira vermelha** no relacionamento on-line quando:

- A pessoa não se preocupa com você, mas manda mensagens ou diz algo carinhoso de vez em quando, só para manter você por perto (para uso futuro). Esse é o chamado *breadcrumbing.*
- A pessoa não responde às suas mensagens, mas segue você nas redes sociais e curte suas publicações, sem interagir diretamente com você. É o chamado *orbiting.*
- A pessoa não quer encontrar você em público ou não apresenta você ao círculo de amigos íntimos e de familiares dela. É o chamado *pocketing.*

- A pessoa envia fotos com filtro ou muito antigas e/ou tem uma descrição exagerada no perfil a fim de atrair você para encontros ou ficadas de uma noite só. É o chamado *kittenfishing*.

É uma **bandeira verde** no relacionamento on-line quando:

- Vocês demonstram interesse um pelo outro e mantêm um contato regular por mensagem ou ligação.

- Vocês estão mutuamente interessados e se conhecem para além de quatro paredes.

- Vocês se tratam com respeito (ou seja, sem bloqueios, com respeito aos limites do outro, sem tomar chá de sumiço nem dar um pé na bunda silencioso).

- Vocês dois se sentem seguros e capazes de ter conversas difíceis.

O que considerar ao decidir se você fica ou cai fora

Por saber que o namoro moderno pode ser tóxico, você precisa ter casca grossa, além de um bom radar para encontrar alguém adequado para namorar, principalmente no ambiente virtual. Isso também inclui saber quando a pessoa tóxica é você e o que precisa ser alterado no seu comportamento a fim de que você seja um bom partido para os outros. Às vezes, o namoro on-line é como um ninho de cobras, e os comportamentos tóxicos podem contaminar até a pessoa mais legal. Tratar o outro mal pela internet está virando o padrão, e não se surpreenda caso tenha adotado inconscientemente atitudes ou características alheias. Decidir ficar ou cair fora é algo complicado quando se trata de paqueras na esfera virtual. É difícil encontrar quem se interesse por algo sério. Eis alguns indicadores para ajudar você a escolher:

SINAIS PARA FICAR

- Se vocês dois têm grande interesse em namorar, namorem. Hoje em dia, ter um compromisso sério não é prioridade para muita gente — em vez disso, várias pessoas preferem as ficadas de uma noite só e outras opções de relacionamentos de curto prazo.

- Você sente e percebe que é compatível com a pessoa? Caso concorde com muitas opiniões do seu parceiro sobre o melhor jeito de se relacionar, além do que fazer ou não fazer e sobre a vida em geral, esse pode ser um sinal para levar a situação adiante.

- Você se sente disposto a namorar e a investir tempo para achar a pessoa certa. Por saber que será preciso um esforço a mais para procurar e que você está à altura do desafio, comece a buscar com atenção!

HORA DE PARTIR (DOS APLICATIVOS DE NAMORO)

- Você não tem paciência de namorar e/ou percebe que seu comportamento no ambiente virtual é tóxico. Talvez esteja na hora de se concentrar em si mesmo antes de pensar em alguém (veja mais sobre escolher a solteirice na Bandeira vermelha 13, na página 156).

- Você é maltratado pelo parceiro ou percebe alguma bandeira vermelha enquanto estão se conhecendo. Hora de cair fora.

- A outra pessoa não demonstra muito interesse em aprofundar a relação com você (mesmo depois de conversarem sobre essa possibilidade), embora você esteja interessado. Não se deixe levar por ilusões.[12]

BANDEIRA VERMELHA 16
"Sei que ainda é nosso segundo encontro, mas eu já te amo!"

Love bombing: o bombardeio de amor

"O que amor tem a ver com isso?"
Tina Turner

O bombardeio de amor

Ter encontros é empolgante. E conhecer gente nova nos desperta boas emoções. Até que um dia você conhece uma pessoa especial. A aparência dela é boa, o cheiro dela é bom... e, caramba, até a *sensação* de estar perto dela é boa. Essa pessoa sabe exatamente o que dizer e como fazer você se sentir bem. Ela enche você de elogios e faz o possível para que você se sinta especial. Parece bom demais para ser verdade, mas você estava mesmo garimpando à procura de alguém assim e está disposto a pagar para ver. Ao mesmo tempo, teme se apaixonar perdidamente por essa pessoa, porque você já passou maus bocados e não quer cometer os mesmos erros. Você afirma para si mesmo: "Como é que vou saber se os sentimentos da pessoa são genuínos? Não quero me apaixonar de novo por alguém tóxico, mas desta vez realmente sinto uma conexão."

Não é raro ficar cego de paixão, principalmente nos primeiros estágios do relacionamento ou do namoro. Às vezes você fica tão encantado que não vê os sinais de alerta, mesmo quando eles estão bem diante dos seus olhos. Esse sentimento pode ser intensificado por diversas táticas de manipulação, como o bombardeio de amor e as falsas visões do futuro. Infelizmente, nem todos são capazes de amar de modo saudável, e é importante distinguir quem consegue ou não. Saber identificar as bandeiras verdes e vermelhas nos primeiros estágios do namoro ajuda a tomar decisões melhores e poupa muito drama. Muitas vezes, ouço pessoas próximas lamentarem: "Se eu tivesse prestado mais atenção a esses sinais antes, teria evitado muito sofrimento." Neste capítulo, você aprenderá a identificar as bandeiras verdes e vermelhas no início da relação, quando estiver conhecendo alguém. Vamos examinar a prática do bombardeio de amor e a psicologia por trás dele, além de aprender a formar relacionamentos duradouros.

Conhecer alguém

Embora às vezes pareça trabalhoso, ir a encontros ainda é a melhor maneira de encontrar alguém quando se procura um relacionamento mais sério. Conhecer a pessoa aos poucos ajuda a descobrir se há compatibilidade física, intelectual e emocional. Uma parte importante desse processo não é só valorizar as coisas positivas de quem você gosta, mas também identificar o lado menos atraente dessa pessoa. Ela fica emotiva demais? Ou recua e se isola? Entender como ela reage quando não está no melhor momento revela muito do seu modo de lidar com conflitos. O mesmo acontece com você. Cá entre nós, o conflito é uma parte inevitável de qualquer relacionamento humano, tanto nos romances quanto nas amizades. Ser capaz de resolver juntos as situações difíceis é um indicador importante do sucesso da relação. Lembre-se de que ninguém é perfeito, e isso inclui você. Assim, conhecer os seus gatilhos e os do possível parceiro é fundamental antes que as coisas fiquem sérias.

Quando a relação avança muito depressa

Tudo parece correr bem. Você gosta da companhia do parceiro, que faz você se sentir especial, cobre você de elogios (e, talvez, de presentes) e o sexo é incrível. No entanto, quando a relação avança muito rápido, pode gerar questionamentos sobre o que fazer em seguida. Talvez você se pergunte: *Por que não deixar acontecer naturalmente?* Hoje, as pessoas nem mandam mensagem para marcar um segundo encontro, imagine dar a atenção adequada. Talvez ouvir um "eu te amo" no segundo encontro seja meio estranho, e a pessoa possa se mostrar um pouco protetora demais após o terceiro, mas é gostoso receber atenção, e você finalmente decide deixar as coisas rolarem. Parece que todo mundo está namorando, e você também gostaria de ter alguém ao seu lado. Mas dois meses se passam, e seu parceiro passa a ser grosseiro de um jeito como você não tinha visto ainda, ou se torna completamente frio e distante. Você se sente confuso (em geral, a pessoa é tão atenciosa e afetuosa), mas não quer perdê-la. Então, tenta ao máximo entender o que está acontecendo e satisfazer da melhor forma possível as necessidades do outro — que permanece frio por algum tempo até que, do nada, volta a ser amoroso como no início da relação. Mas só depois de você ter se dedicado integralmente a recuperar esse amor. Depois de um mês, o ciclo se repete, e você faz tudo de novo e outra vez. Conforme o relacionamento avança, você percebe que está pisando em ovos, sempre à espreita da próxima explosão, e se dá conta de que tem duvidado de si mesmo, pois o parceiro o faz sentir que a culpa é sua.

Se isso já lhe aconteceu, é provável que você tenha sofrido um *bombardeio de amor*. Essa é uma tática de manipulação que em geral ocorre nos estágios iniciais do envolvimento romântico e se caracteriza pela formação de uma conexão rápida por meio do excesso de comunicação (como cobrir a pessoa de atenção, palavras gentis e presentes), com o objetivo de obter poder e controle sobre o alvo. O bombardeador consegue poder quando faz a vítima confiar na demonstração de afeto e, então, decide intencionalmente quanto demonstrar, a fim de controlar ou coagir o comportamento.[1] Os estágios iniciais do bombardeio de amor são incríveis para quem o recebe. A atenção especial recebida, as flores, os mimos… Tudo parece bom demais para ser verdade. Mas então o comportamento agradável some, e a troca se transforma numa armadilha psicológica alimentada pela estratégia de "morde e assopra". Na fase do morder, o parceiro bombardeador pode dar um gelo ou sumir,[2] oferecer migalhas de amor[3] ou até ser agressivo.[4] Na fase do assoprar, ele retorna e tenta agradar você outra vez, dizendo todas as coisas certas para a reconquista. Se você não for muito seguro de si ou se não teve relacionamentos ruins prévios, são altas as chances de você ser vítima desse ciclo abusivo.[5] O impacto do bombardeio de amor na vida de quem passa por isso pode ser imenso e ir de sentimentos de vergonha e baixa autoestima a depressão e transtorno de estresse pós-traumático. Em 2023, o Ministério Público da Coroa do Reino Unido reconheceu oficialmente o bombardeio de amor como ato de agressão, o que permitiu à polícia prender e indiciar quem adota essa prática.[6] Infelizmente, reconhecer o bombardeio de amor como sujeito a punição pela lei não é recorrente no mundo. Mas então por que as pessoas fazem esse tipo de manipulação com quem elas dizem amar? E qual é a psicologia por trás desse estranho comportamento?

POR QUE BOMBARDEAR DE AMOR O PARCEIRO?

Comecemos dizendo que qualquer um pode bombardear de amor um parceiro romântico. Não é algo exclusivo de nenhum gênero, idade, raça ou sexualidade. Em geral, os homens são retratados como os principais responsáveis por essa prática, mas as mulheres também agem assim. É comum associar o bombardeio a uma combinação de fatores psicológicos subjacentes. Num dos primeiros estudos publicados sobre esse comportamento,[7] os pesquisadores constataram que as pessoas que sofrem de baixa autoestima, apego inseguro e narcisismo tendem mais ao bombardeio de amor, embora ele não seja exclusivo de narcisistas. A raiz do problema está no estilo de apego.[8] Se na infância a pessoa teve um relacionamento prejudicial ou instável com pais ou cuidadores, é possível que ela desenvolva um apego frágil, passando a se considerar menos merecedora e a ser incapaz de confiar nos outros. A falta de amor-próprio e os estilos de apego inseguros (como o ansioso e o evitativo) podem gerar tendências narcisistas no futuro, para mascarar os problemas de autoestima, e levar a grandiosidade, automerecimento e desdém pela necessidade dos outros.[9] De acordo com as pesquisas sobre esse tema, é comum os narcisistas usarem o bombardeio de amor como tática para controlar e manipular o outro e para obter ganho pessoal ou autopromoção.[10]

A razão psicológica mais profunda por trás desse comportamento pode estar ligada ao instinto de sobrevivência. Se o bombardeador cresceu se sentindo negligenciado e em meio à necessidade de afirmação, a prática se torna uma estratégia de sobrevivência para criar rapidamente uma conexão emocional profunda com alguém. A programação subconsciente da pessoa pode dizer "preciso que você fique comigo, não me abandone!", e vem daí a dose elevada de afeto e atenção nos estágios iniciais da relação. No entanto, com o tempo — assim que a conexão se estabelece —, surgem outros comportamentos manipuladores mais intencionais e malévolos, como *gaslighting*, isolamento e agressão. A parte triste da história é que, na verdade, o bombardeador narcisista não está apaixonado pelo outro; ele se apaixonou por uma versão idealizada do outro em sua mente. Quando algo no relacionamento estilhaça essa imagem (o que geralmente acontece nos dois primeiros meses),[11] o comportamento coercitivo, a manipulação e o *gaslighting* começam. Pense bem: quando você quebra um espelho (além dos sete anos de azar), não dá para remontá-lo como ele era, então você começa a desvalorizá-lo. Além disso, o espelho não volta a ser tão brilhante quanto antes; assim, ter esperanças de consertá-lo plenamente é inútil e pode até causar desgaste físico e mental. Finalmente, o bombardeador narcisista descarta ou substitui o alvo, em especial quando sente que está perdendo o controle. Um padrão comum desses indivíduos em relacionamentos românticos é:

1. Bombardeio de amor.
2. Desvalorização.

E, por fim...

3. Descarte.[12]

POR QUE AS PESSOAS CAEM NO BOMBARDEIO DE AMOR?

Há muitas razões para se deixar levar pelo bombardeio de amor, mesmo quando você se considera uma pessoa emocionalmente astuta ou imune a lábia. Em termos psicológicos, essa tática é poderosíssima, e é muito cativante quando alguém de quem você gosta o cobre de atenção, elogios e presentes. Convenhamos: quem não quer se sentir desejado? É da natureza humana querer isso. Se você for sensível ou vulnerável a essas demonstrações de atenção, talvez caia com facilidade nas armadilhas e acredite que conheceu alguém realmente diferente e até que pode ser a "pessoa certa", sobretudo se você tem alguma carência emocional ou já teve parceiros que não deram a você a devida atenção. O tsunami de palavras gentis e emoções intensas na fase do bombardeio pode ser hipnótico e, com o tempo, se tornar até viciante. Isso deixa você dependente emocional e psicologicamente, e é mais difícil sair quando a relação se torna controladora ou abusiva. Você passa a viver na esperança de que a próxima bomba de amor caia logo, e começa a aguardar o próximo pico de dopamina para ter a mesma experiência do início do namoro.

A tática coloca o poder e o controle nas mãos do abusador, porque este estimula no parceiro o desequilíbrio e a dependência. Esse desequilíbrio surge quando, no bombardeio, a pessoa dá muita atenção ao pretendente e diz todas as coisas certas, o que induz nele a vontade de retribuir (embora pareça estranho no começo). Essa troca pode ser feita devolvendo a atenção e os elogios, mas também induz a pessoa a baixar a guarda (o que é natural quando começamos a conhecer alguém) e a desenvolver sentimentos mais rapidamente. Baixar a guarda muito cedo no relacionamento, sobretudo se a intuição está dizendo que há algo estranho, invalida suas percepções e deixa você mais vulnerável a novos ataques.

Aprenda a se distanciar física e emocionalmente do bombardeio de amor, de modo que você possa pensar bem e fazer uma melhor avaliação da autenticidade e da saúde da conexão.

Então, como saber a diferença entre o bombardeio de amor e o interesse genuíno? A resposta é o excesso. Quando algo parece demasiado, muito rápido ou bastante avassalador, é bem provável que seja mesmo. Além disso, se aquilo parece bom demais para ser verdade, provavelmente é. É uma bandeira vermelha quando isso acontece, mas lembre-se que também é uma bandeira vermelha o fato de você ceder muito depressa (por qualquer razão) a demonstrações excessivas de afeto. Esse pode ser o sinal para recuar um pouco e refletir. Muitos bombardeadores narcisistas buscam pessoas vulneráveis. Estar vulnerável não significa apenas ser alguém emocionalmente frágil ou ingênuo: pode se referir também a indivíduos seguros de si, mas que saíram recentemente de um relacionamento ou casamento conturbado e estão carentes de afeto. A fragilidade pode acometer, ainda, pessoas que têm um histórico de namoros ruins e estão acostumadas a comportamentos negativos. Relacionamentos saudáveis levam tempo para se desenvolverem. Os envolvidos se abrem lentamente um ao outro e, se de ambos os lados houver interesse em levar a relação adiante, o normal é fazer isso aos poucos, com equilíbrio entre o dar e o receber.

Outros fatores a observar quando começar a sair com alguém

Ao conhecer alguém, é importante buscar nessa pessoa qualidades com potencial de longo prazo, como ser capaz de dar aquela força, mostrar que está interessado, esforçar-se, respeitar você e os outros, exercitar a escuta ativa, refletir sobre o próprio comportamento, saber resolver situações difíceis com eficiência e demonstrar reciprocidade, para citar algumas. Eis alguns exemplos dessas bandeiras verdes.

Bandeiras verdes a procurar:

- **Cuidado**
"Vejo que você está se esforçando muito para atingir essa meta. Posso fazer alguma coisa para ajudar?"

- **Reciprocidade**
"Agora é a minha vez de pagar a conta."

- **Escuta ativa**
"Acho que você está dizendo que prefere que a gente fique mais tempo juntos em casa em vez de sair todo fim de semana, certo?"

- **Resolução de conflitos**
"Estou vendo que você está nervoso. Vamos acalmar as emoções e analisar o que acabou de acontecer. Acho que temos pontos de vista diferentes sobre a situação. Por favor, me ajude a entender como você interpretou o ocorrido, para que eu compreenda o seu lado."

- **Capacidade de refletir e pedir desculpas**
"Pensei bastante sobre o que aconteceu ontem e percebi que podia ter dito aquilo de outra maneira. Obrigado por chamar a minha atenção. Serei mais cuidadoso na próxima vez."

Nos primeiros estágios do namoro, é igualmente importante procurar comportamentos que talvez sejam bandeiras vermelhas. As bandeiras vermelhas graves são fáceis de perceber e, na maior parte dos casos, farão você fugir. No entanto, muita gente com más intenções (como os mestres da manipulação) são bons em mascarar comportamentos ruins. Não se engane com demonstrações explícitas de inteligência emocional — por exemplo, quando o sujeito diz que está em contato com as próprias emoções ou é muito espiritual, e quando a moça diz que fez um extenso trabalho interior. Isso não significa automaticamente que sejam bons parceiros e não sejam tóxicos. A pessoa pode dizer essas coisas de propósito, como forma de ocultar as coisas. Lembre-se: é normal mostrar nosso melhor lado, em especial quando começamos a conhecer alguém. Pode ser difícil ver o lado ruim da pessoa de quem gostamos muito. No entanto, ninguém consegue esconder ou controlar completamente seu verdadeiro eu por muito tempo. Por isso, é importante prestar atenção às atitudes sutis. O modo como as pessoas se comportam e o que elas dizem em situações inesperadas ou estressantes é muito revelador. Por exemplo, de que forma alguém faz você se sentir numa discussão (você se sente inseguro)? Até que ponto a pessoa é controladora (você sente que ela domina a conversa ou as decisões conjuntas do casal)? Ou trata você como idiota (menospreza seus sentimentos)? Veja alguns exemplos de bandeiras vermelhas, das mais sutis às mais óbvias.

Bandeiras vermelhas para ficar atento:

- **Cultivar sutilmente uma insegurança**
  "Uau, isso é muito interessante. Você é mesmo mais inteligente do que parece."

- **Não assumir a culpa**
  "É mesmo inacreditável. Não sei por que isso sempre acontece comigo. Estou dizendo... Todas as minhas ex eram malucas!"

- **Terceirizar a responsabilidade pelos próprios atos**
  "Desculpe por ter estragado tudo. Não consigo evitar. O meu passado me obriga a agir assim!"

- **Criticar constantemente**
  "Por que você vive desse jeito?"; "Você sempre faz barulho enquanto come?"; "Por que acorda tão tarde?"; "Não gosto da sua irmã."

- **Generalizar**
"Nossa, não acredito que você disse uma coisa dessas. Uau, nossa, caramba! Que decepção, você é igualzinho aos outros."

- **Manipular e fazer a pessoa duvidar de si mesma valendo-se de triangulação**
"Lá vem você de novo, pensando que eu faria uma coisa dessa. É sério, você precisa de um psiquiatra. Contei aos meus amigos o que você fez, e TODOS nós chegamos à conclusão de que você está maluca."

Além de culpar e criticar os outros, também há bandeiras vermelhas mais sérias nas quais é preciso ficar de olho ao conhecer uma pessoa nova. No começo, o que é dito parece elogio e leva você a acreditar que o outro realmente sente algo por você — só que não. Pessoas mal-intencionadas usam de propósito táticas persuasivas de comunicação, e é importante ficar atento quando ouvi-las, a fim de avaliar, por um período mais longo, se o que elas estão falando é mesmo verdade. Algumas estratégias de comunicação manipuladora às quais devemos ficar atentos em relacionamentos:

- **Síndrome da pessoa especial:** "Nunca conheci ninguém como você."; "Acho que encontrei a minha alma gêmea."; "Ninguém me entende tão bem quanto você."
   Explicação: Ok, pode até ser que você seja aquela pessoa especial que o outro nunca conheceu. Se a sensação for mútua e a experiência que até então vocês tiveram juntos fizer jus a uma afirmativa dessas, é uma coisa linda de ouvir, então acolha isso como verdade. Mas se a declaração vier depressa demais ou algo dentro de você disser que não é bem assim, não caia na armadilha. Se você for realmente tão especial assim, a pessoa que disse isso não terá problemas em esperar que essas expectativas sejam atingidas.

- **Falsas projeções:** "Imagine nós dois casados e com filhos."; "Já pensou nós dois tomando drinques numa praia em Bali?"

    Explicação: Pode ser ótimo fazer planos com o seu parceiro ou parceira, principalmente se você estiver com essa pessoa há algum tempo. Levar a relação a outro nível e aumentar o comprometimento um com o outro é incrível. Mas quando alguém diz isso depois de poucos encontros, talvez essa pessoa só esteja tentando enganá-lo. Brincar com os seus sonhos e esperanças é uma tática muito manipuladora para convencer você de alguma coisa ou para fazer você desenvolver sentimentos pela pessoa e confiar nela mais depressa. Cuidado!

A abordagem correta para conhecer alguém

Embora não haja regras que ditem como namorar do jeito certo, há alguns princípios básicos que você pode aplicar para garantir que conheça a outra pessoa de uma forma mais criteriosa. Os aplicativos de relacionamento facilitam saber muito sobre os outros, mas quem disse que as informações no perfil sempre estão corretas? De acordo com vários estudos, as pessoas tendem a mentir mais quando se comunicam pela internet ou pelo telefone do que pessoalmente e, em média, mentem para o parceiro seis vezes por dia.[13,14] Mesmo que tenha alguém enviando fotos íntimas e videozinhos de bom-dia todos os dias, você ainda não sabe quem essa pessoa realmente é, se as interações entre vocês são limitadas. Portanto, como conhecer os outros de forma mais pessoal? Aqui estão três princípios a aplicar quando temos encontros no mundo offline:

TUDO LEVA TEMPO

O primeiro passo para engatar em namoros mais assertivos é demorar-se. Não tenha pressa. Saia várias vezes com a pessoa para conhecê-la. Vá devagar e preste muita atenção aos comportamentos que considera importantes, principalmente as pequenas atitudes (inesperadas), que revelam muito sobre alguém. Você gosta da companhia do outro em situações do dia a dia, ou só na cama? A pessoa o apoia e demonstra consideração por você? E ela trata você e os outros indivíduos com respeito? Só é possível responder a essas perguntas depois de criar certa proximidade.

APRENDA QUAL É A LINGUAGEM DO AMOR DA PESSOA

O conceito de *linguagens do amor* é uma tendência forte e recente nas redes sociais. Todos falam sobre as diversas maneiras de expressar afeto aos outros. Dedicar tempo a aprender a linguagem do amor de alguém pode ser um jeito ótimo de se aproximar. Algumas pessoas usam toques físicos e exprimem carinho tocando o parceiro (abraços, beijos, aconchego e demonstrações públicas de afeto). Outras o fazem com palavras afirmativas (que incentivam ou indicam apreço), presentes (comprar coisas para alguém), atos de serviço (ações atenciosas, como ajudar em várias tarefas) ou tempo de qualidade (passar um tempo ininterrupto se dedicando apenas a estar com a pessoa). As pessoas expressam afeto de diferentes formas, e entender a linguagem do amor do outro e ser compatível com ela pode demorar. Sintonize-se ao modo como você e seu parceiro oferecem carinho. Isso ajudará a ter mais consciência das demonstrações de afeto um do outro (e o motivo por trás de cada uma). Pessoalmente, adoro explorar as linguagens do amor quando conheço alguém no sentido romântico. Gosto de exprimir meu amor com uma combinação de toque físico e tempo de qualidade. Encontrar quem aprecie isso em mim acaba sendo um ingrediente importante para construir algo mais duradouro.[15]

DESENVOLVA INTIMIDADE

Em 1997, o psicólogo Dr. Arthur Aron e seus colegas do campus de Stony Brook da Universidade Estadual de Nova York investigaram se seria possível fazer desconhecidos se apaixonarem por meio das respostas dadas a um bloco de 36 perguntas. O propósito era ajudar desconhecidos a acelerar o processo de ficar mais íntimos um do outro.[16] À medida que as perguntas avançam, elas vão ficando cada vez mais inquisitivas e pessoais, permitindo que os parceiros revelem mais sobre si e, por consequência, se aproximem. Várias fontes afirmam que as pessoas encontraram o amor e até se casaram usando essas 36 perguntas como ponte. Nas minhas redes sociais, no TikTok e nos Reels do Instagram, as 36 perguntas viralizaram e foram lidas e curtidas por milhões de pessoas. Isso também me inspirou a criar perguntas para ajudar as pessoas a desenvolver um laço mais forte e talvez até a encontrar o amor (veja no fim do livro as 25 perguntas que criei sobre bandeiras verdes e vermelhas para criar uma conexão mais profunda com alguém). Uma razão plausível para as pessoas quererem mais intimidade nos relacionamentos é que muitos sentem que a verdadeira conexão entre seres humanos é passageira no mundo atual, devido às redes sociais, aos aplicativos de namoro etc. Seja qual for a estratégia usada para se conectar mais, encontrar maneiras de criar proximidade emocional e psicológica é absolutamente vital para o sucesso de qualquer relação.

> **VOCÊ SABIA?**
> **Ele é bom de cama? Cuidado com a armadilha!**
>
> Homens e mulheres têm vias químicas diferentes quando se trata de sexo.[17] Alguns estudos indicam que uma boa experiência sexual causa um impacto emocional mais forte nas mulheres do que nos homens. Isso tem a ver com as substâncias liberadas durante o ato. Quando transam, as mulheres liberam mais ocitocina, o hormônio da união, que ajuda a desenvolver a confiança e o apego emocional mais profundamente. Os homens, por sua vez, quando têm relações sexuais, são mais afetados pelo hormônio vasopressina, que é ligado à adaptação e aos sentimentos positivos de superar desafios ou atingir determinadas metas. Pode-se dizer que, neurologicamente, os homens são mais focados em se envolver no ato sexual em si e ter um orgasmo do que em criar vínculos por meio dessa relação.[18] Mesmo assim, o

sexo com narcisistas parece muito diferente. Amantes narcisistas podem ser muito assertivos, apaixonados e vorazes,[19] sobretudo no início do relacionamento. Com o charme e a abundância de amor que acompanham regularmente o bombardeio de amor narcisista, a situação parece mais intensa do que de costume. A intensidade sexual é capaz de causar um forte apego emocional e uma confusão entre amor e sexo bom. No caso específico das mulheres, há propensão a se tornarem emocionalmente apegadas a um parceiro masculino narcisista por causa do sexo incrível, devido ao papel da ocitocina no processo que leva ao vínculo por meio da transa.[20] A forte conexão sexual (entre outras razões emocionais e psicológicas) explica por que algumas mulheres permanecem num relacionamento instável por mais tempo do que deveriam.[21] Ter consciência disso ajuda a romper o círculo vicioso. Uma frase que gosto de usar para tornar as pessoas mais conscientes da armadilha sexual é: "Na cama pode até ser bom, meu bem, mas nem sempre é bom pra cabeça também." E como se explica a atração entre homens, por meio dos hormônios da conexão? É interessante analisar o fato de que um estudo mostrou que a ocitocina afeta homens cisgêneros homossexuais de forma diferente dos homens cisgêneros heterossexuais em termos de tendência à aproximação social.[22] A ocitocina aumenta o nível da avaliação de atratividade e abordagem masculinas. Alguns indícios mostram que os hormônios da conexão, em conjunto com hormônios sexuais como estrogênio e testosterona, são os possíveis responsáveis pela sexualidade.[23,24]

Quando a atriz e modelo Julia Fox começou a namorar o rapper Kanye West (ou Ye, como é conhecido hoje), ele logo a cobriu de presentes. De acordo com o *New York Post*, Kanye encheu de roupas uma suíte de hotel como presente para Julia, depois do primeiro encontro oficial dos dois.[25] Embora Julia não percebesse o ato como um bombardeio de amor, encher a pessoa de presentes caros no início de um relacionamento para criar a ideia de que ela encontrou o parceiro ideal pode ser um indício dessa prática.

Love bombing: *o bombardeio de amor — qual é o problema?*

O bombardeio de amor é uma técnica de manipulação para controlar psicologicamente o parceiro romântico e abusar dele emocionalmente. As pessoas que praticam o bombardeio cobrem o outro de atenção, de presentes e de palavras gentis nos primeiros estágios da relação. Essa demonstração excessiva de cuidado e afeto é um modo potente de logo criar apego emocional e psicológico. Devido à intensidade, você pode até acreditar que achou sua alma gêmea. Entretanto, a verdade é que os bombardeadores não se apaixonam e têm como padrão de comportamento se distanciarem ou perderem o interesse, despertando no outro a sensação de confusão e vazio e o desejo de obter de novo o mesmo nível de atenção e intimidade dos estágios iniciais do namoro. Isso cria um efeito de atração e rejeição que pode se tornar um círculo vicioso e levar à aceitação de maus-tratos e de atitudes ruins da parte do parceiro abusivo. O bombardeio de amor pode não ser intencional (e ter intensidade variada), e é comum que pessoas com transtorno de personalidade, sobretudo os narcisistas, se dediquem a praticá-lo. As razões psicológicas mais profundas para as práticas desse comportamento vão desde carência emocional e medo de abandono (muitas vezes devido a traumas de infância; veja na Bandeira vermelha 2, na página 33, como o estilo da criação dos filhos afeta o comportamento deles no futuro) até insegurança e más intenções, como o desejo de controlar ou agredir. Além do bombardeio de amor, é importante ter consciência de outras bandeiras vermelhas quando se conhece uma nova pessoa. Identificá-las logo no início, na fase de lua de mel, pode poupar você de muita dor de cabeça mais adiante. Ao conhecer pessoas, também se atente aos comportamentos delas que são gatilhos para você — pode ser que seja uma bandeira vermelha.

É uma **bandeira vermelha** quando:
- Dizem "amo você" ou "você é minha alma gêmea" logo após o segundo encontro. Fuja!

- Criam inseguranças sutis com frases como: "Você é mais inteligente do que parece." Com o tempo, esses comentários afetam a autoconfiança. Lembre-se de que essa é uma tática de manipulação.

- Dizem "todos os meus/todas as minhas ex eram malucos/malucas", o que indica que a pessoa não assume a responsabilidade pelas próprias ações e sempre culpa os outros. Fuja o mais rápido possível!

- No momento, você está emocionalmente vulnerável e se sente suscetível à carência. Quando baixamos a guarda com demasiada rapidez, é mais fácil sermos vítimas de comportamentos abusivos ou controladores.

- Você ignora as bandeiras vermelhas porque acha que pode "consertar" ou "salvar" a outra pessoa.

- Você ignora as bandeiras vermelhas porque gosta de uma pequena dose de drama na vida ou porque pensa: "Caramba, isso é incrível!" Você só está procurando encrenca.

É uma **bandeira verde** quando:

- A sua interação com a pessoa nova parece positiva, acolhedora e equilibrada. Conhecer alguém deve pressupor trocas recíprocas.

- A pessoa faz você se sentir seguro, mesmo nas discordâncias.

- A pessoa dedica tempo para conhecer você, sem apressar as coisas.

- Você consegue comunicar suas necessidades e o que busca no parceiro. Também consegue transmitir com clareza os seus limites e que comportamentos acha ou não aceitáveis.

- Você identifica que a outra pessoa tem valores semelhantes aos seus e que os dois se complementam de maneira positiva.

NAMORO

O que considerar ao decidir se você fica ou cai fora

Muitos bombardeadores narcisistas são de fato bastante encantadores, sociáveis e ótimos na cama. Se você gosta de diversão intensa e temporária (e está a fim de encarar um desafio), por que não aprender a se divertir com um bombardeador? Aprecie a admiração, o cuidado, os presentes e o sexo maravilhoso. Mas seja cauteloso e preste atenção aos sinais quando a fase feliz começar a se transformar na fase esquisita (sempre acaba acontecendo). No momento em que a situação azedar, não hesite: termine essa relação imediatamente e saia correndo. E, se o bombardeador entrar em contato, diga apenas: "Obrigado pela diversão. Tchauzinho." Para o bombardeador, o pior é não controlar você. Ele ou ela pode tentar a reconquista (para acariciar o próprio ego, por exemplo), mas é melhor manter distância.

SINAIS PARA FICAR

- Você está a fim de encarar um desafio e acha o bombardeio de amor interessante (ou divertido, na melhor das hipóteses).

- Você só se interessa por sexo e já jurou a si mesmo que não vai se envolver emocionalmente.

- Você está escrevendo um livro e quer recolher material fresquinho e em primeira mão sobre pessoas narcisistas ou bombardeio de amor.

HORA DE PARTIR

- Imediatamente, quando notar as bandeiras vermelhas mais comuns do bombardeio de amor.

- Assim que o bombardeador recuar ou mostrar súbitas e negativas mudanças de comportamento.

- No momento em que o outro tentar controlar você ou for abusivo.

BANDEIRA VERMELHA 17
"Por que gosto de parceiros com mais tempo de estrada?"

Namoro com pessoas mais velhas (ou mais novas)

> "Idade é só um número. É totalmente irrelevante —
> a menos, claro, que você seja uma garrafa de vinho."
> Joan Collins

Em busca de um parceiro maduro

A beleza está nos olhos de quem vê. Achar alguém atraente é algo que depende de muitíssimos fatores. Talvez você repare em uma pessoa pela aparência, pela personalidade, pela altura, pela forma física e/ou pela idade. Achamos essas características atraentes porque elas nos indicam alguma coisa. O interessante é que, quando possível, tentamos mudar essas características, a fim de ficarmos mais interessantes para os outros. Um dos fatores de atração mais curiosos é a idade. Fazemos muitas associações com a faixa etária, e a atração por homens ou mulheres mais novos ou mais velhos também muda com o tempo. Em geral, a beleza é associada à juventude, o que indica que somos mais bonitos nos primeiros anos da idade adulta. Quando jovens, cheios de vida e energia, temos as melhores condições de procriar. No entanto, nem todos acham os jovens mais atraentes. Muitos se sentem atraídos por parceiros mais velhos e com mais experiência de vida.

Talvez você ache que isso se deve puramente a motivos escusos ou a problemas com a mãe ou com o pai, mas há razões muito mais curiosas para as pessoas se sentirem mais atraídas por alguém mais velho em vez de por alguém mais novo, e essas diferenças mudam dependendo do sexo pelo qual você se sente atraído. Com a ascensão da internet, dos aplicativos de namoro e das redes sociais, ficou facílimo entrar em contato com quem nos desperta o interesse. Por mais fácil que seja enviar a alguém uma mensagem pelo WhatsApp, uma DM pelo Instagram ou uma mensagem pelo Facebook — dizendo "Ei, *papito!* Adoro seu estilo. Devíamos tomar um café qualquer dia" —, namorar fora da sua faixa etária pode ser difícil, socialmente desafiador e, às vezes, cheio de drama. E isso sem mencionar a pilha de pesquisas disponíveis sobre esse tema, que costumam mostrar resultados conflitantes. Revelar a psicologia por trás da atração pelo critério etário e as oportunidades e os desafios de namorar alguém mais jovem ou mais velho ajuda a ter sucesso nas tentativas de relacionamento. A idade é apenas um número. Mas o que fazer quando a diferença é grande demais? E quais são as bandeiras verdes e vermelhas que devemos procurar ao namorar alguém com mais ou menos tempo de estrada nessa rodovia chamada vida?

Além do desejo sexual, o que influencia os relacionamentos com disparidade etária?

Nos relacionamentos românticos, a diferença de idade (ou disparidade etária, como costuma ser chamada) evoluiu no decorrer dos séculos e depende muito da cultura. Sociedades do mundo inteiro têm visões variadas sobre essa disparidade em relações como um todo, e a avaliação de ser socialmente aceitável ou não sempre acontece através da lente sociocultural. No entanto, a predominância de relacionamentos com diferença de idade em determinadas comunidades ou ambientes depende não só das normas sociais ou das preferências sexuais, mas também da disponibilidade de parceiros, das estratégias de conquista e dos papéis de gênero. Nos últimos anos, as mulheres têm escolhido a carreira profissional, adiando o casamento e/ou sendo mães um pouco mais velhas.

Além disso, a crença de que os homens deveriam ser os únicos provedores também vem mudando (principalmente nas sociedades ocidentais), o que permite a mais mulheres assumir esse papel (dentro da família) ou se relacionar de forma mais assertiva. No contexto global, os relacionamentos com disparidade etária também podem ser influenciados por megatendências (tal como ter filhos mais tarde), fatores econômicos (como mercado de trabalho, inflação) e incerteza (pandemia, guerra, alienígenas... — e sim, você leu direito.)[1] Por exemplo, muitos jovens adultos da geração Z[2] se sentem mais à vontade namorando pessoas mais velhas e afirmam que a preferência é influenciada pela necessidade de estabilidade e segurança.[3]

O amor dá certo quando namoramos alguém mais velho/mais novo?

Há uma extensa literatura científica sobre relacionamentos românticos com disparidade etária. Muitas pesquisas que examinam o sucesso das relações em diversas partes do mundo mostram resultados semelhantes quando se trata da satisfação associada a namorar alguém da mesma idade. Comumente, as diferenças pequenas (de até três anos entre os parceiros, em geral o homem sendo mais velho) oferecem maior realização, em casamentos e relacionamentos heterossexuais de longo prazo.[4] Especificamente nos primeiros estágios da relação de longo prazo, a satisfação parece máxima nos casais da mesma faixa etária. Na maioria dos países, a diferença de idade entre os parceiros em relacionamentos duradouros fica na média de um a três anos.[5] Os países da África têm a mais alta disparidade etária do mundo quando o assunto é relacionamento.[6] Uma explicação evolutiva para a maior diferença nesse continente, em comparação, por exemplo, com a Europa e os Estados Unidos vem da teoria do estresse parasitário. A ideia é que ter filhos com mais pessoas cria maior diversificação gênica e, portanto, eleva a probabilidade de sua linhagem genética sobreviver num ambiente em que há a propensão para a morte em virtude de determinados patógenos. Isso resultaria na aceitação da poliginia[7] em algumas áreas e, se houver menos mulheres disponíveis, a competição se torna feroz entre os homens, o que aumenta a idade dos homens que se casam com parceiras mais novas, pois eles têm meios de sustentar uma família com várias esposas. A teoria do estresse parasitário também explica por que, nos países com maior desenvolvimento econômico, a disparidade etária é menor nos relacionamentos (menos doenças e mais parceiros disponíveis).[8]

Também há pesquisas que mostram que os casais com diferença de idade maior do que três anos podem ter mais satisfação no relacionamento. Os casais que estão juntos há mais tempo e cuja diferença de idade é maior do que cinco anos têm alta satisfação nos primeiros estágios da união, e os homens e mulheres mais velhos que se relacionam com parceiros mais jovens parecem mais felizes do que quando têm parceiros da mesma idade.[9] Nas sociedades ocidentais, 8% dos relacionamentos heterossexuais têm uma diferença de idade maior (dez anos ou mais).[10] Entre casais do mesmo sexo, o percentual com diferença etária varia de 15% (relações entre mulheres) a 25% (relações entre homens).[11] A disparidade etária têm mais prevalência nos relacionamentos homossexuais do que nos heterossexuais,[12] o que se costuma atribuir à limitação do conjunto de parceiros (embora possa haver outras razões psicológicas ou socioeconômicas em jogo, semelhantes às dos casais heterossexuais).

No entanto, a pesquisa sobre diferenças de idade em relações românticas e sexuais também revela um lado sombrio. Comparados aos relacionamentos entre pessoas da mesma idade, os que têm disparidade etária apresentam mais resultados negativos[13] — por exemplo, o rápido declínio da satisfação conjugal ao longo do tempo (principalmente quando a diferença de idade entre os parceiros é muito grande), o aumento da probabilidade de divórcio e, de acordo com um estudo coreano,[14] a ocorrência mais elevada de problemas de saúde mental, como a depressão. Sei que parece desanimador, mas não se desespere, porque nem todos os resultados das pesquisas são coerentes. Alguns são até contraditórios. Um estudo de 2008 publicado na revista *Psychology of Women Quarterly*[15] verificou que relacionamentos com mulheres mais velhas, quando comparados aos com mulheres mais jovens, eram os mais satisfatórios. Uma razão para essa diferença é que, no primeiro caso, há mais confiança, mais compromisso e menos ciúmes do que no segundo caso. No entanto, deve-se mencionar que, independentemente da diferença de idade, o desdém social dos colegas, familiares e/ou amigos quanto ao relacionamento pode deteriorar bem depressa a felicidade romântica.

Compatibilidade etária: algo mais complexo do que pensamos!

Quando se trata da idade, talvez você se pergunte: "O que é ser compatível?" A maioria não olha nem pensa além da idade cronológica. Isso significa que muitos buscam parceiros da mesma faixa etária. E isso é normal, porque passamos mais tempo com colegas da nossa idade, desde a escola até a fase adulta. Temos experiências, visões de mundo, expectativas e interesses semelhantes aos de pessoas da mesma idade ou geração. Naturalmente, ficamos próximos daquilo que nos parece familiar. A probabilidade de sentir atração por alguém da mesma idade, portanto, é maior. Contudo, a atração não é facilitada apenas pelo tempo que passamos com os outros. Você também pode se sentir atraído por pessoas mais velhas ou mais jovens e por pessoas com quem não costuma se envolver. Assim, a compatibilidade etária é um conceito mais amplo e complexo do que pensa a maioria. Além da idade física (por exemplo, tônus muscular, firmeza da pele, mobilidade), nós, seres humanos, temos uma idade emocional e psicológica (estabilidade emocional, senso de humor, afabilidade, capacidade de cuidado, inteligência, sabedoria, maturidade) e uma idade sexual (vigor, fertilidade, desejo e abertura sexuais, fertilidade). Essas categorias etárias podem ser compatíveis em faixas cronológicas diferentes. Por exemplo, você pode se sentir mentalmente mais maduro do que pessoas da mesma idade e, portanto, ter atração por gente mais velha. O oposto também é verdade: no fundo, talvez você ainda seja uma criança e, em termos psicológicos, se sinta melhor com alguém mais novo[16] do que com alguém da sua idade.

Quando quer namorar ou está namorando alguém de outra faixa etária, as opiniões dos outros sobre você ou seu relacionamento podem ser preocupantes. Em muitas culturas e comunidades, a grande diferença de idade entre parceiros é malvista. Talvez as pessoas acreditem que esse tipo de relacionamento não se baseia realmente no amor, mas em outros motivos. Enfrentar situações de ridicularização ou estigma social não é raro em casais que convivem com essa diferença. Você pode se perguntar: "Qual é a disparidade etária socialmente aceitável entre parceiros?"[17] Embora não haja resposta perfeita a essa pergunta, há um macete para calcular a diferença máxima considerada aceitável num casal. É a regra de "metade da idade mais sete".[18] Assim, se você tem 40 anos, 27 anos seria a idade mínima socialmente aceitável para namorar alguém, de acordo com essa regra (40/2 + 7 = 27). Não é um fato dado, mas um modo útil de fazer uma avaliação rápida do que é mais aceitável aos olhos dos outros.[19]

Qual é a psicologia por trás do namoro com pessoas mais velhas ou mais novas?

Há várias razões para as pessoas preferirem alguém mais novo ou mais velho. Vamos mergulhar nos geradores psicológicos da preferência de parceiro nas duas faixas etárias.

NAMORO COM PESSOAS MAIS VELHAS

Em geral, homens e mulheres mais jovens que escolhem parceiros mais velhos, qualquer que seja a orientação sexual, são movidos pela necessidade de segurança, que pode ser emocional, física ou financeira.

Essas necessidades psicológicas não têm apenas fatores sociais, mas também evolutivos. O homem mais velho capaz de exibir status ou de sustentar alguém pode ter "genes melhores" do que o mais jovem — o qual consegue demonstrar o próprio valor como estratégia de flerte a curto prazo. (Basta pensar em todas aquelas postagens de ostentação no Instagram, Snapchat ou Tinder, com rapazes que se fotografam diante de Ferraris e Lamborghinis; em nove de cada dez casos, o carro nem é deles.)

Em termos biológicos, a fertilidade da mulher diminui com a idade, e do ponto de vista reprodutivo isso não explica a escolha de uma mulher mais velha pelo homem mais novo. No entanto, há uma razão evolutiva diferente para o rapaz se sentir atraído por mulheres de mais idade. Em comparação com as jovens, elas permitem que os jovens se desenvolvam melhor, como um todo.[20] Além disso, como se dedicam à carreira e preferem ter filhos posteriormente (ou não tê-los), mulheres mais velhas têm maior estabilidade financeira, algo que os homens mais jovens também acham atraente. Parece que poder e sobrevivência promovem nos dois gêneros o desejo de namorar pessoas mais velhas.

Finalmente, sentir-se atraído por parceiros mais velhos também pode decorrer de problemas maternos ou paternos, ou seja, questões psicológicas que são causadas por um relacionamento problemático entre pais e filhos (como abuso, negligência, ausência) e que adiante se manifestam na atração pelos parceiros. Em geral, os problemas com o pai ou com a mãe resultam em relacionamentos complexos e/ou disfuncionais com parceiros românticos mais velhos.

NAMORO COM PESSOAS MAIS NOVAS

As razões psicológicas para homens e mulheres mais velhos escolherem um parceiro mais jovem também têm forte raiz social e evolutiva. Em termos psicológicos, a escolha da mulher mais nova pelo homem mais velho pode estar ligada ao desejo dele de se reproduzir, de se sentir mais jovem ou menos estressado, de aumentar sua autoestima ou de ter mais controle. Em geral, mulheres mais velhas preferem homens mais novos porque eles estão com mais vigor, mais juventude e menos bagagem de vida. As mulheres mais velhas com estilo de vida ativo se sentem mais atraídas por homens mais jovens com boa forma física (lembre-se da compatibilidade de idade física). Além disso, é possível argumentar que os homens mais novos se comunicam melhor do que os mais velhos, em relação a se expressar e demonstrar emoções. Hoje, os jovens são mais abertos e, em comparação com os mais velhos, conseguem usar meios mais diversificados (fala, texto, GIFs, imagens, vídeos) para compartilhar seus até os sentimentos mais íntimos. Eles também tendem a estar mais dispostos a experimentar coisas novas (sem falar de serem capazes de exercer melhor a assertividade sexual), e algumas mulheres mais velhas se abrem cada vez mais a isso. A mudança dos padrões de beleza e das prioridades na vida e o acesso a parceiros em potencial nos aplicativos de relacionamento aumentam a autoconfiança das mulheres maduras, o que resulta em um nível mais alto de satisfação sexual. Namorar rapazes também dá às mulheres a possibilidade de inverter os papéis de gênero na relação, o que lhes confere poder e capacidade de serem provedoras. Há muitos benefícios em namorar pessoas mais novas, e isso pode ser aproveitado pelas mulheres mais velhas.

> **VOCÊ SABIA?**
> **Verdades fascinantes sobre o comportamento no namoro (segundo os aplicativos)**
>
> De acordo com um estudo realizado pelo aplicativo de relacionamento OkCupid,[21] as mulheres de 20 a 25 anos são as mais procuradas no namoro heterossexual. Depois dos 26 anos, estima-se que os homens têm mais encontros do que as mulheres da mesma idade. Aos 48 anos, os dados mostram que os homens são quase duas vezes mais procurados do que as mulheres (muitos homens de meia-idade ainda preferem namorar mulheres de vinte e poucos anos). Enquanto isso, parece que as mulheres buscam parceiros de perfil etário semelhante.

> Quanto às mulheres atraídas por parceiros mais velhos, parece que não há um padrão tão distinto quanto nos homens. As mulheres mais novas acham os mais velhos mais atraentes, mas essa atração continua conforme elas envelhecem, diferentemente da preferência dos homens mais velhos por mulheres. No entanto, depois dos 40 anos as mulheres tendem a procurar parceiros mais novos, de acordo com os dados do OkCupid. O interessante é que, quando mandam a primeira mensagem aos homens pelo aplicativo, é mais provável que recebam resposta de um homem de 26 anos (taxa de resposta de 60%) do que de um de 55 anos (taxa de 36%).[22] A faixa dos homens de 30 anos foi a que indicou maior probabilidade de responder a uma mulher de 50. Parece que, na interação on-line, a assertividade feminina inverte a norma da diferença de idade entre os gêneros.

A parcialidade da aceitação da disparidade etária entre os gêneros

Em diversas culturas, homens mais velhos são menos criticados quando escolhem pessoas mais novas. Em muitas sociedades, eles são até aclamados por ter parceiras jovens (ou mesmo várias parceiras. Por exemplo, as façanhas sexuais são indícios de um comportamento machista tolerado em muitas culturas latino-americanas).[23] No entanto, com as mulheres é bem diferente. As mais velhas interessadas por mais novos costumam ser chamadas de ridículas e levadas a acreditar que os motivos para procurar rapazes como parceiros são mais sinistros do que os dos homens de sua faixa etária. Em geral, essa percepção é reforçada nos filmes e seriados de TV. É só pensar na mãe de Stifler no filme *American Pie* ou em Samantha Jones no seriado *Sex and the City*. Além disso, em muitas culturas mulheres que já passaram de determinada idade e ainda estão solteiras, divorciadas ou em busca do amor são vistas de outra maneira. Isso acontece em países com dimensões culturais que apresentam um nível elevado de masculinidade e desigualdade.[24] Nesses países, as normas patriarcais e a visão tradicional dos papéis de gênero ainda estão bem vivas e dão origem a estereótipos de gênero e misoginia (quando comparados a países mais femininos e igualitários, como Finlândia, Dinamarca e Países Baixos). Na China, a mulher que não se casa antes dos 30 anos é considerada 剩女 (pronuncia-se *sheng nu*), ou "mulher que sobra", e tem dificuldade de encontrar um parceiro. Namorar homens mais velhos é socialmente aceito na China, mas para muitas mulheres com mais de 30 anos as opções se limitam a jovens, pois os mais velhos preferem as mais novas. Veem-se tendências semelhantes no Japão. Durante muitos anos, as japonesas que não se casavam até os 25 anos eram chamadas de クリスマスケーキ (pronuncia-se *kurisumasu keeki*) ou "bolo de Natal velho" (ou seja, ninguém compra um bolo de Natal depois de 25 de dezembro, porque estará estragado). Embora mais mulheres do Japão e de outros países asiáticos deem mais prioridade à carreira do que ao namoro e aos relacionamentos sérios no ambiente atual, essas estigmatizações e crenças limitantes de gênero ainda predominam em determinadas culturas.

Entretanto, nos últimos anos a atitude global perante os papéis tradicionais de gênero vem mudando, e as pessoas aceitam melhor os casais em que a mulher é mais velha. Celebridades como Priyanka Chopra e Nick Jonas, cuja disparidade etária é de 11 anos, e Ellen DeGeneres e sua esposa Portia de Rossi, com 15 anos de diferença, questionam os estereótipos e influenciam positivamente a percepção pública dos relacionamentos com hipogamia etária.[25]

Desafios ao namorar pessoas mais velhas ou mais novas

Namorar fora da própria faixa etária pode ser empolgante, mas também desafiador. A maior parte dos desafios enfrentados por parceiros de idades diferentes tem a ver com os seguintes problemas:

1. Desalinhamento de metas de vida, experiência e maturidade.
2. Saúde, nível de energia e desejo sexual.
3. Estigma e desaprovação social.
4. Mau comportamento.

Embora já tenhamos discutido alguns desses tópicos neste capítulo, quero me concentrar em algumas surpresas que você pode ter ao se relacionar com parceiros mais velhos ou mais novos.

SER UMA PESSOA MAIS VELHA NEM SEMPRE SIGNIFICA SER MAIS MADURO

Se quiser ficar com alguém mais velho, provavelmente você está interessado numa pessoa madura e emocionalmente estável. A probabilidade de encontrar um parceiro mais maduro é maior quando se busca alguém mais velho. No entanto, ter mais idade nem sempre significa ser emocional e mentalmente maduro ou estável. Algumas pessoas de mais idade podem ser intelectualmente velhas, mas ainda estar na infância do ponto de vista emocional, e reagir ao drama cotidiano da mesma maneira como faziam quando eram crianças. Os traumas do passado e os problemas de personalidade não resolvidos de forma eficaz persistem na fase adulta. Os mais velhos também carregam muita bagagem, o que dificulta o amor e a disponibilidade emocional. Além disso, as pessoas tendem a ficar mais manipuladoras quando envelhecem — caso essa característica comportamental tenha sido útil a elas em relacionamentos ou situações anteriores. Namorar um parceiro mais novo pode dar ao homem ou mulher mais velhos a sensação de que, como o outro é mais ingênuo, conseguirão se safar no relacionamento, mesmo com uma atitude ruim ou um comportamento infantil. Portanto, é importante avaliar com atenção com quem você está namorando e como o parceiro mais velho o trata.

HOMENS E MULHERES MAIS VELHOS PODEM SER MAIS CONTROLADORES: DESEQUILÍBRIO DE PODER

Quando é grande, a diferença de idade também influencia a dinâmica entre os parceiros, e é comum que o parceiro mais velho assuma um papel mais controlador e autoritário no relacionamento. Alguns companheiros mais jovens podem gostar e até achar isso atraente, mas os relacionamentos saudáveis se baseiam em trocas de apoio, respeito mútuo, comunicação e confiança. Quando o poder passa para um dos lados apenas, a troca cotidiana se desequilibra e, muitas vezes, resulta no menosprezo das ideias ou da voz do parceiro mais jovem por causa da idade. Com o tempo, essas disputas pelo poder nessas relações podem provocar comportamentos impulsivos e até abusivos.

NEM SEMPRE OS PARCEIROS MAIS JOVENS BUSCAM AMOR E CRESCIMENTO NO SENTIDO TRADICIONAL

As razões para jovens em geral buscarem pessoas mais velhas para namorar não se resumem a aparência e maturidade. O status e a estabilidade financeira também são fatores de motivação para os mais jovens preferirem namorar mais velhos. A cultura popular até promove a procura de um *sugar daddy* ou uma *sugar mommy* para pagar contas e comprar passagens de primeira classe e bolsas de luxo. "My Sugar Daddy buys me Prada" [Meu *sugar daddy* me compra Prada], como canta Qveen Herby, e "Pay my tuition just to kiss me on this wet-ass pussy" [Pague a faculdade para beijar minha boceta molhadinha], da canção "WAP" de Cardi B com Megan Thee Stallion, são letras típicas de muitos artistas populares. Assim, como saber com certeza que a pessoa mais nova que você namora realmente se interessa por quem você é e não só pelo que você tem?[26] A verdade (infeliz) do namoro no mundo de hoje é que a maior parte dos jovens (especificamente das gerações Z e fim da Y)[27] não procura relacionamentos de longo prazo. Eu me lembro de uma pessoa de 21 anos me dizer com confiança, alguns anos atrás, durante a entrevista de um estudo de marketing: "Tenho relacionamentos porque quero algo de alguém. Quando consigo, não preciso mais do relacionamento." A princípio isso me surpreendeu, mas depois percebi que os jovens adultos, formados num mundo incerto e em rápida mudança, só querem seguir em frente e sobreviver. As amizades e os parceiros românticos se tornam "mercadorias de troca" (que você adquire e abandona rapidamente) e não pessoas em quem investir a longo prazo. Quando perguntamos nas redes sociais "O que você acha do amor incondicional?", muitos respondem "Isso não existe! Tudo é condicional". Essa questão também me fez perceber que o modo como uma pessoa de 23 anos define "amor" e "relacionamento" pode ser bem diferente das definições de alguém de 40 anos para esses mesmos termos, o que causa todo tipo de mal-entendido e expectativas infundadas.[28] Se você procura algo mais sério com um parceiro mais novo, seja explícito sobre suas necessidades e expectativas e veja se conseguem encontrar juntos algo em comum para criar um relacionamento de mais longo prazo. O sucesso nas relações exige um maior nível de envolvimento e uma conexão mais profunda do que simples trocas para obter intimidade física.

Namorar pessoas mais velhas ou mais novas — qual é o problema?

Namorar alguém mais jovem ou mais velho do que você não tem nada de inédito. As histórias sobre relacionamentos com disparidade etária são documentadas há séculos, em geral com homens mais velhos que namoram mulheres muito mais novas ou se casam com elas. A pesquisa mostra que normalmente homens e mulheres são atraídos por pessoas da mesma idade, mas o número de pessoas em relacionamentos com disparidade etária está crescendo.

Nas relações entre pessoas do mesmo sexo, as grandes diferenças de idade são mais comuns do que em relacionamentos heterossexuais. Quando se fala em atração, é comum as mulheres mais novas terem a atenção fisgada por homens mais velhos, porque eles passam uma sensação de segurança a longo prazo. Muitas vezes, os homens mais novos se sentem atraídos por parceiras mais velhas porque elas os ajudam a se desenvolver melhor, como um todo. Nos últimos anos, relacionar-se com mulheres maduras ficou mais popular graças à mudança das normas de gênero, às redes sociais e aos aplicativos de relacionamento; no entanto, as mulheres enfrentam mais represálias por namorar parceiros mais jovens do que o contrário (homens namorando mulheres mais novas).

Em geral, os relacionamentos com disparidade etária acarretam muitos desafios devido a problemas ligados ao desalinhamento das metas de vida, ao estigma social e ao descompasso do nível de energia e desejo sexual. Além disso, quanto maior a diferença de idade entre os parceiros, mais provável é que haja insatisfação com o tempo, em comparação com casais de idade semelhante. Uma diferença de idade socialmente aceitável entre parceiros é a regra de "metade da sua idade mais sete". O que é primordial a considerar ao namorar alguém mais velho ou mais jovem é se você consegue que a relação dê certo a longo prazo e quais são as razões subjacentes para ambos estarem juntos. Explorar esses pontos ajuda a guiar a empolgação para algo mais sério.

É uma **bandeira vermelha** quando:

- Você namora alguém mais velho por motivos escusos (como recursos financeiros, vingança) e sem que o parceiro saiba. Se você procura um *sugar daddy* ou uma *sugar mommy*, é bom que todos os envolvidos estejam na mesma página quanto a isso.

- Inconscientemente, você se relaciona com pessoas mais velhas porque tem problemas com seu pai ou com sua mãe. Você acredita que, assim, resolverá os problemas do passado, mas acaba num círculo vicioso ou em relacionamentos tóxicos.

- O parceiro mais velho ainda age como criança (quer farrear o tempo todo, é imaturo ou irresponsável) e acha que pode se safar com esse comportamento pelo fato de você ser mais jovem.

- O parceiro mais velho escolhe você porque sabe que consegue manipulá-lo com facilidade (devido à sua falta de experiência ou maturidade).

- Os valores, crenças, necessidades familiares e/ou metas de vocês não estão alinhados, devido à diferença de idade.

É uma **bandeira verde** quando:

- Você escolhe um parceiro mais velho porque vê compatibilidade a longo prazo.

- Além da atração física, vocês se sentem atraídos intelectual e emocionalmente um pelo outro. Você percebe que estarem juntos é fortalecedor e que a diferença de idade é um bônus em vez de um ônus para o relacionamento.

- Ambos se comunicam muito bem, e você consegue estabelecer expectativas claras sobre o potencial de não viverem juntos determinados momentos da vida (como festas, viagens, filhos), caso a diferença de idade seja um empecilho.

- Você e o seu parceiro não ligam para o que os outros pensam sobre a diferença de idade e não permitem que pressões externas afetem negativamente o relacionamento.

O que considerar ao decidir se você fica ou cai fora

Namorar alguém que está fora da sua faixa etária pode ser muito empolgante e gratificante, mas também é desafiador. É preciso pesar na balança os benefícios e as desvantagens de estar com alguém muito mais velho ou muito mais novo. Se essa diferença traz benefícios aos dois e vocês se complementam, ótimo. Vá fundo! No entanto, quando a diferença de idade cria dificuldades ou desconfortos incontroláveis ou quando facilita os maus-tratos, talvez esteja na hora de cair fora. A seguir estão algumas questões importantes de considerar ao avaliar se ficar em um relacionamento com alguém mais velho ou mais novo é bom para você.

SINAIS PARA FICAR

- Vocês aproveitam o momento e não procuram nada mais sério.
- Você aprecia a sensação ou experiência que seu parceiro mais velho ou mais novo traz.
- Se os dois quiserem dar um passo a mais, vocês discutem e entendem as possíveis limitações que a diferença de idade pode impor a relacionamentos de longo prazo.
- Vocês se sentem emocional, intelectual e/ou fisicamente compatíveis.

HORA DE PARTIR

- Um dos parceiros usa o outro para obter ganhos emocionais, físicos ou financeiros.
- O parceiro maltrata você e acha que isso é justificável por causa da disparidade etária.
- Você é sensível ao que os outros pensam a seu respeito e não aguenta a desaprovação pública ou social acerca das grandes diferenças de idade nos relacionamentos.

BANDEIRA VERMELHA 18
"Acho que encontrei a pessoa certa, mas não sinto nada!"

Quando não há emoção

"Se só quiséssemos emoções positivas, a nossa
espécie teria morrido há muito tempo."
Martin Seligman

Quando você não sente nada

Um dos momentos mais bonitos da vida é quando nos apaixonamos. É uma experiência muito bem descrita como envolvente e positivamente avassaladora. Há diversos sentimentos, frio na barriga, pensamentos alegres sobre o parceiro e o único desejo é ficar com a pessoa e criar um futuro feliz com ela. Esses sentimentos podem ser tão intensos e positivos que perdemos a noção do tempo (às vezes, até o apetite) e rezamos para aquele momento durar para sempre. Algumas pessoas só se apaixonam uma ou duas vezes na vida, outras se apaixonam várias vezes, e há quem nunca se apaixone. É uma experiência humana mostrada com frequência no cinema e na literatura e, ao lado do coração partido, serve de inspiração para inúmeras músicas no mundo inteiro, das serenatas espanholas às canções de amor árabes e às trilhas sonoras de Bollywood.

Mas hoje muitos se queixam de não sentir absolutamente nada, mesmo quando acham que encontraram a pessoa certa. No mundo do namoro moderno, parece que as pessoas priorizam a química sexual e não a conexão emocional, e aí é melhor expressar o amor com um emoji. Mas será que os aplicativos de relacionamento são os únicos culpados pela falta de emoção que as pessoas sentem uma pela outra? Como a vida moderna afeta a conexão emocional que nos dispomos a ter? E quando não sentir absolutamente nada é sinal de algum problema subjacente mais grave?

Abordar o distanciamento emocional do ponto de vista comportamental ajuda a entender melhor por que você sente menos do que deveria e, mais importante ainda, o que fazer para resolver. Os humanos são seres emocionais e programados para a conexão social profunda. Viver num mundo que aclama a autossuficiência acima da colaboração e do apego pode ter graves consequências negativas. Não só para você, mas também para a sua vida amorosa e para a sociedade. Por isso, é importante saber quando o distanciamento emocional é uma bandeira verde e quando é uma bandeira vermelha.

É normal não sentir nada?

Pode ser que você esteja se perguntando se é normal nunca sentir nada ou sentir apenas em situações ou épocas específicas da vida. E de fato é perfeitamente normal não sentir nada às vezes. O estresse com uma prova importante que se aproxima, o excesso de trabalho para cumprir as metas anuais, o hiperfoco na rotina da academia e o ato de pensar demais sobre o rompimento com o namorado ou a namorada são razões muito comuns para às vezes sentir menos ou não conseguir nutrir afeto pelos outros quando necessário. Talvez você ache estranho não sentir nada, principalmente em momentos nos quais deveria sentir alguma coisa, como em aniversários, formaturas, casamentos e funerais. Você observa que as pessoas em volta estão sentindo intensas emoções, de empolgação, felicidade e até tristeza. No entanto, você não se sente assim. A dormência emocional vem em vários tamanhos e formatos, podendo corresponder a ter menos emoções do que o normal ou não sentir absolutamente nada.

Além disso, a dormência afetiva, entorpecimento emocional ou reatividade emocional reduzida, como também é chamada, faz a pessoa se sentir desconectada, sem realmente se preocupar com os outros (e, às vezes, nem consigo mesma), como se agisse automaticamente. Há várias razões para sentir menos do que deveria, em especial quando você não sente nada ao encontrar alguém de quem gosta.

RAZÕES PSICOLÓGICAS

Às vezes, ler as próprias emoções é difícil, sobretudo quando passamos por momentos complicados. Dissociar-se como mecanismo de defesa é uma reação humana normal quando estamos sob estresse ou em modo de sobrevivência, o que dificulta ler tanto o próprio estado emocional quanto o dos outros. Quem foi magoado no passado ou se decepcionou com um ex pode passar por um período de dormência emocional. Em geral, essa é uma reação automática do organismo diante de ansiedade, estresse, pesar ou trauma que se está vivendo (ou se viveu) e, em alguns casos, é uma escolha consciente, como meio de autoproteção. O distanciamento emocional pode ser uma escolha por razões pessoais ou sociais. É comum que as pessoas queiram amortecer as emoções negativas em vez de lidar com elas, e isso pode ser feito maratonando filmes e séries, passando horas nas redes sociais, mergulhando de cabeça no trabalho, comendo demais, bebendo além da conta ou usando drogas.[1]

No entanto, bloquear as emoções de propósito nem sempre é uma escolha pessoal. A supressão emocional pode se dever a normas sociais ou à criação cultural. É comum ouvir "Homens não choram", "Não demonstre fraqueza diante dos outros" ou "Não mostre a ninguém que você gosta daquela pessoa. Isso não é permitido!". Sentir-se pressionado pelo ambiente para não exprimir o que sente de verdade pode condicionar a pessoa a suprimir as emoções. A verdade infeliz é que o amortecimento das emoções não é seletivo. Quem quiser amortecer a dor amortecerá igualmente a alegria e a empolgação. Também há problemas psicológicos mais graves ligados a não sentir nada. Depressão, esquizofrenia,[2] transtorno de estresse pós-traumático,[3] transtornos de ansiedade, transtornos dissociativos[4] e transtorno de personalidade borderline[5] já foram ligados à dormência emocional. Medicamentos e uso de drogas também foram relacionados ao tema.[6]

> **VOCÊ SABIA?**
> **Alexitimia**
>
> A alexitimia (em grego, "sem palavras para sentimentos")[7] é uma dimensão da personalidade em que não se é capaz de sentir ou ler as próprias emoções. A literatura clínica não vê a alexitimia como transtorno mental por si só, mas a conecta com uma série de transtornos psicológicos, como depressão e autismo.[8] Essa condição também aparece em pessoas sem problemas de saúde mental e é considerada uma característica psicológica que se mantém estável durante a vida. De acordo com a literatura, ela é prevalente em 10% da população, ou seja, é bastante comum. Para quem sente emoções, deve ser difícil imaginar como é não senti-las nem percebê-las. Assim como existe daltonismo ou cegueira para as cores, também há a cegueira para emoções.
>
> Pessoas com alexitimia ainda sentem amor, embora talvez não consigam exprimir emoções ou palavras de afeto como a maioria. Para quem está no outro lado, isso pode ser difícil (principalmente no começo), pois a falta de expressão emocional leva a pessoa a se sentir invalidada. No entanto, quem tem alexitimia pode demonstrar amor fazendo coisas pelo outro.

A QUÍMICA SEXUAL COMANDA!
Vivemos numa sociedade que prioriza a química sexual acima da conexão emocional. O namoro on-line e a pornografia deixaram a intimidade mais transacional. Quando sente necessidade, você pode ir atrás,

não importa a hora do dia. Para ter intimidade, não é preciso flertar com ninguém nem passar muito tempo com as pessoas. Entre no aplicativo de relacionamento ou nas redes sociais e é grande a probabilidade de logo encontrar alguém para levar para a cama. No passado, era preciso mais esforço para conhecer gente nova e manter intimidade (veja mais sobre namoro tradicional e namoro moderno em Bandeira vermelha 15, na página 187). A maneira mais fácil era conhecer alguém em um bar ou uma boate, mas isso custaria pelo menos uma bebida e talvez até uma dança, em termos de investimento para chegar ao segundo ou terceiro estágio. Antes da internet, a maioria tinha de encontrar a pessoa primeiro e criar intimidade depois (a menos que pagasse). Quem ia para encontros tinha uma boa probabilidade de desenvolver sentimentos pela outra pessoa. Hoje em dia, cada vez menos tempo é dedicado ao desenvolvimento da conexão emocional, pelo menos uma conexão profunda. E, como priorizar a química sexual e não a conexão emocional se tornou a norma no panorama atual do namoro, as pessoas também temem se conectar emocionalmente por medo de se magoar.

Essa combinação entre falta de conexão e encontros sexuais casuais e regulares pode deixar a pessoa emocionalmente dormente. Sem falar da exposição constante a "fotos de piroca", "fotos de peito" e "vídeos sexy" (não solicitados), que diminuem a excitação de ver pessoas nuas e fazer sexo sem nenhum tipo de fetichização.[9] Alguns até acham que o sexo é um evento estressante e, assim, se sentem motivados a beber antes das relações sexuais. Isso pode desestressar a curto prazo, mas causar dormência emocional a longo prazo.[10] Concentrar-se demais no sexo sem conexão nitidamente afeta o modo como nos sentimos a longo prazo.

Nota: se faz algum tempo que você não sente nada, talvez seja bom descobrir a origem disso. É mais importante saber por que você não sente nada quando, na mesma situação, os outros sentem. Considere conversar com um psicoterapeuta para chegar à raiz do problema.

É mesmo amor à primeira vista?

Quando converso com casais, às vezes os ouço dizer que "foi amor à primeira vista". Mas questiono se foi mesmo amor. Apaixonar-se por alguém leva tempo: é preciso apreciar plenamente a pessoa e o que ela faz você sentir. O amor é consequência de uma série de eventos em que se desenvolvem emoções positivas por alguém. O amor à primeira vista é mais atração à primeira vista ou paixão à primeira vista, podendo deixar uma impressão muito forte e duradoura. Pense só no patinho que vê a mãe pela primeira vez assim que sai do ovo. Para sobreviverem após o nascimento, os patos são programados para buscar e recordar a imagem de quem cuida deles. Esse comportamento marcante, geralmente adquirido no início da vida e desencadeado por algum estímulo inconsciente é chamado de *imprinting* e dura muitíssimo tempo. Não é algo exclusivo dos patos, sendo encontrado em outros animais, como insetos, peixes e mamíferos.[11]

Nos seres humanos, existem mecanismos cognitivos semelhantes, principalmente quando formamos a primeira impressão de alguém. As primeiras impressões influenciam a avaliação que fazemos de uma pessoa e o que sentimos por ela até anos depois. É um viés às vezes chamado de "fatias finas". Vários estudos psicológicos, sociais e cognitivos investigaram o impacto da primeira impressão sobre as crenças e atitudes. Ela pode se formar com base na personalidade, no humor, na energia, na atração física e em outros atributos pessoais. A primeira impressão é rápida: leva de 1/15 de segundo até dois ou mais segundos.[12] Agora, pense outra vez sobre a atração à primeira vista. Os primeiros segundos ao ver alguém podem ter muito poder sobre os sentimentos que desenvolvemos (ou nos dispomos a desenvolver) por essa pessoa. Na sociedade do "arrasta para a direita ou para a esquerda", que em geral apresenta imagens e vidas não realistas (ou seja, com filtro), esse viés da primeira impressão pode nos deixar mais críticos e até nos impedir de conhecer alguém no mundo real — pois a pessoa não atinge os critérios encontrados on-line. Inevitavelmente, isso gera menos apego e menos desenvolvimento emocional.

O efeito de mera exposição

No capítulo "Bandeira vermelha 17: Por que gosto de parceiros com mais tempo de estrada?", mencionei que é comum desenvolver atração por pessoas da mesma idade, devido ao tempo que passamos com elas na escola, no trabalho, nas práticas esportivas e em outros ambientes sociais. Na psicologia, esse é o chamado efeito de mera exposição.[13] Ser exposto por longos períodos a outras pessoas já leva ao desenvolvimento de atitudes e emoções positivas por elas. O interesse ou, nesse caso, a atração se desenvolve porque existe algo que se tornou conhecido. E, como o cérebro é programado para a sobrevivência, em geral ele gosta do que é conhecido. Aquilo que é conhecido é mais fácil de processar, e podem se desenvolver emoções positivas por algo (ou alguém) que o cérebro acha fluido e previsível.[14] O efeito de mera exposição também explica por que geralmente nos sentimos atraídos por tipos parecidos de pessoas. A pergunta é: o que determinou aquela atração inicial pela pessoa de um modo romântico e por que achamos determinadas pessoas mais atraentes do que outras? Logicamente os hormônios têm papel nisso, mas o *imprinting* também. O *imprinting* social e psicológico dos cuidadores não afeta apenas o estilo de apego[15] desenvolvido na idade adulta, mas também quem achamos sexualmente atraentes[16] (tenho certeza de que fiz Freud se revirar no túmulo agora). O que acharemos atraente no futuro pode ser influenciado, em parte, pelo *imprinting* dos cuidadores na infância e levar à busca de parceiros com características físicas semelhantes, como altura,[17] cor dos olhos,[18] cor do cabelo,[19] pelos corporais[20] ou características parecidas de personalidade e comportamento.[21] A semelhança psicológica ajuda a explicar a atração em casais inter-raciais. Parece que a atração é uma reapresentação. Tenho certeza de que agora você se sente meio enojado ao ler tudo isso (principalmente se nunca teve consciência do *imprinting* sexual ou se acabou de perceber que seu parceiro atual ou anterior realmente se parece ou se comporta como um de seus cuidadores). Mas não estou dizendo que você sente atração sexual por seus pais ou irmãos — o que acontece é que, na mente, os atributos físicos e psicológicos dessas figuras ficam inconscientemente ligados a métodos de sobrevivência, influenciando quem você acha atraente hoje em dia.[22] Há até pesquisas que afirmam que a atração também sofre influência genética e está relacionada à escolha feita por nossos ancestrais em relação aos parceiros deles.[23] O oposto também é verdadeiro. As pessoas podem se sentir atraídas por quem não as lembra de um passado difícil ou dos cuidadores (por exemplo, o pai ou a mãe que é ausente). Por outro lado, alguns estudos refutam o impacto mais amplo do *imprinting* de cuidadores em relação a quem você acha atraente no futuro;[24] por enquanto, a pesquisa não é conclusiva. Afinal, conforme aprendemos mais sobre o cérebro e o comportamento humanos, é possível que encontremos maneiras de ressuscitar Freud.

Os aplicativos de relacionamento matam as emoções?

Desde o surgimento dos aplicativos de namoro e das redes sociais, as pessoas passam menos tempo interagindo umas com as outras na vida real, se concentram menos em criar laços emocionais fortes entre si e estão mais dispostas a dispensar alguém. Como apaixonar-se exige investir tempo, sem dúvida os aplicativos dificultam que isso aconteça. De forma semelhante a qualquer programa móvel e comercial em plataformas digitais, os aplicativos de relacionamento foram projetados para manter o usuário neles o máximo de tempo possível. Alguns estudos mostram que uma das razões para ser difícil largar esse tipo de programa mesmo depois de encontrar um possível parceiro é a intenção persuasiva da tecnologia[25] e o ato excessivo de rolar a tela (concentrando-se mais em colecionar *matches* para obter satisfação instantânea e validação do próprio valor do que em criar conexões).[26] Os desenvolvedores e designers utilizam deliberadamente técnicas de psicologia comportamental para criar hábito nos usuários.[27,28] Quanto mais você arrasta o dedo para a direita ou a esquerda, forma *matches* e comenta, maior a probabilidade de continuar usando o serviço. Isso beneficia o desenvolvedor, que pode ganhar dinheiro com anúncios e compras dentro do aplicativo. Essas técnicas acessam a química do cérebro e criam picos rápidos de dopamina que fazem você se sentir bem ou aliviam temporariamente as emoções negativas. Não surpreende que seja mais provável que pessoas muito ansiosas, deprimidas ou com outros tipos de desconforto psicológico ou emocional usem o celular e os aplicativos que aplicam técnicas de formação de hábito. Infelizmente, a utilização de aparelhos celulares e o consumo de redes sociais não ajudam a erradicar as emoções negativas, podendo, na verdade, piorar os problemas.[29] Também já se constatou que os picos contínuos de dopamina e as soluções emocionais rápidas amortecem as emoções.[30] Para os aplicativos de namoro, não importa se você encontra ou não o amor nem se você sofre traumas depois de sair com alguém que conheceu on-line. O objetivo é que você permaneça usando-os pelo maior tempo possível. Cada vez mais estudos (inclusive os meus) mostram que o uso da tecnologia moderna prejudica a conexão e as emoções. Está na hora dos desenvolvedores repensarem por que e como projetam aplicativos (de relacionamento), concentrando-se mais em usar a tecnologia como base para melhorar em vez de prejudicar as particularidades humanas.[31]

A Geração do Eu: os riscos da autossuficiência

Há momentos na vida nos quais percebemos que concentrar-nos em nós mesmos é muito necessário. Tirar uma folga do trabalho para repensar as prioridades da vida e se tornar mais autêntico é um grande exemplo.

Outra boa razão para se concentrar em si mesmo é quando você percebe que determinados comportamentos ou padrões de pensamento não lhe servem mais e causam problemas na vida amorosa ou nas amizades. Antes de voltar a namorar, é necessário separar um tempo para pensar nessas crenças limitantes e abordar as áreas problemáticas da vida — como mentalidade, comportamento e saúde. Você precisará desse tempo só seu para desenvolver hábitos saudáveis antes de se aventurar outra vez no ambiente selvagem. Cá entre nós: em várias partes do mundo a vida moderna facilita muito que as pessoas sejam mais autossuficientes. Tanto que concentrar-se em si mesmo (e racionalizar isso como autoproteção) parece mais fácil do que se esforçar para desenvolver relacionamentos fortes com outras pessoas. Não surpreende que chamem a geração de hoje de Geração do *Eu*.[32] O paradoxo de ser autossuficiente em excesso é reduzir a probabilidade de se aprimorar e a disposição de se adaptar aos outros. Por que mudar se é possível fazer tudo sozinho, do jeito que você prefere? O cérebro é muito preguiçoso e não gosta de se esforçar demais no que parece mentalmente cansativo. E o uso de tecnologia também contribui para nos tornarmos mais autocentrados e interessados apenas em informações que combinem com a nossa visão de mundo. É possível dizer que, na verdade, os aparelhos "inteligentes" nos deixam mais burros — quanto paradoxo!

O movimento da autossuficiência e do autoamor cria essa ilusão de que fazer as coisas por conta própria é a meta suprema e de que pedir ajuda é sinal de carência, algo que cria sentimentos de vergonha.[33] O movimento de autoempoderamento contribuiu para aumentar a solidão, que, por sua vez, foi ligada à dormência emocional. Quando suprimimos as emoções por tempo suficiente, sem contar nossos problemas a ninguém, acabamos com dormência emocional, que por sua vez nos deixa mais solitários.[34] Lógico que o excesso de autoamor vira um círculo vicioso de autossabotagem.[35]

Quando só nos concentramos em nós mesmos, perdemos a capacidade de pensar de forma ampla e crítica. Hoje, a tendência é rotular como tóxico qualquer comportamento do qual não gostemos, como narcisista qualquer pessoa que não nos dê atenção suficiente e como trauma qualquer experiência problemática.[36,37] Do ponto de vista do autoempoderamento, dar nome a tudo isso sem ter senso crítico traz uma falsa sensação de controle da realidade e, portanto, é um mecanismo de autoproteção que nos faz sentir menos emoções. No entanto, há uma linha tênue entre ser totalmente autocentrado e indisposto a mudar e reservar algum tempo para se concentrar em si mesmo e se tornar uma pessoa melhor. O segredo é ter equilíbrio e não se sentir confortável demais consigo, principalmente quando se vive numa sociedade que aclama a autossuficiência.

Quando não há emoção — qual é o problema?

Hoje, muita gente diz que se sente menos emocionalmente investido no namoro e no romance. Mas a grande pergunta é: por quê? A resposta para isso não é simples. As emoções humanas são complexas e há muitas razões para às vezes sentirmos menos do que deveríamos, ou não sentirmos nada. Sentir menos não significa que algo esteja errado com você. Pode ser o jeito encontrado por sua mente para lidar com uma situação estressante no trabalho ou focar totalmente em uma atividade específica. No entanto, em outras situações, sentir-se emocionalmente distante pode resultar de escolhas específicas ou ser uma consequência do uso excessivo de aplicativos de relacionamento. Em alguns casos, a dormência emocional indica um problema psicológico subjacente mais grave, como depressão ou transtorno de estresse pós-traumático. Nos últimos anos, a vida foi caracterizada pela incerteza, pelas inovações tecnológicas e pela rápida evolução social, que em vários aspectos contribuíram para o modo como nos sentimos ao nosso respeito e a respeito dos demais relacionamentos humanos, principalmente os românticos. Ter consciência de que as escolhas de vida afetam as emoções e assumir o controle da saúde mental são dois pontos fundamentais para manter a base emocional e o envolvimento romântico neste mundo em rápida mudança. O excesso de amor a si mesmo pode resultar em autossabotagem e criar mais solidão e menos conexão.

É uma **bandeira vermelha** quando:

- Você não sente muita coisa há algum tempo. Se não encontrar nenhuma razão aparente para essa falta de emoção, talvez esteja na hora de conversar com um especialista.
- Você se concentrou demais no autoamor por muito tempo depois do último relacionamento. Está menos interessado em criar conexões amorosas com alguém além do seu animal de estimação.
- Quando você namora, acaba priorizando a química sexual em vez da conexão emocional. Isso contribui para a falta de sucesso no namoro, porque você transmite a mensagem errada.
- Você se concentra mais na razão de não querer estar com alguém (ou de terminar com alguém). Amor tem a ver com compromisso e criação de um relacionamento duradouro.

É uma **bandeira verde** quando:

- Você sente menos emoção devido a acontecimentos estressantes (mas administráveis) no trabalho e na vida pessoal.
- Como forma de lidar com o luto (por exemplo, a perda de um ente querido), você demonstra menos emoção. Nem todos ficam superemotivos quando alguém falece.
- Você escolhe sentir menos emoções para se concentrar na tarefa que precisa cumprir. Depois disso, você volta a senti-las.
- Você sente menos emoções por estar cansado. Sabe que, quando repousar, voltará a senti-las.

BANDEIRAS VERMELHAS, BANDEIRAS VERDES

O que considerar ao decidir se você fica ou cai fora

Sentir menos emoções não é algo que simplesmente acontece. Em alguns casos, pode ser uma escolha consciente. Quando lidamos com situações difíceis, optar por se concentrar no que precisa ser feito pode ser prioridade, e você desliga as emoções como solução temporária. No entanto, períodos excessivos de uma vida sem emoções podem se tornar o padrão, e voltar a se conectar passa a ser difícil e até assustador. Se teve alguns relacionamentos ruins, talvez você se sinta completamente desligado da conexão emocional com outra pessoa. Você se concentra sobretudo em si e não deixa ninguém entrar. Também é possível que você não sinta absolutamente nada. É uma característica psicológica que você sempre teve ou desenvolveu com o tempo. No entanto, entende que a sua cegueira emocional pode ser mal interpretada pelo possível parceiro romântico como falta de interesse, então você não vê a hora de se dedicar a práticas possíveis para exprimir seu amor, de modo a ajudar o outro a se sentir validado. Eis algumas situações para analisar se está na hora de mudar a forma como você se sente:

SINAIS PARA FICAR (EMOCIONALMENTE DESCONECTADO)

- Você se conhece bem e entende que sentir pouco ou nada é uma questão temporária, que vai passar.

- Você percebe que as suas escolhas de vida afetam como você se sente, então se dispõe a fazer algumas mudanças para ter mais emoções.

- Você está aprendendo a estabelecer limites para si, e ter menos emoções (como culpa e vergonha) nesse momento ajuda a criar esses limites.

HORA DE PARTIR (DA CEGUEIRA EMOCIONAL)

- Sentir pouco ou nada já acontece há algum tempo, e você não encontra uma razão para o problema. Você acha que está na hora de mudar e quer fazer algo para resolver.

- Você percebe que não sentir nada prejudica os seus relacionamentos pessoais. Precisamos de conexão humana para sobreviver, e chegou o momento de trabalhar para voltar a sentir emoções ou reconhecer que o seu estado emocional impede você de interagir socialmente.

- Você percebe que sentir menos emoções deixa você menos empático e, portanto, menos atencioso com os outros.

Relacionamentos românticos

Bandeiras vermelhas no romance

Os relacionamentos românticos têm um papel importante na vida. Eles nos ajudam a entender quem realmente somos, elevam a autoestima e são uma fonte de propósito, conexão e felicidade. Investir tempo e esforço num relacionamento amoroso tem um intuito, pois nós, seres humanos, queremos naturalmente nos conectar com os outros a nível emocional e psicológico. No entanto, quando a situação não vai bem nos relacionamentos amorosos, o impacto sobre o bem-estar físico e mental é grave. Ser capaz de perceber os sinais de alerta no início da vida amorosa é fundamental para ter sucesso nos relacionamentos e se proteger de dor e sofrimento desnecessários. Manter uma relação saudável de longo prazo requer tempo, esforço e sacrifício, mas por que investir energia em algo que não parece bom? A identificação das bandeiras vermelhas nos relacionamentos deveria criar momentos de pausa e reflexão não só para decidir se faz sentido manter a relação, mas também para reconhecer a gravidade da bandeira vermelha e determinar a fonte do problema. O seu parceiro larga os pratos sujos na pia? Frustrante, sim, mas uma bandeira vermelha? Provavelmente, não. Dizer "você não é ninguém sem mim" com menosprezo — bandeira vermelha? Muito provavelmente, sim! Algumas bandeiras são mais vermelhas do que as outras, e há até algumas circunstâncias em que a bandeira vermelha talvez seja levantada por *você*.

No entanto, nem sempre elas são sinais de alerta que indicam o fim da linha. Bandeiras vermelhas podem oferecer oportunidades de crescimento e aprendizagem para você e seu parceiro. Às vezes, acreditamos que certos comportamentos são sinais de alerta, mas na verdade não são. Em alguns casos, as pessoas consideram que não satisfazer seus ideais e expectativas no relacionamento é uma bandeira vermelha. Entender por que determinados comportamentos são gatilhos ajuda a ter mais consciência das falhas em seu raciocínio, a entender como você reage aos outros e a descobrir de que forma lidar com essas questões para se tornar um parceiro melhor. Às vezes, os comportamentos problemáticos que acreditamos ver nos outros são um reflexo dos comportamentos nocivos que podem ser percebidos em nós (embora alguns prefiram ser seletivamente daltônicos quando refletem sobre as próprias bandeiras vermelhas). Ser capaz de distinguir as bandeiras vermelhas falsas e verdadeiras no relacionamento é fundamental para o sucesso da vida amorosa e até para a saúde mental. Por fim, quando identificamos essas bandeiras, o fator mais importante é decidir o que fazer e como reagir. Você tenta resolver, tem uma reação negativa, ou só finge que não vê e acaba não fazendo nada? Os próximos seis capítulos sobre bandeiras vermelhas nos relacionamentos ajudarão você a enxergar a floresta por meio das árvores e o capacitará a tomar decisões melhores sobre sua vida amorosa.

BANDEIRA VERMELHA 19
"Relações estáveis são chatas!"
Enxergar o caos como sinal de amor

"Todos pensam em mudar o mundo,
mas ninguém pensa em mudar a si mesmo."
Liev Tolstói

Tédio relacional

O tédio e a monotonia são comuns nos relacionamentos, principalmente quando as relações se tornam estáveis e quando se desenvolve uma rotina sólida de atividades cotidianas. A primeira reação ao tédio relacional talvez seja achar que a chama se apagou ou que não vale mais a pena ficar com aquela pessoa. Convenhamos: as conexões românticas devem ser divertidas, empolgantes e cheias de paixão. E talvez você conheça muitos casais que nunca sentiram tédio no relacionamento. No entanto, alguns estudos mostram que tédio é algo bem comum na vida a dois e uma razão importante para que a satisfação relacional se reduza com o tempo.[1] O bom é que a monotonia dos relacionamentos pode ser benéfica, desde que você saiba dar significado a ela e lidar com ela de forma eficaz. Aprender a navegar juntos pelos momentos entediantes é fundamental para a manutenção de um envolvimento duradouro e bem-sucedido. Por outro lado, não abordar logo o enfado sentido pode causar problemas mais graves e até levar ao fim da relação.

Portanto, o que fazer quando a empolgação se esvai e o relacionamento murcha? É importante saber que esse tédio não é sempre igual e não tem a mesma solução todas as vezes. Um bom primeiro passo para avaliar as transformações no seu ânimo com a relação é descobrir por que você se sente entediado. Às vezes, o tédio não se deve à monotonia recorrente da vida em comum, mas à necessidade de mudança e estímulo ou à reação inconsciente a experiências traumáticas da infância ou de relacionamentos passados. Pode ser que você se sinta entediado, por exemplo, porque só quer satisfazer as próprias necessidades e o parceiro não o desafia mais. Seja qual for a razão, identificar a causa do enfado é o passo fundamental para buscar a solução. Só então é possível enfrentar o problema de cabeça erguida.

E se a bandeira vermelha estiver nas minhas atitudes?

Reservar um momento para refletir sobre a razão de você se sentir entediado no relacionamento pode levá-lo a perceber que o tédio com o parceiro é mais um problema que tem a ver com *consigo mesmo*, não com o *outro*. Pode ser complicado no começo, e talvez você não queira admitir, mas no fundo você sabe que o tédio que está sentindo é resultado de outros processos. Na verdade, essa consciência é uma dádiva que também traz à tona a necessidade de promover mudanças da sua parte. Antes que essas transformações aconteçam, é importante esclarecer os processos mentais que estão por trás das suas crenças e reações emocionais. É possível fazer isso refletindo por meio de perguntas como "O que o tédio diz sobre mim?", "O que existe de tão chato num relacionamento estável e saudável?" ou "Serei capaz de encontrar em outra pessoa a empolgação da qual sinto falta neste momento, ou acabarei tendo o mesmo problema?". Escreva as perguntas e as respostas e separe um tempo para refletir sobre elas. Lembre-se: é fácil julgar os outros; difícil é ter um olhar introspectivo e questionar os mecanismos por trás do seu pensamento. Por fim, ao avaliar o tédio relacional do ponto de vista do *eu*, pergunte-se que necessidades emocionais e psicológicas não estão sendo satisfeitas e se essas necessidades poderiam ser atendidas de forma realista pelo parceiro. Isso ajudará a ver de fora o que você quer mudar em si e quais discussões sobre a relação você pretende ter com o parceiro. Embora seja um problema da ordem do *eu*, é importante lembrar que, em relacionamentos, sempre há uma solução ligada a *nós*.

Quando relacionamentos estáveis ficam chatos depois de uma relação abusiva

Em geral, os relacionamentos abusivos se caracterizam por dor física e emocional, bem como por sentimentos de incerteza, imprevisibilidade, culpa, vergonha e insegurança. Se você já esteve num desses, sabe que a dor e o sofrimento não acabam quando a relação termina. Os efeitos emocionais e psicológicos podem durar muito tempo. Principalmente ao entrar em um novo relacionamento romântico, a culpa, a vergonha, a descrença e a desconfiança podem surgir de forma inesperada, fazendo a pessoa ficar presa no modo de sobrevivência.

Nesse modo de sobrevivência, você se concentra mais em garantir que o ambiente seja seguro do que em criar com o parceiro um vínculo e um ambiente sólidos e saudáveis. Na verdade, o cérebro de quem sobrevive a relacionamentos abusivos tem dificuldade de desligar o estado de alerta, o que deixa intocadas algumas partes importantes na construção de uma relação. Além disso, para muitos sobreviventes de abuso costuma ser suficiente apenas o fato de ter um parceiro que lhes dá segurança. No entanto, não dedicar tempo o bastante para estabelecer limites claros e para encontrar maneiras mais eficazes de se comunicar com o outro desde o início do romance pode causar problemas no futuro (em geral, quando a segurança não é mais uma preocupação). Isso sem falar do problema de não abordar antigos padrões de pensamento, aqueles que no passado ajudaram você a sobreviver ao relacionamento abusivo, mas que em um relacionamento saudável não servem mais (por exemplo, estar em extremo e constante estado de alerta, ver o caos como algo normal e não saber confiar).[2] Em relacionamentos, precisamos de dinamismo para criar vínculos, estabelecer limites, testar a compatibilidade e chegar a um acordo comum, que os dois lados fiquem felizes de manter. Quando tudo o que você quer é segurança, a partir do momento em que esse nível de crescimento é alcançado o restante passa a ser muito chato. Mas a questão não acaba aí.

Quando há mais estabilidade no relacionamento, não é raro que os sobreviventes de relações abusivas sintam falta do caos e da imprevisibilidade que existiam. Isso não significa que sintam falta do abuso, mas que se acostumaram tanto com a volatilidade daquela angústia relacional que um vínculo saudável não parece interessante mais.[3] A paz no relacionamento deixa essas pessoas mais conscientes do próprio caos interior. A imprevisibilidade das experiências anteriores tem um componente viciante. É como puxar a alavanca do caça-níqueis sem saber se vai conseguir os três símbolos iguais. O cérebro que foi vítima de abuso se prepara para a empolgação, e a estabilidade claramente não dá a dose da qual ele precisa.

Se você sobreviveu a um relacionamento abusivo e se reconhece nisso, é importante perceber que o tédio que está sentindo agora não é o tédio real, por não fazer nada interessante, e sim uma fase pela qual o cérebro precisa passar para encontrar empolgação no vínculo seguro que existe com o seu parceiro. É curioso que, quando saem de relações tóxicas, as pessoas possam procurar experiências de alta intensidade ou cheias de adrenalina (como corridas, esportes de combate, saltos de paraquedas), a fim de reviver a agitação da relação volátil. O impacto de vínculos insalubres na infância ou na idade adulta afeta o modo como você se vê e como você forma novas conexões.

Você é viciado no que é tóxico?

Infelizmente, é bastante comum que os sobreviventes de relacionamentos abusivos terminem romances saudáveis e voltem aos abusivos, porque a chama que procuram tem ligação com o caos ao qual tanto se acostumaram. Em geral, explosões emocionais são consideradas atos de amor, e há a crença de que quem não briga não ama. Mudar a programação mental do cérebro sobrevivente de abuso exige paciência e esforço consciente de ambos os parceiros. Mesmo depois de muitos anos numa relação saudável, os sobreviventes de abuso ainda se mantêm presos à programação mental do passado, e isso afeta a forma como eles percebem e interagem com os seus parceiros.

O caso de Johnny Depp e Amber Heard é um exemplo público de que os relacionamentos podem ser extremamente tóxicos. Não importa se você apoiou Johnny ou Amber (ou nenhum dos dois); no julgamento transmitido ao vivo, ficou nítido que a dupla de Hollywood não era nenhuma referência positiva em matéria de relacionamento. O breve casamento irradiava radioatividade por todos os ângulos. Por que alguém, em sã consciência, ficaria numa relação assim? A questão é que muitos ficam. A pessoa pode se viciar no que é tóxico, e não exatamente porque sinta prazer em se magoar ou queira magoar os outros, mas porque a vida sem drama é "chata", em especial para os que se acostumaram a isso. Essa questão exerce forte influência sobre o modo como a pessoa vê toxicidade e a importância que atribui a esse aspecto em seus vínculos românticos. Quem foi criado em ambiente insalubre ou vivenciou muitas relações instáveis pode dizer que "brigar regularmente é tranquilo, é um ato de amor", enquanto quem foi criado acreditando que brigas e discordâncias acontecem, mas devem ser consideradas uma oportunidade de aprender mais sobre o outro, diria que "as brigas são uma parte inevitável da vida, e devemos dar um jeito de resolvê-las de forma construtiva e crescer com base nelas". Conscientemente, você diz que não gosta de toxicidade, que isso é ruim, mas no inconsciente talvez a atraia mais do que pensa. É importante ter consciência de como você enxerga suas experiências e o que realmente atrai e aceita.[4]

> **VOCÊ SABIA?**
> **A neurociência por trás da sensação de tédio**
>
> Um jeito ótimo de descobrir de onde vem o tédio é entender o que acontece por trás dos panos. Vejamos o que acontece no cérebro quando a estabilidade parece chata. O cérebro humano é uma obra-prima evolutiva. Durante milhões de anos, ele evoluiu e se tornou um computador supereficiente, capaz de processar gigabytes de informações e de, ao mesmo tempo, nos permitir andar, falar, flertar e rolar a tela das redes sociais (algo absolutamente fascinante, se pararmos para pensar). Graças a hábitos que transformam atividades cotidianas e rotineiras em processos inconscientes que não exigem esforço, o cérebro dominou a habilidade da multitarefa e se manteve eficiente. As atividades diárias se tornam hábitos no momento em que o cérebro diz: "Vamos automatizar essa merda para nos concentrar em coisas mais importantes da vida." Quanto mais automatismo, menos gasto de energia. Mas o problema desse processo é não ter mais estímulo neurológico. Assim, quando você e seu parceiro fazem as mesmas coisas dia após dia, a dopamina se esgota, e você começa a sentir o início da monotonia na relação.

É chato quando o parceiro satisfaz todas as suas necessidades?

Ser viciado em toxicidade não é a única razão para os relacionamentos estáveis parecerem chatos. Às vezes, ter um parceiro que nunca discute e que sempre concorda com suas opiniões faz você sentir que a relação é monótona. Também é possível perder a noção de eu quando não afirmamos suficientemente nossa independência dentro da relação. É normal que discussões e conflitos aconteçam, e, se tratados com eficácia, eles levam a um vínculo mais forte e saudável. Não discordar pode significar duas coisas. Você tem o parceiro ideal, que satisfaz todas as suas necessidades (e é você quem precisa mudar a forma de ver isso), ou há algo errado no relacionamento. Quando o parceiro tenta manter você feliz a qualquer custo, aliviar o tédio não deve ser a prioridade. Concentre-se no principal motivo para o parceiro querer agradar e satisfazer você, caso não seja puramente por amor. No caso de a necessidade de agradar surgir quando vocês já estão juntos há algum tempo, emoções como medo, culpa ou infelicidade na relação podem ser a razão dessa mudança recente de comportamento. Seja qual for a causa, identifique se o problema é da ordem do *eu* ou do *outro* e tente sempre encontrar uma solução — se continuar o relacionamento for importante para você. Caso não haja progresso na solução conjunta do problema, talvez esteja na hora de reavaliar o propósito de estarem juntos.

Quanto o tédio no relacionamento é uma bandeira verde?

No começo, a maior parte dos relacionamentos é divertida e empolgante. Nas primeiras semanas ou meses da relação, vocês estão se conhecendo, e tudo é novo e excitante. Finalmente os dois se sentem mais próximos e sabem o que esperar um do outro. É aí que a situação às vezes começa a murchar e a empolgação diminui. E isso é bom? Na maioria dos casos, é. Significa que você e o parceiro se sentem à vontade juntos. O relacionamento é estável, vocês têm uma rotina e sabem o que esperar.[5] Alguns estudos mostram que o tédio ajuda a liberar o potencial criativo, o que explica por que muita gente se sente motivada para trazer experiências novas à relação.[6] Quando o tédio começa, é como se o cérebro dissesse: "Está na hora de estimular os sentidos." Principalmente nos envolvimentos de longo prazo, o tédio surge muitas vezes e de várias maneiras em todas as áreas da relação, das interações cotidianas à cama. Quando ele se infiltra, torna-se ainda mais importante encontrar novas formas de lidar com os momentos sem graça. Apimentar o namoro ou o casamento ajuda a concentrar novamente o interesse e a energia no parceiro.

Leve empolgação para o relacionamento

Se para você a relação está ficando chata e sem graça, talvez esteja na hora de dar aquela agitada. Você pode se perguntar que tipo de empolgação levar em conta, e essa é uma ótima questão. A animação e as atividades divertidas têm muitas dimensões e formatos, mas nem toda experiência revigorante é benéfica para resolver o tédio no namoro ou no casamento. É importante saber o tipo de empolgação que se quer criar. Para cada pessoa, isso pode significar coisas diferentes, e nem todos têm interesse em praticar conjuntamente atividades divertidas quando se sentem entediados.

Que tipos de empolgação existem? Em qual você deveria se concentrar? Há duas variedades de empolgação: a que diz respeito a momentos estimulantes previsíveis e a que diz respeito a momentos estimulantes do crescimento. Os previsíveis são os momentos de empolgação que facilitam afastar-se da rotina diária — por exemplo, sair para jantar, visitar amigos ou assistir a um filme juntos. Em geral, são atividades divertidas, e os dois sabem qual será o resultado desses eventos. Essa empolgação, se o casal a considera positiva, é benéfica, mas não devolve a chama da relação, exatamente. Essas experiências são conhecidas e mantêm a sensação de segurança. Os momentos estimulantes do crescimento, por outro lado, são empolgantes e novos, oferecendo, ao mesmo tempo, uma oportunidade de explorar o namoro ou o casamento. Alguns exemplos de momentos estimulantes do crescimento são: viagens a dois para lugares distantes, cursos feitos juntos (ou separados), maneiras novas de resolver problemas do relacionamento ou estratégias para apimentar a vida sexual. Esses momentos estimulantes são mais difíceis porque exigem mais tempo e esforço, além de requererem que os parceiros participem da atividade e invistam igualmente nela. Em contrapartida, eles reacendem a chama e fortalecem ainda mais o vínculo.

O que fazer para apimentar o relacionamento

Se você sente que sua relação precisa de um estímulo, não fique aí sentado, na esperança de que tudo mude num passe de mágica. Assuma o comando do processo de empolgação! Além do amor e do carinho, levar diversão e empolgação para a vida a dois deve estar no topo da lista de prioridades de cada parceiro, a fim de manter o amor a longo prazo. No entanto, muitos se esquecem disso e não pensam estrategicamente nas épocas em que apimentar a relação é mais necessário. Essa é uma razão importante para muitos casais se separarem ou continuarem em relacionamentos infelizes. Assim, há três estratégias práticas para começar a aplicar a partir de hoje e dar mais brilho à sua vida amorosa:

PROMOVA SURPRESAS AGRADÁVEIS
Todo mundo adora surpresas, mas você costuma refletir sobre o tipo de surpresa que cria? Bom, a pesquisa comportamental mostra que momentos intencionalmente positivos e surpreendentes podem ser benéficos de várias maneiras.[7] A surpresa é um dos poucos mecanismos neurológicos que afeta o cérebro e altera crenças e modos de ver o mundo.[8] Para dar um exemplo, todos devem se lembrar da vitória inesperada da Arábia Saudita contra a Argentina, na Copa do Mundo de 2022, no Qatar. Ninguém esperava essa vitória, mas eles ganharam, o que deixou todo mundo perplexo e criou uma sensação empolgante e um novo interesse no time vitorioso e na Copa do Mundo em geral. Do **mesmo modo, nos relacionamentos, as surpresas positivas podem ser um**

catalisador que faz a relação avançar com nova energia e novas crenças de um sobre o outro. Se usada intencionalmente, a surpresa pode criar momentos mágicos e até vidas mais ricas. Portanto, como usar a surpresa de forma estratégica no relacionamento para reacender a paixão e o propósito? Um exemplo é cuidarem juntos de um animal de estimação. Principalmente quando não há crianças envolvidas, ter um animal para cuidar pode ser uma maneira nova de vocês se interligarem, ajudando a ver o parceiro e vivenciar a companhia dele (e até de si mesmo) por um ponto de vista diferente. Outro exemplo de momento surpreendente na vida a dois é comunicar-se usando mais palavras de afirmação e apoio. Repensar o modo como vocês transmitem amor, admiração ou dedicação ao parceiro, sobretudo nos momentos monótonos, pode ser o pontapé inesperado para reestabelecer a empolgação entre vocês.

CRIE TRADIÇÕES

Quando o relacionamento se torna monótono, as atividades diárias ficam mais trabalhosas e você deixa de ver a importância de estar junto com seu parceiro. O tédio relacional pode indicar a falta de relevância dos momentos e de vocês como casal. É aí que as tradições são úteis. Elas nos ajudam a ter sucesso na vida a dois, porque oferecem momentos compartilhados de propósito, conexão e direção. Pense no Natal e em outros grandes eventos que reúnem as pessoas. Os relacionamentos amorosos duradouros e bem-sucedidos usam as tradições para reviver experiências positivas, manter a chama acesa e passar por momentos difíceis. A renovação dos votos depois de muitos anos de casados ou um ritual simples, como um domingo longe do celular para que os dois se conectem sem as telas interferindo, são exemplos de tradição no relacionamento. Qualquer que seja a tradição criada entre vocês, o significado compartilhado e a conexão emocional devem estar no centro dessa prática. Quando as fases monótonas surgirem, revisitar as tradições existentes pode renovar o interesse e o propósito de estarem juntos.

APIMENTE A INTIMIDADE DE VOCÊS NA CAMA

A intimidade é a base para qualquer conexão amorosa. É difícil pensar que um relacionamento sem intimidade seja um relacionamento com amor. Quando sua vida sexual entra em declínio por qualquer razão, é possível que você perca o interesse pelo parceiro e considere-o mais um amigo do que a sua cara-metade. Outras pessoas, no entanto, podem se contentar com ações limitadas na cama, preferindo concentrar-se em outros aspectos da relação. A diferença entre estar satisfeito ou não com o nível de intimidade entre o casal depende de sentir paixão e/ou compaixão pelo parceiro. Além disso, o interesse e o desejo se transformam com o tempo, e é importante abordar de modo respeitoso essas mudanças de necessidade, por mais difícil que seja. A verdadeira compaixão permite afastar-se das necessidades pessoais e concentrar-se mais no que é importante para o outro. Portanto, uma boa estratégia é combinar a sua necessidade apaixonada e a compaixão para apimentar o relacionamento. Conversar com seu parceiro e procurar jeitos diferentes de agir na cama pode levar mais empolgação à rotina que agora parece monótona. E há muitas maneiras de fazer isso. Por exemplo, manter algo no corpo (como uma peça de roupa ou um acessório) pode ser bastante excitante. Para apimentar a vida amorosa, também é possível pensar em fantasias e momentos que fujam do convencional, de vez em quando. Se os dois estiverem interessados em sair com outras pessoas (veja mais sobre os relacionamentos abertos em Bandeira vermelha 21, na página 278), deem um jeito de isso funcionar dentro da relação, sem que gere o risco de rompimento. No episódio "Striking Vipers", do seriado *Black Mirror* (quinta temporada, primeiro episódio), Danny Parker e sua esposa, Theo, decidem que uma noite de "traição" uma vez por ano satisfaria determinadas necessidades que os dois têm como indivíduos, sem que isso atrapalhasse o que o casamento representa para eles. Encontrar o equilíbrio entre os valores tradicionais e os relacionamentos modernos pode ser extremamente benéfico quando se procura um jeito de manter o amor e o compromisso no mundo de hoje.

Tédio relacional — qual é o problema?

É normal às vezes sentir-se entediado no relacionamento. Toda relação de longo prazo tem momentos chatos, principalmente quando a rotina se instala. Aprender a surpreender ou dar uma apimentada nas coisas ajuda a superar a monotonia que pode ser vivenciada pelos casais. Um jeito legal de encarar a situação é ver o tédio relacional como uma oportunidade de fazer programas diferentes por algum tempo. O enfado também aparece quando a conexão amorosa realmente se tornou muito chata. Ninguém tenta agir de forma diferente para valer nem demonstra interesse em melhorar a situação, então os dois continuam juntos por costume. Em contrapartida, às vezes você classifica como chato um relacionamento que, na verdade, só é estável, seguro e previsível na medida certa, e acha que deve haver algo errado com o parceiro, quando talvez a bandeira vermelha esteja no seu modo de pensar. Isso pode ser ainda mais verdadeiro se você já tiver passado por relacionamentos abusivos ou tiver sido criado num ambiente caótico. O fato de não vivenciar volatilidade e imprevisibilidade no relacionamento pode deixar você pouco à vontade — e confrontá-lo com o seu caos interior. Respeito, estabilidade e previsibilidade são características importantes de um vínculo saudável. Mas, para a pessoa viciada em caos, tudo isso parece muito chato, e ela até cria um drama no relacionamento para se sentir viva outra vez. É fundamental entender qual é a origem do tédio. É um problema da ordem do *eu* ou do *outro*? Seja qual for a situação, sempre deve existir uma solução do *nós*.

É uma **bandeira vermelha** quando:

- Você acha chato o seu relacionamento estável, seguro e previsível.
- Você ou o parceiro não se esforçam para lidar com o tédio no relacionamento.

- Você ou o parceiro estão no relacionamento por puro costume. Ninguém se esforça para melhorar a situação.

- Você não acha mais o parceiro interessante. Hora de pensar no porquê.

É uma **bandeira verde** quando:

- Você ou o parceiro buscam maneiras de se afastar da rotina de trabalho, casa e família, a fim de passarem tempo de qualidade juntos.

- Você entende que, em relacionamentos de longo prazo, as pessoas e os interesses mudam. Quando o tédio surge, vocês conversam sobre a mudança das necessidades e sobre as formas de se adaptarem para satisfazerem essas necessidades juntos.

- Quando aparecem os momentos de tédio, vocês encontram maneiras de apimentar as coisas na cama.

- Você admite que seu caos interior leva você a achar chata a estabilidade da vida amorosa e tenta ativamente encontrar modos de resolver isso com o parceiro.

O que considerar ao decidir se você fica ou cai fora

O tédio relacional aparece por várias razões e a qualquer momento do relacionamento. É importante descobrir a causa disso. Você sente que age no automático porque a relação parece estável e previsível demais? Você sabe que o tédio passará com o tempo e algum esforço da sua parte? Você está viciado em pornografia e agora a vida amorosa parece chata por não ter nada a ver com o que é retratado nas telas? Ou o parceiro é mesmo chato e não se dispõe a investir nenhum esforço no relacionamento, mesmo depois de você ter tentado reverter a situação várias vezes? Enfrentar a raiz do problema e decidir se quer ficar ou cair fora exige reflexão profunda e conversas francas com o companheiro.

SINAIS PARA FICAR

- Você admite que o tédio é temporário, uma parte inevitável de qualquer relacionamento de longo prazo.

- Você encontra maneiras de levar alguma empolgação ao relacionamento, como viagens a dois e saídas à noite, para mudar a rotina e apimentar a vida sexual.

- Você percebe que o tédio no relacionamento pode ser um problema que na verdade está em você, então tenta encontrar maneiras de resolver isso com o parceiro.

- Você ou o parceiro passam por uma fase difícil, o que complica exigir mudanças no momento.

HORA DE PARTIR

- Você ou o parceiro não se amam mais ou não têm interesse em melhorar o relacionamento.

- Você ou o parceiro estão juntos por costume e têm medo de terminar.

- Você percebe que seu caos interior impede a existência de um relacionamento estável com o parceiro. Você quer trabalhar algumas questões dentro de si durante um tempo.

- O tédio relacional é devastador, e você se sente preso. Isso tem afetado sua saúde física e mental.

BANDEIRA VERMELHA 20
"Você é areia demais para o meu caminhãozinho!"

O parceiro inseguro

"Há muitas coisas que jogaríamos fora se não
tivéssemos medo de que os outros as pegassem."
O retrato de Dorian Gray, Oscar Wilde

Inseguro? Quem, eu?

Todos nos sentimos inseguros em algum momento da vida, e muitos de nós temos várias inseguranças que influenciam as nossas escolhas, os lugares aonde vamos e até as pessoas com quem preferimos nos relacionar. É incorreto acreditar que a sensação de insegurança só está reservada a pouquíssimos. É da natureza humana duvidar de si mesmo. A insegurança reflete sentimentos de incerteza e inadequação que configuram nossa autoimagem e autoconfiança. Esses sentimentos deixam as pessoas ansiosas quando agem, quando lidam com determinadas situações ou quando estabelecem relacionamentos com os outros. Nem sempre é fácil decifrar a fonte da insegurança, que pode brotar de diversas áreas da vida e do desenvolvimento (como a criação que a pessoa teve, as experiências de vida, uma eventual mudança de rotina, além de traumas, fatores culturais, o uso de tecnologia e até características da personalidade). A sensação de insegurança também se manifesta de diversas maneiras em pessoas diferentes e enfraquece algumas, enquanto motiva outras de forma positiva. Não tem certeza de como será seu desempenho na próxima apresentação, não se sente à vontade com a sua aparência ou perde a confiança quando vê os outros se darem melhor do que você? A vida é cheia de situações que podem deixar insegura até a pessoa mais desenrolada. No entanto, o medo ou a insegurança nem sempre são ruins. No livro *The Soul of a Butterfly* [A alma da borboleta], de 2003, o famoso boxeador Muhammad Ali disse: "Sem medo, não podemos ser corajosos." Isso indica que o nervosismo que ele sentia antes de entrar no ringue era saudável e tinha um propósito. Aprender a identificar as inseguranças e lidar com elas é fundamental para a saúde mental e para o sucesso nos relacionamentos.

A insegurança nos relacionamentos

Alguns estudos mostram que a autoestima elevada tem efeito positivo sobre a satisfação e a qualidade dos relacionamentos.[1] É importante aprender a lidar com a insegurança e os problemas de autoestima nas relações amorosas. Se estiver numa relação de longo prazo, é normal que vocês dois cresçam e mudem, tanto juntos quanto individualmente. Essas transformações, que podem acontecer nos aspectos físicos ou na mentalidade, afetam o modo como você vê a si mesmo e ao parceiro. Há muitas razões para um de vocês ficar inseguro no relacionamento. É possível desenvolver inseguranças com o tempo, conforme o corpo muda ou em consequência da idade (e devido às opiniões a respeito dessas mudanças). Também é possível começar a duvidar de si mesmo quando o parceiro menospreza você ou faz observações negativas sobre a sua aparência ou o seu comportamento (veja por que as pessoas menosprezam as outras nas amizades, na Bandeira vermelha 5, na página 62). Também é possível que a insegurança se desenvolva devido a razões externas. Talvez você sempre tenha tido baixa autoestima (assim como no caso dos traços da personalidade, o nível de autoestima se mantém bastante estável com o tempo). A insegurança também se desenvolve em virtude da perda de alguma pessoa amada ou de uma demissão, situações que deixam você menos confiante no relacionamento ou na vida amorosa. Seja qual for a razão, é fundamental buscar tempo e espaço para conversar com o parceiro sobre os sentimentos de incerteza ou inadequação.

Quais são os sinais de que o parceiro se sente inseguro?

Perceber a insegurança dos outros nem sempre é fácil. Nem todos se sentem à vontade para mostrar suas imperfeições e ser vulneráveis, principalmente quando a confiança é um problema no relacionamento. Além disso, é bem comum que as pessoas se comportem de maneira a expressar o contrário do que realmente sentem, a fim de encobrir defeitos e inseguranças reais. A seguir, há uma visão geral de alguns comportamentos típicos que indicam que o parceiro enfrenta sozinho inseguranças e dúvidas sobre si mesmo.

FALTA DE AUTOESTIMA

A autoestima reflete as crenças que você tem sobre a própria capacidade e sobre seu autovalor como pessoa. A falta desse aspecto se manifesta de várias maneiras. Quem tem baixa autoestima geralmente busca validação e confirmação nos relacionamentos amorosos. O parceiro inseguro pode perguntar "Você ainda me ama?" ou "Ainda me acha atraente?". Embora seja muito normal esse tipo de pergunta surgir no relacionamento, precisar frequentemente dessa confirmação ou demonstrar carência extrema não é, e, em geral, representa uma bandeira vermelha — significa que o parceiro se sente inseguro. É importante descobrir por que isso está acontecendo, caso ainda não tenha ocorrido na relação. São razões pessoais? É o modo como você vem tratando o companheiro? Talvez seja a evolução recente do relacionamento? Outro exemplo de baixa autoestima são as falas negativas sobre si mesmo. Parceiros com baixa autoestima estão sempre se colocando para baixo, têm menos autoconfiança, criticam as próprias crenças ou habilidades e, ao tomar decisões, dão mais peso ao que os outros pensam. É comum que digam coisas como "não mereço você" ou "não faço nada direito".[2]

CIÚME

O ciúme frequente pode indicar que o parceiro está inseguro, principalmente se não houver nenhuma outra razão legítima para que ele ocorra, além do próprio sentimento de inadequação. O parceiro inseguro demonstra ciúmes de várias maneiras. Ele pode dizer, por exemplo: "Não gosto quando você sai com esse amigo"; "Mostre agora para quem você acabou de mandar mensagem"; "Acho que você não fica bem com essa roupa." O ciúme pode deixar o outro desconfiado (com medo de ser traído) e fazê-lo criticar ou menosprezar você para se sentir no controle da situação ou levá-lo a desdenhar das conquistas alcançadas por você, não lhe dando o devido reconhecimento. O ciúme é um assassino de relacionamentos e até motiva os parceiros a praticar de fato as atividades das quais são injustamente acusados. É a famosa "profecia autorrealizável". O ciumento culpa tanto o outro que este acaba dando motivos para o parceiro ter ciúme de verdade. A receita do desastre.

REAÇÃO EXCESSIVA A CRÍTICAS

Também é muito comum que pessoas inseguras reajam de forma exagerada até à mais leve crítica. Qualquer feedback negativo é considerado um ataque pessoal e as deixa na defensiva. Além de chamar atenção para a insegurança e as crenças negativas que a pessoa tem a seu próprio respeito, o feedback negativo (ou mesmo construtivo) também é considerado uma possível rejeição por parte do parceiro.[3] O medo da rejeição pode estar profundamente enraizado, nascido de traumas passados ou de um estilo inseguro de apego. Quando são criticadas, pessoas inseguras dizem coisas como: "Desculpe por não ser tão perfeito quanto você! Provavelmente nunca serei!", "Por que você sempre ressalta os meus erros?" ou "Você é igual a todo mundo, quer que eu me sinta um lixo. Se eu não presto, procure outra pessoa!".

EXCESSO DE PROMISCUIDADE

Uma causa menos compreendida para se sentir inseguro — e um reflexo do mundo de hoje — é ter um longo histórico sexual. O cenário dos relacionamentos atuais em geral se caracteriza pela cultura da transa, e muita gente tem vários parceiros na vida. A título de comparação, homens e mulheres estadunidenses têm em média sete parceiros sexuais; na Itália, são cinco.[4] Ter muitos parceiros sexuais pode ter um impacto negativo sobre o bem-estar psicológico,[5] causando problemas de autoestima (que podem levar você a dormir com mais gente ainda). Do ponto de vista comportamental, geralmente as transas regulares expõem você a pessoas tão ou ainda mais tranquilas quando se trata do sexo casual. Encontrar alguém que tem padrões mais altos ou é considerado um indivíduo de alto valor (depois de você ter baixado o próprio padrão com muita frequência) pode causar insegurança (ou seja, fazer você ver a outra pessoa como areia demais para o seu caminhãozinho).

Sentir-se inseguro no relacionamento ou ter um parceiro inseguro põe nas mãos dos dois a responsabilidade de buscar a solução para essas inseguranças. Quando não são resolvidas, a falta de confiança em si mesmo tende a afetar negativamente a relação e o desejo que um sente pelo outro. Como pessoa insegura, você pode até se sentir culpado pela própria insegurança quando o parceiro dá muito apoio e acabar saindo de um relacionamento saudável para ficar com alguém que não trata você bem. Outro problema é que um parceiro mal-intencionado pode usar a insegurança para controlar você. Talvez você pense que a pessoa que diz que ama jamais faria uma coisa assim, mas não se esqueça de que namoro ou casamento é sempre uma parceria na qual os indivíduos negociam e se influenciam o tempo todo. Às vezes, sua insegurança é usada contra você.

Quando a insegurança sufoca o relacionamento

O sentimento de insegurança pode prejudicar o relacionamento de várias maneiras. A falta de confiança e a dúvida a respeito de si mesmo podem impedi-lo de ser você mesmo no relacionamento, deixando-o muito inseguro e ciumento com o parceiro. A insegurança com raízes profundas (como o medo do abandono e o estilo inseguro de apego) pode, inconscientemente, dar vontade de controlar, manipular e até agredir a pessoa que você tanto ama e preza. Ter consciência de como a insegurança influencia sua percepção e seu comportamento com o companheiro é o primeiro passo para resolver o problema. A seguir, darei exemplos de como a insegurança, a sua ou a do parceiro, sufoca o relacionamento.

QUANDO O PARCEIRO USA A SUA INSEGURANÇA CONTRA VOCÊ COM O OBJETIVO DE CONTROLÁ-LO

É comum que pessoas abusivas neguem afeto ao parceiro inseguro ou ameacem deixá-lo, a fim de torná-lo dependente. Elas também podem negar afeto ou validação propositalmente, para controlar você (sabendo que você buscará a validação delas). Esse tipo de pessoa faz isso ao negar afeto ou apoio emocional quando você passa por dificuldades, ou ao não reconhecer suas conquistas, por exemplo.

QUANDO O PARCEIRO TENTA CONTROLAR E MANIPULAR VOCÊ DEVIDO À INSEGURANÇA DELE

O medo do abandono pode levar o parceiro a atrair você e, em seguida, descartá-lo. Esse comportamento é chamado de "morde e assopra". Isso deixa a situação muito imprevisível, e as idas e vindas podem até viciar. Você pisa em ovos constantemente, tenta não aborrecer o outro e, quando ele se chateia, procura descobrir qual será o próximo momento em que ele ficará tranquilo outra vez.

QUANDO VOCÊ TEM CIÚME DO SEU PARCEIRO POR CAUSA DA SUA PRÓPRIA INSEGURANÇA

A sua insegurança faz você confiar menos. Isso pode causar ciúme da aparência ou do comportamento do parceiro, das pessoas com quem ele tem contato ou de como ele passa o próprio tempo. Talvez você queira confirmar o tempo todo se a situação vai bem ou saber com quem o outro está se encontrando. Essa insegurança leva você a acusar o parceiro de coisas que ele não fez, o que pode contribuir para que ele pratique as atividades das quais você o acusa. A sua insegurança também leva você a fazer coisas de que talvez se arrependa ou coisas que venham a destruir a confiança mútua do casal (por exemplo, mexer no celular da pessoa sem autorização ou conhecimento dela, colocá-la para baixo e traí-la).

O que fazer quando o parceiro se sente inseguro

A insegurança pode ter raízes profundas, e mencionar essas crenças e sentimentos por vezes faz as pessoas ficarem na defensiva e até mesmo agressivas. Portanto, é importante ter empatia, comunicação aberta e atitude não condenatória na hora de abordar esse assunto com o parceiro, para criar um ambiente seguro e confiante antes de chegar ao âmago do problema. Há algumas maneiras de fazer isso. Experimente escutar primeiro e falar depois. Demonstre ao outro que você está escutando o que ele diz e que você reconhece as preocupações dele. Se necessário, faça mais perguntas para entender melhor, mas não julgue. Lembre-se de que as pessoas reagem de forma diferente aos acontecimentos do passado e que essa reação pode não ser igual à sua. Assim, respeite a experiência do outro e a reação dele diante disso. Depois de discutir as feridas, diga ao companheiro que as experiências dele são válidas e que você se preocupa com elas. Esse momento costuma ser de grande vulnerabilidade, e reafirmar a sua compreensão e dedicação pode ser essencial para encontrar um modo de resolver o problema. Além disso, essa é a hora de se abrir e revelar seus pensamentos sobre a insegurança do parceiro e como você acha que isso afeta o relacionamento. Também é importante explicar que você está expondo essa preocupação para pensar em um modo de ajudar o companheiro e de melhorar (e até salvar) o relacionamento. Mais uma vez, é importante oferecer garantias durante a conversa. Por fim, busquem chegar a um acordo sobre o que precisa mudar para que a situação melhore. Daqui para a frente, o que ambos devem fazer ou deixar de fazer? Cuidar melhor de si mesmos? Comunicar-se com mais eficácia?

Conversar com amigos? Buscar orientação profissional? Combinem o que os dois farão juntos e criem um plano para que seja factível. Vocês também podem estabelecer verificações em intervalos variados para analisar os avanços e identificar se mais alguma coisa precisa mudar. Certa vez, a psicoterapeuta Virginia Satir disse: "Nós nos unimos com base nas semelhanças; crescemos com base nas diferenças." Aprender a crescer no relacionamento é o que mantém as pessoas juntas a longo prazo.

Como se tornar mais confiante

Por trabalhar minha vida inteira com pessoas de alto desempenho nos negócios, na educação, no governo e nos esportes, aprendi bastante sobre confiança e resiliência. Uma das principais lições proporcionadas pelo trabalho com indivíduos desse grupo é que a fonte de motivação e resiliência nem sempre precisa vir de algo positivo. Muitos deles sofreram na vida algum tipo de trauma que se tornou uma fonte de inspiração e motivação em vez de virar uma crença limitante ou um bloqueio psicológico.[6] Essas pessoas encontraram um modo de ver o desafio como um possível degrau para a grandeza. A forma como as pessoas de alto desempenho reconfiguram as experiências negativas é o segredo para entender de que maneira elas transformam um medo ou ponto negativo em algo positivo. Infelizmente, não há um jeito simples de se tornar mais confiante da noite para o dia, mas o bom é que há técnicas que você pode aplicar para enfrentar seus temores e reavaliar as experiências passadas — ou avaliar as atuais. Aqui estão dez coisas que podem ser feitas a fim de reconfigurar as experiências e aprender a lidar com a insegurança de forma mais eficaz:[7]

1. Identifique os pensamentos negativos que você tem sobre si mesmo e aprenda a questioná-los.

2. Aprenda a envelhecer com dignidade e sentir-se confiante com o seu corpo.

3. Seja flexível; tente ver as suas experiências por outras lentes. Você consegue encontrar um ponto de vista diferente em relação à mesma experiência?

4. Reflita se você é ou não culpado pelas experiências passadas.

5. Tente ver os reveses ou o fracasso como processos naturais de aprendizagem.

6. Tenha no relacionamento uma meta que dê vontade de atingir.

7. Imagine como seria ter mais confiança e visualize esse futuro para você.

8. Tente desenvolver uma mentalidade positiva ou de crescimento escrevendo em um diário ou meditando.

9. Pratique o diálogo interno positivo e se concentre nos seus pontos fortes.

10. Busque acolhimento em sua rede de apoio, converse com um amigo ou resolva sua insegurança com o auxílio de um terapeuta.

O parceiro inseguro — qual é o problema?

A insegurança e a dúvida a respeito de si mesmo são comportamentos humanos normais. Todos têm esses sentimentos em algum momento da vida, e há quem tenha mais do que outros. A dúvida provoca pensamentos e sentimentos de insegurança, que podem bloquear você ou motivá-lo a ter um desempenho melhor. O excesso de insegurança, em compensação, é um problema, pois pode causar outras dificuldades na vida. Identificá-la (e de onde ela vem) é o primeiro passo para aprender a lidar com isso. Nos relacionamentos, a insegurança pode levar você ou o parceiro a se comportar de maneira pouco saudável e até prejudicial. Sem a atenção adequada de um especialista em relacionamentos, não é fácil — e em alguns casos pode ser até impossível — erradicá-la. É importante decidir até que ponto você está disposto a resolver a sua insegurança ou a do parceiro, se ela atrapalha o vínculo entre vocês. Os dois deveriam ser responsáveis por trabalhá-la no relacionamento (não só para superar o sentimento de inadequação, mas também para se proteger da manipulação e do abuso que podem surgir quando um aproveita a insegurança do outro em benefício próprio). Mesmo quando não é possível salvar a relação, solucionar ao menos esse problema só traz benefícios.

É uma **bandeira vermelha** quando:

O parceiro inseguro

- tenta menosprezar seus sentimentos ou desdenhar de você para fomentar a sua insegurança (devido à insegurança dele);
- trai ou se comporta mal, e joga a culpa em você porque acredita que você faz o mesmo;
- vive com ciúmes da sua aparência, do que você faz e das pessoas com quem você anda;
- está sempre vigiando você ou buscando, por exemplo, confirmação do seu amor, da sua dedicação/fidelidade ou da sua ausência de intenção de conhecer outras pessoas.

Você

- menospreza ou agride o parceiro por se sentir inseguro;
- não se abre emocionalmente e não confia no parceiro devido à sua própria insegurança;
- começa a se sentir inseguro ou menos confiante a seu próprio respeito por causa do modo como o parceiro trata você;
- usa a insegurança do parceiro para manipulá-lo ou controlá-lo no relacionamento.

É uma **bandeira verde** quando:

O parceiro inseguro

- comunica-se abertamente com você a respeito da própria insegurança;
- trabalha ativamente o modo como vê a si mesmo, estabelecendo um diálogo interno positivo e usando técnicas de reflexão e atenção plena;
- não fica enciumado nem aborrecido com você, mesmo que ele não se sinta seguro. Em vez disso, questiona os próprios temores e inseguranças o máximo possível, a fim de se aperfeiçoar e melhorar o relacionamento.

Você

- escuta ativamente o parceiro falar da própria insegurança e dá um jeito de abordá-la sem comprometer os seus próprios limites e necessidades;
- demonstra empatia pelo parceiro e o ouve sem julgamentos;
- tranquiliza o parceiro nas discussões para aprimorar o relacionamento e encontra maneiras de ajudá-lo a lidar continuamente melhor com a insegurança. É gentil com a pessoa, mas firme nos princípios e nos acordos.

O que considerar ao decidir se você fica ou cai fora

Pode ser difícil lidar com a insegurança no relacionamento, mas é algo necessário caso você queira manter uma conexão amorosa e sustentável. Sentir-se inseguro é da natureza humana, mas o modo de lidar com isso varia de pessoa para pessoa, assim como a necessidade de apoio no relacionamento quanto a essa questão. Até que ponto você está disposto a apoiar o parceiro na solução da insegurança e no aprimoramento da vida a dois? Se você é o inseguro do casal, até que ponto está disposto a trabalhar esses problemas dentro de você? Quando é que já basta? A seguir estão algumas coisas a levar em consideração na hora de decidir se quer ficar ou cair fora.

SINAIS PARA FICAR

- Vocês querem resolver juntos a situação.

- Vocês conseguem se comunicar abertamente entre si, chegar a um consenso e fazer acordos.

- Vocês veem um futuro a dois e entendem que resolver inseguranças pessoais e situações difíceis é necessário para criar um relacionamento sustentável.

HORA DE PARTIR

- O parceiro se comporta mal ou trai porque acredita que você faz o mesmo.

- O parceiro tenta colocar você para baixo e controlar você o tempo todo, aproveitando-se da sua insegurança em vez de ajudá-lo a mudar esse pensamento.

- O parceiro vive com ciúmes, mesmo depois de você ter assegurado que não há motivo para isso.

- O parceiro é supercarente, precisa de reafirmação contínua e se aborrece quando não a recebe.

BANDEIRA VERMELHA 21
"Vamos abrir!"
Quando um só não basta

"Abre-te, sésamo!"
Aladim

Relacionamentos abertos (também chamados de não monogamia consensual)

Afinal, o que é relacionamento aberto? Também chamados de não monogâmicos consensuais, se caracterizam pela abertura da intimidade a outras pessoas além do parceiro, aprovada por todos os envolvidos. Os casais nesses relacionamentos podem escolher fazer sexo com outras pessoas, juntos ou separados. Esse tipo de configuração assusta ou confunde muita gente, e não surpreende que, em geral, o poliamor seja desaprovado na nossa sociedade. A monogamia é um sistema de raízes profundas em muitas sociedades, culturas e religiões, o que torna difícil imaginar a pessoa amada ser compartilhada com outros indivíduos. Também há muitas pesquisas científicas e ensinamentos espirituais que favorecem a unidade e o vínculo sagrado de dois parceiros entre si em detrimento do poliamor. No entanto, a popularidade dos relacionamentos abertos vem aumentando no mundo inteiro, e pode muito bem acontecer que, um belo dia, o seu (futuro) parceiro chegue em casa sugerindo abrir o relacionamento. Como reagir se algo assim acontecer? Você deveria considerar isso como uma possibilidade? E o que fazer se você prefere nadar numa piscina cheia de tubarões a pronunciar as palavras "relacionamento aberto"? Neste capítulo, vamos mergulhar fundo nas razões que levam alguns casais a decidir abrir o relacionamento e aprender quando essas situações ou comportamentos do parceiro podem ser consideradas bandeiras verdes ou vermelhas. Também vamos discutir os motivos psicológicos e sociais por trás da tendência do relacionamento aberto, e vou oferecer estratégias para você se orientar melhor nessa discussão que, convenhamos, é bem complexa.

Por que os relacionamentos abertos se tornaram tão populares?

Nas sociedades ocidentais, a época de manter situações que durem "pelo resto da vida" parece estar no fim. Emprego pelo resto da vida, amigos pelo resto da vida e parceiro pelo resto da vida são ocorrências raras. O mundo moderno muda com rapidez e, além de estar permeado por incertezas, nos faz sentir sob pressão constante, com cada vez menos tempo para a vida em si — o que cria medo dos compromissos de longo prazo. As normas sociais também estão mudando e facilitam falar de outros modos de se envolver, como os relacionamentos abertos. Além da mudança de atitude perante as relações tradicionais, não querer apenas um parceiro também pode ser motivado pela abundância de opções que temos hoje. Com os aplicativos de namoro e as redes sociais, as pessoas têm mais escolhas do que nunca; nem sequer é preciso sair de casa para encontrar alguém com quem ter um encontro. A ideia de ter relações íntimas com outra pessoa também parece uma solução fácil para as dificuldades constantes do relacionamento. É muito comum que os casais se sintam entediados um com o outro e sintam atração por outras pessoas. Ainda assim, muitos se esforçam para manter o compromisso entre si e sacrificam seu tempo e seus desejos para criar um vínculo mais significativo. No entanto, o conceito de relacionamento muda rapidamente e nem todos sentem necessidade de estar numa relação de longo prazo com compromisso, sem falar que o reconhecimento da diversidade sexual e de gênero nos anos mais recentes põe em xeque as crenças comuns sobre a monogamia tradicional. A intensidade do mundo de hoje criou até o medo do compromisso de longo prazo, motivando muitas pessoas a abrir a relação ou a estabelecer a "não exclusividade" já nos estágios iniciais do namoro.[1]

O estigma dos relacionamentos abertos

Vários estudos mostram que os relacionamentos abertos são alvo de estigma na sociedade[2] — o que não surpreende. É comum perceber esses relacionamentos como arriscados, pouco saudáveis, pouco sérios e até fugazes. Por mais que pareça loucura, outras fontes afirmam que as pessoas em relacionamentos abertos estariam menos propensas a pagar impostos corretamente e até mesmo obter a quantidade ideal de vitaminas diárias.[3] No entanto, recentemente a não monogamia se tornou um pouquinho mais aceitável na sociedade, em especial entre as pessoas mais jovens de países ocidentais. Conforme o poliamor, a não monogamia e outras formas de se relacionar vão se tornando mais populares, se torna cada vez mais importante saber lidar com a possibilidade de um dia ter o parceiro solicitando que a relação seja aberta. Principalmente para garantir a sua própria sanidade.

Quando fugir...

Há muitas razões para as pessoas gostarem da ideia de relacionamento aberto. No entanto, "gostar da ideia" não necessariamente a transforma automaticamente em "uma boa ideia". Um modo de distinguir a bandeira verde da vermelha, nesses casos, é entender o motivo por trás de querer uma mudança no status da relação. O relacionamento aberto pode ser uma bandeira vermelha caso signifique que uma das pessoas não recebe da outra a atenção merecida e necessária. Vamos esclarecer isso com alguns exemplos: se o parceiro lhe diz que ainda está explorando opções antes de concretizar um compromisso mais sério com você, fica óbvio que ele o vê como um objeto a ser substituído assim que algo "melhor" aparecer. Aceitar essa posição também pode ser considerado uma flamejante bandeira vermelha. Não se valorizar como digno de amor e compromisso é um sinal de que, antes de buscar uma relação séria com alguém, primeiro você deveria se concentrar em si mesmo. Eu me lembro de uma cliente minha que disse ser a opção "número cinco" do parceiro e que ficou muito feliz quando, depois de quatro anos de relacionamento aberto, virou a número um. Eles terminaram três meses depois. Outro exemplo de bandeira vermelha é o parceiro dizer que deseja um relacionamento aberto para ter "passe livre" e poder sair com outras pessoas sem trair, argumentando que "abrir a relação" é melhor do que depois descobrir que o outro foi infiel. Por último, mas não menos importante, adivinhe só: se por qualquer razão você não se sente à vontade num relacionamento aberto (mesmo depois de tentar), continuar é uma bandeira vermelha.

... e quando talvez ficar

Se os dois se sentem à vontade com a abertura do relacionamento, considere isso uma bandeira verde, pelo menos no início. A ideia de sair com outras pessoas enquanto mantém um vínculo firme pode ser empolgante, e há muitas razões para os dois quererem mais opções, juntos e separadamente, de forma consensual. Um bom motivo para ter experiências com essa configuração é superar o tédio na cama. Se ambos acham que um "horizonte aberto" apimentaria a conexão, essa pode ser uma boa razão para experimentar um modelo diferente. Sempre é possível voltar atrás na decisão, caso um dos parceiros não se sinta mais à vontade com ela. É só garantir que haja um plano de retorno seguro se, no fim das contas, a abertura não der certo para você.

O que fazer se você não quer abrir o relacionamento (mas o parceiro quer)

Quando o parceiro quer conversar sobre a possibilidade de abrir a relação, você precisa decidir como pretende lidar com o assunto. Se quiser tentar, vá fundo, mas nunca, jamais se sinta pressionado a concordar. Veja alguns exemplos do que é possível fazer e dizer para rejeitar a proposta:

- **Seja claro e direto desde o princípio**
  Alinhar expectativas desde o começo minimiza a probabilidade de a conversa ressurgir em um futuro próximo. Expresse o que você procura num relacionamento e o que está disposto a fazer ou não. Se a não monogamia não é para você, deixe isso claro já no início da relação.

- **Seja sincero a respeito das suas razões**
  Também é importante explicar os motivos pelos quais você não quer um relacionamento que não seja exclusivo. Eles podem envolver medos, valores pessoais e crenças sobre os vínculos amorosos, além de uma necessidade emocional que você acha difícil satisfazer fora de uma relação monogâmica.

- **Tenha com o parceiro uma conversa proveitosa**
  Dê ao parceiro uma oportunidade de revelar os pensamentos e sentimentos que estão por trás do desejo de um relacionamento aberto. Também escute como o outro se sente sobre as necessidades e as razões que você tem para não querer essa opção. Tente realmente entender o ponto de vista dele, sem julgar demais.

- **Abra-se à negociação**
  Se você e seu parceiro têm ideias diferentes sobre relacionamento aberto, talvez seja bom dar um jeito de satisfazer as necessidades dos dois, como dar um tempo no relacionamento, buscar manei-

ras de estabelecer limites ou considerar outros modos de chegar a um meio-termo. Se não conseguirem encontrar um jeito que dê certo, sempre há a opção de encerrar a relação.

- **Demonstre o valor que o compromisso tem para você**
  Explique que seu desejo de ter um relacionamento monogâmico é um modo de mostrar dedicação ao parceiro. Manter o compromisso um com o outro, de maneira exclusiva, requer sacrifício e entrega — não são simples comportamentos, mas virtudes que reforçam psicologicamente a unidade entre duas pessoas. Para alguém que pensa dessa maneira, receber a notícia de que o parceiro deseja uma terceira pessoa pode ser interpretado como "não sou suficiente para você".

Ter um relacionamento é como velejar pelo oceano: em algumas vezes você vai a lugares conhecidos; em outras, aventura-se por mares nunca dantes navegados. Nem todos a bordo concordarão com o rumo a ser seguido, mas espera-se que os envolvidos consigam descobrir juntos. Respeitem a mudança da necessidade dos dois, comuniquem-se abertamente, negociem às vezes, mas sejam sempre fiéis a quem são. E lembre-se: na popa do navio sempre há um bote de emergência para pular caso a embarcação comece a afundar.

> Dizem que Brad Pitt e Angelina Jolie tiveram um relacionamento aberto por um tempo. Os dois não acreditavam em restringir o outro nem achavam que a fidelidade fosse um requisito absoluto dos relacionamentos.[4] Eles ficaram treze anos juntos e decidiram se separar em 2016. Não é fácil administrar um relacionamento aberto — e essa nem sempre é a solução para salvar um casamento.

BANDEIRAS VERMELHAS, BANDEIRAS VERDES

Quando só um não basta — qual é o problema?

No mundo contemporâneo, um número crescente de pessoas prefere não manter um relacionamento monogâmico. A vida moderna dificulta concentrar-se em um único alguém. As pessoas viajam mais do que nunca, os aplicativos de namoro oferecem opções ilimitadas e todos estão menos dispostos a lidar com as dificuldades de uma relação. Parece que a fórmula de companheirismo de hoje exige um conjunto maior de estímulos (como pessoas, experiências, aprendizados) que ajudem a entender quem nós somos num mundo que muda com tanta rapidez. Também parece que a promessa de lealdade eterna está chegando ao fim em todas as áreas da vida, do trabalho ao romance. "Por que me concentrar numa só pessoa?" é a mentalidade que muitos começam a desenvolver, e não só no terreno do namoro. Alguns casais monogâmicos que estão juntos há muito tempo têm optado por conhecer pessoas fora do relacionamento, individualmente ou não. Pode ser um choque quando o parceiro pede para abrir a relação, em especial se você nunca pensou nisso. O relacionamento aberto não é para todos (tampouco é socialmente aceito em várias culturas e comunidades), e lógico que você não precisa se sentir pressionado a aceitar, caso não queira. No entanto, essa dinâmica pode dar certo quando os dois querem e têm clareza do que significa "abrir" a relação. Esse tipo de acordo tem benefícios e desvantagens e, se você está pensando em abrir o seu e permitir a entrada de outras pessoas, faça questão de examinar de que modo isso vai acontecer e estabeleça regras básicas claras (além de um plano de contingência) para garantir que ninguém se magoe. Conversar sobre sair com parceiros fora do relacionamento não acontece da noite para o dia. É algo que requer muita discussão, tempo e confiança. Também é uma conversa que pode ofender muita gente. Portanto, prepare-se também para perder o companheiro, se decidir conversar sobre essa opção.

É uma **bandeira vermelha** quando:

- O parceiro pressiona você para abrir o relacionamento.
- O parceiro quer que você seja exclusivo, enquanto ele sai com outras pessoas.
- O parceiro propõe um relacionamento não monogâmico depois de conhecer alguém.
- O parceiro desrespeita o acordo feito com você sobre a abertura do relacionamento.

É uma **bandeira verde** quando:

- Você e o parceiro abrem o relacionamento porque é algo que os dois querem.
- O parceiro respeita seu desejo de não abrir o relacionamento.
- O parceiro volta ao relacionamento monogâmico depois de você tentar abrir, mas pedir para retornarem à exclusividade.
- Você e o parceiro compartilham abertamente as próprias necessidades no relacionamento, pois sabem que elas mudam com o tempo.

O que considerar ao decidir se você fica ou cai fora

Pode ser difícil responder quando o parceiro lhe pergunta se você está aberto a sair com outras pessoas. Talvez você se sinta muito desconfortável e até questione por que vocês ainda estão juntos, se ele ou ela quer estar com outros. Para muitos, a monogamia é a única forma de vínculo amoroso possível. No entanto, há um interesse crescente pelo relacionamento aberto, ainda estigmatizado socialmente em muitas culturas e comunidades, mas que aos poucos tem se tornado mais aceito. Se você não tem certeza se quer esse formato (mas está aberto à ideia), é importante ter uma boa conversa sobre o que significa "abrir uma relação" e como fazer com que isso funcione. Sair com outras pessoas pode apimentar as coisas na cama, mas traz desafios únicos que você precisará levar em conta antes de decidir se vale a pena abrir o relacionamento.

SINAIS PARA FICAR

- O relacionamento entre você e o parceiro já começou aberto.

- Você está considerando a proposta do parceiro de sair com outras pessoas, individualmente ou como casal.

- Você não está disposto a abrir a relação e comunica isso ao parceiro, que respeita a sua decisão (portanto o relacionamento não muda o status para aberto).

- O parceiro respeita as regras que vocês combinaram quando abriram o relacionamento.

HORA DE PARTIR

- Quando o relacionamento aberto não é uma opção para você (independentemente da razão).

- Você não quer o relacionamento aberto, e o parceiro coloca dificuldades para respeitar sua opção.

- O parceiro faz com os outros coisas das quais você discorda.

- O parceiro não volta ao status de relacionamento monogâmico quando, depois que ambos terem tentado sair com outras pessoas, você decide parar.

BANDEIRA VERMELHA 22
"Você não percebe que a culpa é sua?"
Quando o parceiro é manipulador

"A busca pelo bode expiatório é
a mais fácil das expedições de caça."
Dwight D. Eisenhower

O parceiro que culpa o outro

Culpar os outros é uma reação psicológica normal quando algo errado acontece. Mas por que fazemos isso? Quando apontamos o dedo e jogamos a responsabilidade nas mãos de alguém, nós nos sentimos seguros. Esperamos que a outra pessoa reflita sobre o que fez e aprenda com isso para ir em frente. No entanto, nem sempre é assim. A psicologia da culpa é complexa e envolve diversas emoções e processos de pensamento. Por exemplo, quando alguém lhe aponta o dedo, é natural que você sinta vergonha. Esse sentimento pode lhe dar vontade de proteger a sua imagem, o que, por sua vez, leva você a culpar outra pessoa (mesmo quando sabe que foi você que errou). Nesse caso, culpar o outro ajuda a evitar o sentimento de vergonha e afasta o foco dos seus próprios erros. Quando o parceiro culpa você de algo que para você não está claro, é importante saber por quê. Em alguns casos, culpar o outro pode se tornar um comportamento compulsivo e até uma forma de agressão.

Ter um parceiro que culpa você o tempo todo por coisas que dão errado no relacionamento é uma bandeira vermelha. As pessoas podem criar esse hábito e se acostumar tanto com tal comportamento que o praticam até de forma inconsciente. Ser culpado o tempo todo prejudica muito a relação e a saúde mental. Essa também é uma bandeira vermelha porque indica que o parceiro não aceita a responsabilidade pelos próprios atos, desviando-se dela e apontando o dedo para você. Também é possível que a culpa seja sua, e talvez devesse considerar que você é que é a bandeira vermelha. Nesse caso, está na hora de refletir e aprender por que você cria problemas na relação. Seja qual for a razão, aprender sobre a culpabilização e por que as pessoas adotam esse processo lhe dará ideias e estratégias para fortalecer o vínculo amoroso ou impedir que você se torne (ou continue) vítima de comportamentos antagonistas, como o *gaslighting*.

O que é gaslighting?

Recentemente a palavra *gaslighting* ficou bastante popular no mundo do namoro e nos círculos sobre relacionamento. O *Oxford Dictionary of English* até a colocou entre as palavras do ano de 2018.[1] No entanto, muita gente não entende plenamente o que ela significa nem de onde vem. *Gaslighting* é uma forma de manipulação psicológica com a intenção de fazer o outro duvidar de si mesmo e questionar o próprio julgamento. O objetivo é controlar a pessoa com acusações falsas, mentiras e fatos distorcidos, a fim de alterar sua percepção da verdade. A realidade, as lembranças, os sentimentos e as experiências são negados. O *gaslighting*, além de tática de manipulação, também é um jogo de poder para criar assimetria entre as pessoas (como marido e mulher, chefe e subordinado, mãe e filha).[2] A palavra surgiu na década de 1930, quando uma peça (que depois virou filme) de Patrick Hamilton chamada *Gas Light* [Luz a gás] contou a história de um homem que tenta convencer a mulher de que ela está enlouquecendo, para colocá-la num manicômio e roubar a herança dela.

Em geral, quem pratica o *gaslighting* tenta convencer você de que a sua percepção da realidade é falsa (mesmo quando você tem provas de que não é) e dá um jeito de distorcer a conversa para se fazer de vítima. Um exemplo de frase típica seria: "Sabe por que traí você? Foi você mesmo que me obrigou!". Essas pessoas sabem exatamente como distorcer os fatos com palavras e fazer você se sentir culpado. Há várias razões psicológicas para os agressores agirem assim com os parceiros, que vão da crueldade e do medo do abandono a abusos no passado e transtornos de personalidade como o narcisismo.

O que acontece quando alguém sofre gaslighting?

As pessoas que são alvo do *gaslighting* costumam relatar que passaram a duvidar de si mesmas e não se conhecem mais. Ficam com medo de abordar problemas no relacionamento e podem ter confusão, ansiedade, depressão ou espiral de pensamentos.[3] Não é raro que as pessoas tenham problemas de regulação emocional depois de sofrerem essa manipulação por longo período. Pode haver colapso emocional ou crise de histeria quando o indivíduo começa a perder a fé no que acredita ser verdade. Quem sai de relacionamentos problemáticos nos quais foi repetidamente submetido a *gaslighting* pode ter dificuldade para formar uma nova conexão romântica, devido aos problemas de autoestima e sentimentos de rejeição.[4] É fácil entender que, quando a sua realidade é questionada regularmente e você não se sente (mais) seguro a respeito de si mesmo, é possível perder-se e continuar sendo vítima de abuso.

O *gaslighting* é uma forma de abuso emocional, e é importante identificá-lo quando surge, para lidar com ele da melhor maneira possível. Cercar-se de pessoas que confirmem o que você está vendo e passando é fundamental para manter contato com os fatos e não perder a sanidade.

No entanto, como geralmente começa de modo sutil, pode ser difícil percebê-lo; quando você aceita as falsidades que lhe são lançadas, talvez os dois acabem num círculo vicioso de abuso verbal e emocional que chega a causar violência doméstica e declínio da saúde mental.

É você quem faz gaslighting?

Depois de meses e anos de *gaslighting*, você pode começar a ter esse comportamento consigo mesmo, ou seja, a invalidar suas próprias necessidades e acreditar que a outra pessoa não o prejudica de propósito. O abusador fez você abusar de si mesmo. Então por que as pessoas ficam em um relacionamento no qual sofrem *gaslighting*? Em primeiro lugar: quando perde a noção da realidade, você não sabe mais o que é verdade. Isso pode imobilizar emocionalmente e deixá-lo muito inseguro, preso no mesmo lugar. Se você for uma pessoa que quer agradar, não vai questionar os argumentos do parceiro e provavelmente os aceitará para impedir novos confrontos. Evitar confrontos só piora o problema quando se trata de *gaslighting*. Também é comum que as pessoas busquem aprovação e validação com quem as magoa, o que mantém a vítima no relacionamento com esperança de ser amada ou de conseguir salvar o parceiro de injustiças. O *gaslighting* exige "participação mútua", ou seja, você, como vítima (que sofre o abuso), também tem a função de permitir ser feito de alvo.[5] É importante ter consciência da sua participação e assumir o controle se quiser que esse tipo de abuso pare. Praticar e sofrer *gaslighting* pode facilmente se tornar um círculo vicioso quando você não sente confiança suficiente para lidar com o problema do relacionamento ou quando procura amor no lugar errado.

Táticas e comportamentos comuns no gaslighting

Há várias estratégias e comportamentos de manipulação da mente ligados ao *gaslighting*. Como forma de manipulação interpessoal, ele visa invalidar o outro, desacreditá-lo, criar dúvidas, solapar a confiança e distorcer a realidade. As táticas podem ser divididas em quatro categorias específicas.

MENTIR CONSTANTEMENTE

As pessoas que praticam *gaslighting* geralmente usam mentiras para distorcer as lembranças, crenças e experiências do outro. Para isso, é comum os abusadores dizerem "Isso nunca aconteceu!", "Você só acredita no que os seus amigos dizem!" e "É claro que você não está vendo a situação direito!". Se feita de forma reiterada, a distorção leva você a duvidar não só das suas experiências, mas também das lembranças do passado.

BANALIZAR

Banalizar é uma tática do *gaslighting* que faz você se sentir pequeno e sem importância. Suas necessidades e experiências são desacreditadas, e a pessoa lhe diz o tempo todo que você é "maluco!", "sensível demais!" ou "por que dar ouvidos a alguém como você?".

FAZER O OUTRO DE BODE EXPIATÓRIO

Transformar alguém em bode expiatório é culpar essa pessoa o tempo todo para mudar de assunto e fugir à responsabilidade pelos próprios erros. O abusador tentará pôr o foco sobre a vítima, a fim de que ela só se concentre em se defender e nunca consiga pensar no problema real. Um exemplo é: "Você não para de encher meu saco, não é à toa que nunca paro em casa. Olhe o seu comportamento antes de atacar o meu!".

COAGIR

A coação é uma forma de *gaslighting* que busca isolar alguém, forçá-lo a fazer o que não quer ou se sentir mal por coisas que teria feito. A pessoa pode ser coagida com encanto e afeto positivo, mas no *gaslighting* é mais comum que aconteça com abuso verbal ou físico. Exemplos de coação: "Vou ficar uma semana sem falar com você por causa do que fez" e "Vou bloquear você! Só desbloqueio quando admitir que estou certo."

O que fazer quando você começa a sofrer gaslighting *do parceiro*

Se você está em um relacionamento e desconfia ou já tem certeza de que o parceiro (ou um familiar ou colega de trabalho, aliás) está fazendo *gaslighting* com você, é hora de agir. Não enfrentar esse problema de cabeça erguida pode causar repercussões graves, mesmo que hoje você ache que o comportamento é "aceitável". Neste ponto da leitura do livro, talvez você pense: "Já estou tão imerso num relacionamento problemático que não dá mais para mudar. Aceito a situação como é." Esse é um padrão de pensamento muito comum em quem já vivenciou qualquer tipo de abuso no relacionamento por períodos prolongados. O que quero que perceba é que a sua mente e os seus sentimentos de insegurança o prendem nesse momento. Considere o seguinte para recuperar a sanidade e o controle do que você sabe que é real e bom para si:

CRIE (AUTO)CONFIANÇA

Tome consciência da sua situação pessoal fazendo a si mesmo algumas perguntas para refletir: "Você está num relacionamento problemático?"; "O que faz o seu relacionamento ser assim?"; "Você se lembra de alguma época em que a situação era diferente?"; "Caso lembre, qual era a diferença e em que você era diferente?". Pergunte-se por que aceita permanecer numa relação problemática e desafie-se a pensar no que pode fazer hoje, por menor que seja, para mudar a situação atual.

IDENTIFIQUE O *GASLIGHTING* (CONFIRME QUE ELE ESTÁ ACONTECENDO)

Depois de refletir sobre a sua situação, está na hora de se concentrar nos comportamentos do parceiro. Pergunte-se: "Estou sofrendo *gaslighting* nesta relação?" Para ajudar, veja se responde "sim" a qualquer uma das seguintes declarações:

- O meu parceiro me leva a questionar minha percepção da realidade e diz que as minhas conclusões não são verdadeiras.

- O meu parceiro não assume a responsabilidade pelos próprios erros. Em vez disso, dá um jeito de me culpar.

- Quando confronto o meu parceiro por seu mau comportamento, ele me diz que se comporta assim por minha causa.

- Quando confronto o meu parceiro devido a uma atitude ruim, ele logo desvia a conversa para não tratar do tema.

- O meu parceiro se faz de vítima quando o pego fazendo algo errado ou inadequado.

- O meu parceiro fica irritado comigo quando aponto que fez algo errado.

- O meu parceiro costuma mentir e, quando é pego na mentira, me ataca dizendo que estou "delirando" ou "enlouquecendo".

- O meu parceiro tenta me desacreditar fofocando sobre mim com os outros ou arruinando a minha reputação (para se proteger).

RECUPERE A CONFIANÇA EM SI MESMO

Caso reconheça qualquer um desses comportamentos, está na hora de agir. Proteger-se é fundamental, pois ser submetido a culpabilização ou *gaslighting* contínuos pode prejudicar muito a sua noção de realidade e saúde mental. Se foi submetido a essa manipulação por muito tempo, talvez você se sinta indefeso ou assustado demais para agir e acredite que nada vai se resolver. Lembre-se sempre de que você tem o direito de ser tratado com respeito e de que a sua voz e a sua percepção da realidade são importantes. Pense também em falar com um amigo próximo que possa restaurar a sua autoconfiança ao reafirmar as suas crenças.

CHEGOU A HORA: REAJA AOS ATAQUES[6]

Quando se sentir confiante para falar, escreva as várias coisas que pode dizer para defender a sua posição ou as suas percepções. Veja alguns exemplos:

- "Percebi que você se aborrece/me culpa/diz que estou enlouquecendo/muda de assunto quando aponto um comportamento ruim da sua parte. É a sua maneira de evitar a responsabilidade pelo que fez. Não aceito mais esse comportamento."

- "É inaceitável que você me culpe pelos seus erros. Você escolheu fazer o que fez. Não permito mais que você me submeta ao *gaslighting*."

- "Já peguei você várias vezes mentindo para mim. Você me conta histórias diferentes e inverte os fatos. Não podemos manter um relacionamento de confiança se você continua se comportando assim."

- "Sempre que falo com você sobre suas atitudes ruins, você busca apoio nos outros e fala mal de mim. Isso é inaceitável. Se acha que pode continuar se comportando assim, não vejo futuro para nós."

TREINE, TREINE, TREINE

Talvez você se sinta bem desconfortável no começo, ao rebater os ataques, mas lembre-se: seu cérebro não está acostumado a esse novo comportamento. É possível que você até sinta culpa por tentar se defender, a si ou à sua posição. Nesse caso, não se esqueça de que é o cérebro tentando manter você preso a padrões antigos de pensamento. Veja o sentimento de culpa como sinal positivo de mudança, pois o cérebro está tentando desenvolver novas reações emocionais a fim de se sentir à vontade para combater os ataques. O sentimento de culpa vai desaparecer com a prática de se defender e proteger sua percepção da realidade. Está na hora de se reconectar consigo mesmo e de validar as suas experiências.

ESTEJA CIENTE DA POSSIBILIDADE DE REVIDE

Quando você começar a se defender, é muito comum que o parceiro se vingue ou menospreze o seu comportamento. Lembre-se: isso acontece nessa dinâmica e a única maneira de ser bem tratado é manter-se fiel à sua posição e aos seus valores. Se achar difícil lidar com essa atitude do parceiro, solicite apoio a alguém. Pedir ajuda não é fraqueza. Na verdade, mostra força e convicção para atingir as suas metas.

> O *gaslighting* acontece de várias maneiras. Shimon Hayut, mais conhecido como "Tinder Swindler" ("o golpista do Tinder"), era um mestre da manipulação e usava *gaslighting* para as vítimas acreditarem que ele era filho de um bilionário.[7] A sua tática ia da manipulação da realidade à coação e era tão eficaz que ele conseguia convencer as mulheres que conhecia no aplicativo Tinder, fazendo-as dar dinheiro para ele — o qual era usado para financiar seu estilo de vida luxuoso.

Quando o parceiro manipula você — qual é o problema?

A psicologia que envolve a tática de culpabilizar os outros é curiosa e complexa ao mesmo tempo. Embora tenha um propósito a curto prazo, jogar a culpa no outro ou fazer *gaslighting* de forma contínua e habitual é claramente um enorme problema em qualquer relacionamento. Se na sua relação a culpa é usada como tática de manipulação da mente, está na hora de tomar consciência disso e lidar com o problema. Lembre-se sempre de que culpar os outros para manipulá-los, distorcer a sua noção de realidade ou controlá-los são formas de abuso que podem, inclusive, passar despercebidas, principalmente nos primeiros estágios. Sofrer *gaslighting* faz a pessoa se sentir presa e insegura sobre si, achando que não pode se afastar do parceiro. Lembre-se de que pode, sim, e que nessa hora é importante buscar a ajuda de um amigo ou de um especialista em relacionamentos. Sofrer abusos nunca é bom, e você não deve permitir isso, por mais que ame alguém.

É uma **bandeira vermelha** quando:

- O parceiro sempre culpa você (e você assume essa culpa que lhe foi jogada).
- O parceiro usa a culpa para desviar a atenção dos próprios defeitos ou erros.
- É você quem joga a culpa ou faz *gaslighting* com o parceiro para ter poder sobre ele ou magoá-lo.
- Você aceita o *gaslighting* porque acredita que pode consertar o parceiro.

É uma **bandeira verde** quando:

- O parceiro responsabiliza você por algo que você fez, mas que não deveria ter feito, e você admite a culpa por um erro que de fato cometeu. Você enxerga a situação como uma oportunidade de refletir e melhorar seu comportamento.

- Você evita usar a culpa como ferramenta para manipular o parceiro. Prefere repensar as próprias questões e admitir que ninguém é perfeito.

- Vocês debatem entre si os problemas ou comportamentos com os quais não estão satisfeitos. Em vez de culpabilizar, concentram-se no problema sem torná-lo pessoal.

- Você enfrenta o *gaslighting* assim que ele aparece. Não permite que a sua percepção da realidade seja questionada.

O que considerar ao decidir se você fica ou cai fora

Se você for a pessoa sofrendo a culpabilização ou o *gaslighting*, está na hora de pensar em como se afastar disso. É bem provável que você esteja num relacionamento abusivo. Pode até tentar racionalizar que o parceiro não faz de propósito ou que passou por fases difíceis na vida, então não há problema em tratar você assim. Isso não poderia estar mais distante da verdade. Aceitar o abuso pode ser uma forma de reagir a esse problema ou pode estar ligado ao valor que você dá a si mesmo. Seja qual for a razão, não é saudável, e é importante afastar-se do relacionamento ou negociar como vocês dois podem continuar de forma mais saudável. Compreendo que não é assim tão fácil, e não faça tudo sozinho caso se sinta preso. Recorra a um amigo ou terapeuta que o ajude a lidar com parceiros abusivos. Caso queira manter a relação e acreditar que ela ainda tem futuro, decida os comportamentos que está disposto ou não a aceitar. Pense também nas consequências se algum acordo não for respeitado. Em que momento você diz adeus? Seja claro na hora de estabelecer seus limites, tanto dentro do relacionamento quanto dentro de si mesmo. Por fim, considere as circunstâncias pessoais e culturais ao decidir se quer ficar ou largar. Até que ponto é fácil para você ir embora quando quiser? Do que vai abrir mão caso opte por partir? Vale realmente a pena ficar nessa relação com tanto drama?

SINAIS PARA FICAR

- O parceiro tem uma tendência a culpar os outros, mas nunca de um jeito ruim.

- O parceiro já usou *gaslighting* com você no passado, mas agora reconhece o comportamento graças à profunda introspecção e/ou terapia.

- Vocês têm filhos, então deixar o parceiro não é uma decisão fácil. Ambos procuram terapia antes de decidir se vão se separar.

- Você entende que levar a culpa por tudo realmente pode significar que está fazendo as coisas de maneira errada ou prejudicial. Está na hora de ter uma conversa franca sobre o que está acontecendo.

HORA DE PARTIR

- Você percebe que está num relacionamento verbalmente abusivo.

- O parceiro regularmente faz *gaslighting* para que você questione a sua percepção de realidade.

- A sua saúde mental está se deteriorando por causa dos comportamentos ruins do parceiro. É hora de partir ou de aumentar a distância.

- Você percebe que, devido à sua baixa autoestima, acaba aceitando o tratamento ruim.

BANDEIRA VERMELHA 23
"Eu não queria magoar você!"
O parceiro infiel

> "Não estou chateado porque você mentiu para
> mim. Estou chateado porque, a partir de agora,
> não consigo acreditar em você."
> Friedrich Nietzsche

Infidelidade... como assim?

Ser traído é uma experiência terrível e extremamente comum. O fato de seu parceiro fazer sexo com outra pessoa é uma constatação desconfortável. Não só porque aconteceu, mas também porque provavelmente você se questionará a respeito. A repercussão da infidelidade vai bem além do ato em si. Pode ter um efeito negativo sobre o seu amor-próprio, desestabilizar a família, afetar seu desejo de socializar e, em alguns ambientes e culturas, prejudicar a sua reputação. Então por que as pessoas traem, e o que há a ganhar sendo promíscuo? E o que é considerado traição na era das mídias sociais? Curtir a foto de alguém no Instagram está na fronteira da traição? E instalar um aplicativo de relacionamento, flertar ou até trocar mensagens de conteúdo erótico, em texto, foto ou vídeo (o famoso *sexting*) com outra pessoa?

A psicologia da traição ajuda a explicar por que as pessoas têm necessidade de se entregar física e emocionalmente a terceiros quando já estão num relacionamento e como justificam esse comportamento. É um tópico fascinante, que neste capítulo será explorado e explicado à luz da visão contemporânea — podendo questionar alguns pressupostos existentes sobre traição.

Definição de infidelidade no mundo moderno

A traição ou infidelidade é definida como "ato de ter uma relação romântica ou sexual com outra pessoa que não seja seu marido, sua esposa ou seu parceiro".[1] Esse significado indica claramente que a intimidade (beijos, relações sexuais) com outro além do parceiro é um ato não consentido por algumas das partes do casal que ocorre dentro de um relacionamento monogâmico. Isso tem mais a ver com a traição física. No entanto, o que falta ao verbete "infidelidade" no *Webster's Dictionary* é a traição emocional, a qual extrapola o ato apenas físico. A infidelidade emocional acontece quando o parceiro desenvolve um vínculo afetivo próximo com alguém fora do relacionamento, a ponto de fragilizar a confiança e a intimidade entre vocês. Essa infidelidade pode ser tão prejudicial quanto a física e pode arruinar o casamento. Homens e mulheres acham terrível a traição emocional e, em muitos casos, consideram-na pior do que a física. O interessante nos casos judiciais que envolvem infidelidade emocional é que a maior parte dos tribunais não os entende como adultério, o que dificulta o processo de divórcio em alguns sistemas jurídicos.

Além disso, com a ascensão das mídias sociais e dos aplicativos de relacionamento, agora também há a infidelidade digital. Nesta, o parceiro se envolve com alguém numa relação on-line ou envia mensagens particulares românticas/sexuais a alguém (que nunca viu pessoalmente). Considera-se que ela está presente também quando o parceiro mantém contato com o/a ex ou com alguém com quem ele sabe que pode se envolver romântica ou sexualmente (de novo). Isso pode ser difícil de decifrar. No entanto, uma regra que uso para decidir se é caso ou não de infidelidade digital é avaliar se o parceiro mantém esse contato em segredo (não fala de certas interações, dá nomes falsos às pessoas, apaga as mensagens desses contatos). Alguns consideram infidelidade digital quando o parceiro curte, no Instagram ou no Facebook, fotos específicas de pessoas por quem poderiam se sentir atraídos.

Embora esses comportamentos pareçam inofensivos, a infidelidade digital causa muita angústia relacional e, eventualmente, outras formas de traição. Essa infidelidade pode ser considerada uma forma de traição emocional. No entanto, com a ascensão dos jogos eróticos, da realidade virtual e até dos robôs, também pode se tornar uma forma ciberfísica de trair que chamo de "traição de ficção científica".[2] Sem falar de como o terreno digital facilitou encontrar novos desejos e fetiches sexuais. A minha investigação da infidelidade e dos aplicativos móveis mostra que as técnicas persuasivas do projeto da maioria das plataformas digitais, que visam a fisgar os usuários, contribuem para manter intacta a infidelidade digital. É interessante que um estudo publicado na revista *Computers in Human Behavior* constatou que cerca de 21% dos usuários do Tinder já têm um relacionamento estável. A pesquisa cita o vício em mexer no celular e em ficar passando o dedo pela tela como razões para as pessoas continuarem a usar aplicativos de namoro mesmo já estando em uma relação.[3]

Com a ascensão da internet e a atual digitalização da vida, creio que a definição do que significa traição no mundo de hoje precisa ser revista. E, se você acha que curtir a foto dos outros na internet e trocar mensagens eróticas é ser infiel, é importante explicar ao parceiro os comportamentos que considera aceitáveis no relacionamento. Para alguns, essas atitudes são completamente inofensivas; para outros, são absolutamente inaceitáveis. Um estudo de 2022 publicado na revista *The Journal of Sex Research* verificou que a avaliação do comportamento infiel pelas mulheres é mais rígida do que a dos homens, o que pode ser problemático quando se tenta encontrar um consenso.[4]

No entanto, o cientista comportamental que existe em mim me força a alertar as pessoas para a "ladeira escorregadia" na qual um pequeno comportamento pode levar a um problema enorme mais à frente se não for resolvido de imediato, ainda mais quando o projeto tecnológico cria hábitos e propaga comportamentos inconscientes.

Por que os parceiros traem?

Há muitas razões para as pessoas traírem, e essas razões não se devem apenas a tédio ou infelicidade no relacionamento ou à paixão por outra pessoa. A traição pode ser provocada pelo sentimento de insegurança ou pela baixa autoestima, portanto, trair é um modo de você ou seu parceiro se sentirem validados ou inflarem o próprio ego. Muita gente também trai porque não consegue controlar os impulsos nem resistir à tentação. E outras pessoas traem porque gostam da emoção de fazer algo proibido e ver se conseguem sair ilesos. Essas razões psicológicas por trás da infidelidade são as mais difíceis de abordar, por estarem profundamente enraizadas na psique do indivíduo. Além das motivações psicológicas, pode haver causas situacionais isoladas, motivos circunstanciais ou fatores sociais para o seu parceiro trair. Um motivo circunstancial bastante comum é a vingança.[5] O parceiro pode se sentir atacado ou maltratado por você e se vingar com a traição. Dois erros não formam um acerto, mas infelizmente esse tipo de traição acontece muito. Já a infidelidade com fator social acontece quando culturas, comunidades ou grupos diferentes têm atitude diversa em relação à fidelidade. Em algumas culturas, os homens são elogiados (ou vistos como machos-alfa) por terem casos fora do casamento. Em outras, as pessoas se casam para cumprir tradições ou obrigações parentais da cultura (como os casamentos forçados ou arranjados), o que limita a profundidade da conexão entre os parceiros e influencia a decisão de ser infiel.[6] Trair é um fenômeno comportamental complexo e pode acontecer por muitas razões. É importante entender por que o parceiro trai, pois isso ajuda a manter a cabeça fria ao lidar com esse problema no relacionamento.[7] Também vale perceber que, na traição, os maiores concorrentes não são os amantes, homens ou mulheres; os valores, as inseguranças e os traumas passados do companheiro é que deveriam causar mais preocupação. Além disso, se você não leva o comportamento infiel para o lado pessoal, distanciar-se do problema ajuda a não se culpar por nenhum dos erros do outro. É muito comum que os indivíduos se sintam culpados quando traídos, e na maior parte dos casos as suas razões são inválidas. Mas, seja qual for a razão, não há desculpa para trair alguém nem motivação para aceitar ser traído.

Quem trai mais: homens ou mulheres?

Essa é uma pergunta muito popular, que muitos estudos tentam responder. Com a mudança das normas de gênero, seria de esperar que houvesse alterações nas respostas. Instintivamente, você diria que os homens traem mais. No entanto, há várias formas de traição; a infidelidade pode acontecer em diversos estágios da vida e ser mais frequente em determinadas culturas ou comunidades do que em outras. Além disso, a definição de traição (ou a racionalização do que constitui um comportamento infiel) pode influenciar na definição de quem trai mais. Se a mulher evita a responsabilidade e tenta racionalizar que dormiu com alguém a partir da mentalidade de culpa ou vitimismo — "O meu homem não me dá atenção suficiente" —, então ela também poderia negar que o seu comportamento seja uma traição.[8] Com os homens, é a mesma coisa. É preciso obter uma resposta mais esmiuçada à pergunta "Quem trai mais?".

Quando se trata da traição física, parece que os homens traem mais.[9] A *General Social Survey* [Pesquisa Social Geral] feita pelo Institute for Family Studies, que investiga a infidelidade entre heterossexuais casados nos Estados Unidos, constatou que, em média, 20% dos homens trai fisicamente; entre as mulheres, esse número foi de 13%.[10,11] Dois achados interessantes do estudo são que as mulheres casadas na faixa etária de 18 a 29 anos traem um pouquinho mais do que os homens (10% entre os homens, 11% entre as mulheres), e a taxa de infidelidade entre os homens chega ao ponto mais alto na faixa de 70 a 79 anos (26%). Embora haja muitas explicações para esses achados, com base nesse resultado gosto de dizer que, para as mulheres, a lógica é "experimentar antes de se comprometer", e para os homens, "experimentar antes de morrer". A infidelidade na comunidade LGBTQIAPN+ não é bem estudada nem documentada, mas a pesquisa mostra que a infidelidade em relacionamentos gays monogâmicos ocorre com frequência[12] e que homens e mulheres homossexuais são menos negativamente afetados pela infidelidade física do que os casais heterossexuais.[13] Quando se trata da infidelidade emocional, a *General Social Survey* cita que as mulheres têm mais probabilidade de trair, em comparação com os homens. É interessante notar que, ao mesmo tempo, as mulheres também tendem a sofrer mais impacto negativo com os casos emocionais do que os homens.

Quando trair é uma bandeira verde? (Calma lá, como assim?)

Trair pode mesmo ser uma bandeira verde? Alguns consideram a traição imperdoável; outros conseguem perdoar, mas jamais chegam ao ponto de aceitar. "A traição é uma bandeira nitidamente vermelha em qualquer relacionamento!", diria você. Por que alguém aceitaria ser traído? A verdade é que, para alguns, a infidelidade pode ser considerada uma bandeira verde. Surpreendentemente, de acordo com o site *World Population Review*, menos de 50% dos finlandeses e dos franceses acham que trair é sempre errado.[14] E muitos outros europeus apoiam essa crença. As razões para acreditar que a infidelidade também pode ser considerada uma bandeira verde é que ela deixa o relacionamento principal divertido e (sexualmente) interessante, ajuda a lidar com problemas da relação e falta de intimidade sem que seja preciso separar-se, e ainda permite experiências sexuais que você não poderia ter com o parceiro principal. Devido à mudança das normas globais sobre casamento e sexualidade, esta última razão está se tornando mais prevalente. Alguém pode permitir que o parceiro concretize as suas fantasias sexuais por acreditar que o interesse das pessoas muda com o tempo e que dar mais liberdade à relação é o que mantém as pessoas juntas. Inevitavelmente, ver qualquer tipo de infidelidade como bandeira verde é uma escolha pessoal.[15]

Bandeiras vermelhas que indicam que o parceiro pode estar traindo você

Como saber se você está sendo traído? Fique de olho em sinais que podem indicar que o parceiro é infiel física, emocional ou digitalmente. Aqui estão alguns dos indicadores comuns:

MUDANÇA DA ROTINA

Somos criaturas de hábitos, e, depois de passar algum tempo num relacionamento, você logicamente conhece a rotina diária do outro. Mudanças súbitas, como fazer muitas horas extras no trabalho, viajar mais, prestar mais atenção à aparência física, ter gastos incomuns, usar roupas ou perfumes diferentes e sair com mais frequência podem ser indicadores de que o parceiro está passando mais tempo com outra pessoa. Às vezes, novas atitudes na cama também podem ser um indicador.

SIGILO INCOMUM

Quando o parceiro passa a proteger mais o computador ou o celular (atualizar a senha, ter mais mensagens do que de costume, apagar mensagens, virar de repente a tela do celular para baixo na sua presença), pode ser uma indicação de que ele mantém algo ou alguém em sigilo. Também pode passar a ter menos necessidade de falar sobre detalhes do dia ou do tempo que passou na rua.

DISTANCIAMENTO

Se física ou emocionalmente o parceiro se mostra menos íntimo com você, esse pode ser um sinal de perda de interesse (por exemplo, devido a problemas na relação) ou de satisfação das próprias necessidades em outro lugar. Pode haver outras razões para a falta de intimidade na conexão amorosa (como estresse, traumas do passado, sentimento de rejeição, morte dos pais ou de algum amigo). Tente descobrir por que o parceiro não tem vontade de manter intimidade com você.

MUDANÇA DRÁSTICA DE ATITUDE

Se o parceiro muda a atitude com você ou no relacionamento, esse pode ser um indicador de perda de interesse ou insatisfação. É comum que os traidores fiquem mais críticos, coloquem você para baixo, joguem a culpa em você e pratiquem *gaslighting* para fazer você questionar sua percepção da realidade (veja mais sobre *gaslighting* na

Bandeira vermelha 22, na página 287). Outra mudança de comportamento é dar mais presentes do que de costume, algo que pode estar ligado ao sentimento de culpa.

> Durante o casamento com Jennifer Garner, Ben Affleck supostamente teve um caso com a babá Christine Ouzounian, de 28 anos.[16] Pouco depois, o casal de Hollywood se divorciou. A infidelidade pode acontecer com qualquer um, e ser lindíssima (pense em Adriana Lima) ou famosíssimo (pense em Will Smith) não torna ninguém imune a relacionamentos extraconjugais.

O parceiro infiel — qual é o problema?

As traições são frequentes no mundo dos relacionamentos. Uma em cada cinco pessoas será traída em algum momento da vida. É uma experiência terrível. Além de ser muito doloroso, também pode haver repercussões graves para as pessoas em volta. Quando se fala em traição, em geral só se pensa na traição física (ter intimidade física com alguém fora do relacionamento). No entanto, ela pode vir em muitos tamanhos e formatos. As pessoas também podem trair emocionalmente, o que, para quem é traído, é tão doloroso quanto a traição física. E, com a ascensão das redes sociais e dos aplicativos de relacionamento, a traição digital também se tornou um fenômeno. Quando nos perguntamos "quem trai mais, homens ou mulheres?", naturalmente diríamos os homens, mas, dependendo da forma de traição, também podem ser as mulheres. Há várias razões para ser infiel, como tédio, problemas de autoestima, necessidade de validação, vingança e até circunstâncias situacionais. As pessoas também diferem quanto à reação perante a traição e à tolerância a serem traídas. Alguns não veem a infidelidade como um problema no casamento ou outro tipo de relação. Qual é a sua opinião sobre esse tema?

É uma **bandeira vermelha** quando:

- O parceiro tem intimidade física ou emocional com alguém e esconde isso de você.
- Você acusa o parceiro de trair quando é você mesmo que trai.
- Você tem conversas íntimas ou troca mensagens eróticas com pessoas que conheceu na internet enquanto está num relacionamento.
- Você aceita ser traído porque tem medo de perder o parceiro ou porque acha que não merece nada melhor.

É uma **bandeira verde** quando:

- Os dois acham tranquilo estar com outras pessoas.
- Você consegue articular com clareza ao parceiro como se sente sobre a infidelidade física, emocional e virtual.
- Você escolhe não ter relacionamentos monogâmicos porque sente que não consegue ser fiel a ninguém (ainda).
- Seu parceiro não pratica o flerte virtual.

O que considerar ao decidir se você fica ou cai fora

Se o parceiro é infiel, você precisa decidir se quer ficar nessa relação ou cair fora dela. Escolher cair fora, nesse caso, é até fácil. Simplesmente por acreditar que "traiu uma vez, trairá sempre", você decide ir embora no mesmo instante. No entanto, há muitos fatores que podem impedir uma pessoa de terminar a relação depois de traída (como família, crenças diferentes sobre a infidelidade, interesse em sair com outras pessoas também, ausência de uma boa discussão sobre qual é o tipo de relacionamento que vocês têm e se dormir com outras pessoas é considerado traição). Você é do tipo que perdoa e acredita que as pessoas podem mudar? Ou é provável que vá embora caso seu parceiro traia? Não há fórmula mágica que lhe diga se deve pôr um fim a relação ou não. Tudo depende dos seus valores pessoais e também do contexto de como e por que a infidelidade aconteceu. O que você faria se o seu parceiro fosse infiel?

SINAIS PARA FICAR

- Você ainda não estabeleceu limites claros no relacionamento sobre sair com outras pessoas.

- Você acha que a infidelidade não é problema no relacionamento.

- O parceiro traiu você, mas está na terapia para encontrar maneiras de mudar esse comportamento.

- O parceiro traiu você, mas você está disposto a abrir o relacionamento para ter a oportunidade de conhecer outras pessoas também.

HORA DE PARTIR

- Você não aceita nenhuma forma de infidelidade. Quem trai uma vez trai sempre!

- O comportamento infiel do parceiro afetou gravemente você e a família.

- O parceiro é viciado em sexo e, embora ambos estejam num relacionamento, ele não consegue abandonar a intimidade com outros.

- Você racionaliza o seu comportamento infiel a ponto de não considerá-lo mais traição, tampouco algo inaceitável. Está na hora de refletir profundamente sobre a sua atitude antes de recomeçar outro relacionamento.

BANDEIRA VERMELHA 24
"Meu ficante me deixou no vácuo, mas pelo menos superei o maldito ex"
O estepe

"Cada novo começo vem do fim de outro começo."
Lúcio Aneu Sêneca

O efeito estepe

Apaixonar-se por alguém é incrível, principalmente quando surge aquele frio na barriga. Tudo é empolgante — até o parceiro começar a falar da ou do ex. Você sabe que eles terminaram dois meses atrás e, desde então, não tiveram mais contato. Então por que esse nome aparece com tanta frequência? Ou talvez o parceiro faça comparações constantes entre você e o ex. Se isso acontece, há uma alta possibilidade de você estar num relacionamento estepe. O estepe é um relacionamento romântico formado de modo inconsciente ou intencional por alguém que iniciou uma nova relação pouco depois de terminar outra.[1] A razão para iniciar esse novo vínculo está ligada a questões conturbadas da experiência anterior.[2] No mundo dos relacionamentos, o estepe é a situação em que um relacionamento é formado apenas para lidar com a dor ou a angústia da anterior; em geral, as pessoas que têm um relacionamento estepe ou superam de vez ou voltam com o ex. Ser o alvo desse tipo de relação e perceber então que o parceiro não investe mental e/ou emocionalmente em você pode ser doloroso, principalmente se você investiu nele e esperava mais. A cultura popular nos levaria a acreditar que os relacionamentos estepe são ruins e que é importante dar um tempo antes de começar uma nova relação. No entanto, eles não precisam ser necessariamente ruins, e há pesquisas científicas sobre o tema que realmente confirmam que o efeito pode ser mais positivo do que negativo. Quando acontece da maneira certa, o estepe pode beneficiar os dois parceiros e, em alguns casos, levar a vínculos duradouros. Aprender a psicologia por trás desse tipo de relação e saber como identificá-la caso você esteja em uma ajuda a se orientar na complexidade de lidar com o estepe e com a angústia das experiências anteriores.

A psicologia e a neurociência de querer um relacionamento estepe

Rompimentos podem ser muito estressantes e criar caos na autoestima e no bem-estar mental. O efeito pode ser grave até sobre o corpo e a saúde física. Principalmente quando o relacionamento terminou de repente ou de um jeito ruim, o impacto físico e psicológico pode ser imenso. A pesquisa também indica que os homens se envolvem nesse tipo de relacionamento mais do que as mulheres, devido à capacidade de se apaixonar mais facilmente e de sentir mais desconforto depois de um rompimento.[3] Os parceiros estepe nem sempre procuram um novo amor imediatamente — e por razões egoístas. A motivação para buscar companhia após um término recente pode ser ampla, complexa e até inconsciente. Vamos mergulhar em algumas razões físicas e psicológicas comuns por trás da necessidade do estepe, que em vários níveis estão interligadas.

ESTRATÉGIA DE SUPERAÇÃO: O ESTEPE PARA SUPERAR A ANGÚSTIA DO ROMPIMENTO

Como mencionado, o rompimento pode ser estressante, assustador e doloroso. Encontrar uma nova pessoa pode ser uma técnica de superação que ajuda a amortecer sentimentos negativos ou lidar com eles, além de solucionar a angústia.[4] Principalmente quando o novo parceiro se parece muito com o anterior, esse processo de reapego pode acontecer de maneira fluida e inconsciente. Envolver-se de novo logo depois de um rompimento também sofre influência da perda de benefícios (como a ajuda financeira) ou de apoio (como a atenção). Nesse caso, o estepe pode ser uma reação à necessidade de segurança pessoal ou ao medo de perdê-la devido ao término.[5] Um exemplo menos comum de lidar com sentimentos ruins é a vingança. Estar com alguém novo pode ser um modo de retaliar e punir o ex-parceiro.

MEDO DE FICAR SOZINHO: MINIMIZAR O TEMPO DE SOLTEIRICE

Pode ser um choque terminar com alguém, principalmente quando você não previa o rompimento ou quando a relação anterior era muito intensa em termos sexuais ou emocionais. O impacto psicológico de se separar pode ser enorme, não importa o lado em que você esteja — e sem falar da dor física associada ao término.[6] Tristeza, raiva, culpa e/ou vergonha são emoções comuns depois de passar por um rompimento. E, para os que se divorciam, as dificuldades financeiras e as questões que envolvem a guarda dos filhos e a mudança de casa também contribuem para a angústia. É muito normal ter medo de ficar sozinho para sempre, sem um parceiro romântico. Isso leva algumas pessoas a procurar rapidamente um novo amor só para preencher o vazio e substituir o que foi perdido.

AUTOIDENTIDADE: A PERDA DO EU APÓS O ROMPIMENTO

Já se perguntou por que você se sente vazio e perdido, como se faltasse uma parte sua, quando se separa de um parceiro romântico — principalmente quando o envolvimento foi grande e durou muitos anos? A resposta é a seguinte: o seu conceito de eu foi estilhaçado.[7] A noção de si mesmo pode ser destruída de várias maneiras. O entendimento de quem você é se entrelaça profundamente com quem somos "nós". A autoidentidade é um construto dinâmico que sempre evolui e assume novas normas, valores, crenças e comportamentos, dependendo das pessoas ou dos grupos sociais com os quais você mais se associa.[8] Ter uma pessoa forte na vida ou alguém com quem você realmente se preocupa, se identifica ou vê como referência permite que você se entenda melhor do que se estivesse sozinho. Quando o relacionamento acaba, parece que falta uma parte sua,[9] a qual você vai precisar redescobrir. Essa perda do eu pode ser muito angustiante e levar algumas pessoas — em especial quem tem estilo de apego ansioso[10] — a procurar um parceiro o mais depressa possível, a fim de voltar a se sentir completo ou reavivar a relação com um antigo ex.[11]

IMPACTO QUÍMICO DOS ROMPIMENTOS: O PAPEL DOS HORMÔNIOS NOS RELACIONAMENTOS E TÉRMINOS

Os seres humanos buscam conexão social e aceitação dos outros. Quando você sente atração por alguém e se apega a essa pessoa, o seu corpo libera hormônios de todo tipo: dos hormônios da excitação sexual, como estrogênio e testosterona, à ocitocina (chamada de "hormônio do aconchego", pois está ligada ao toque físico e à sensação de apego) e à dopamina (chamada de "hormônio da felicidade", ligada à atração física). No entanto, o rompimento tem o efeito oposto. Ele cria dor e estresse, que fazem o corpo produzir cortisol, o "hormônio do estresse". O cortisol é importante para a vida humana e ajuda o organismo a lidar com situações estressantes. No entanto, a dor de cotovelo pode durar muito tempo e expor o corpo por longo período a um nível alto de cortisol que pode causar complicações, como dificuldade do sono, dor de cabeça, tensão muscular, principalmente na área do peito, pressão alta, comprometimento do sistema imunológico e problemas digestivos.[12] Alguns rompimentos são tão graves para alguns indivíduos que surge a *síndrome do coração partido*, uma sensação física parecida com o ataque cardíaco. O término literalmente pode deixar você doente de amor, o que leva as pessoas a procurar alguém com quem ficar outra vez para aliviar a dor e sarar.

Em geral, a meta primária do parceiro que está em um relacionamento estepe não é formar uma conexão emocional saudável e profunda. Em vez disso, a princípio os objetivos com essa relação são superficiais, ligados à cura das feridas do passado e ao amortecimento de emoções negativas causadas pelo rompimento recém-sofrido. O parceiro profundamente dedicado a formar uma relação de compromisso com um estepe pode ficar arrasado ao descobrir que o outro não tem o mesmo interesse e não investe tanto na relação. No entanto, conhecer a psicologia do estepe e ter mais consciência de por que ele acontece pode ser um degrau para chegar a um vínculo mais sustentável entre os envolvidos.

O estepe pode ser positivo?

"Engatar um novo relacionamento logo depois de outro é ruim?". A resposta previsível seria: "Lógico que é! O estepe é uma grande bandeira vermelha." Na sociedade, há o estigma de que iniciar muito depressa algo novo é ruim, e provavelmente os amigos o incentivarão a se resolver sozinho antes de tentar uma nova relação. No entanto, não acho que esse conselho seja inteiramente válido. Há prós e contras associados ao relacionamento estepe. Em geral, acho que o estepe pode mesmo ser positivo e até saudável; em alguns casos, será tão sustentável quanto os vínculos românticos mais convencionais. O segredo a levar em conta aqui é a motivação de ambos os lados quando entram num relacionamento estepe para garantir que as intenções sejam claras e os dois analisem conscientemente os seus sentimentos. Para entender melhor o que quero dizer, examinemos os pontos positivos e negativos desse tipo de relacionamento sob o ponto de vista de ambos os parceiros.

O QUE BUSCA A PESSOA QUE FORMA UM NOVO RELACIONAMENTO LOGO DEPOIS DE UM TÉRMINO

Pontos positivos do relacionamento estepe:[13,14]

- Voltar rapidamente a se relacionar com outra pessoa pode aumentar a confiança e a autoestima. Sentir que ainda está no jogo (capacidade de namorar) e é atraente ajuda a resolver as inseguranças ligadas ao término.

- O relacionamento novo facilita desligar-se efetivamente do anterior (é mais fácil do que para quem permanece solteiro). Também amortece a dor e permite lidar com as emoções prolongadas relativas ao ex-parceiro.

- Já foi comprovado que iniciar um relacionamento com rapidez após um rompimento recente causa um bem-estar relacional maior (talvez devido a receber apoio social e emocional do novo parceiro).

- Em alguns casos, a capacidade de encontrar um novo parceiro demonstra maleabilidade e maior segurança no apego (ou seja, emocionalmente estável, mais seguro na criação de vínculos, mais confiante e capaz de ter intimidade com alguém).

Pontos negativos do relacionamento estepe:[15]

- Ainda nutrir sentimentos pelo parceiro anterior.

- Possivelmente manter contato frequente com ex-parceiros.

- Comparar o novo parceiro com o anterior.

- Não investir na relação atual de forma completa, mental ou emocionalmente (ou estar com um estepe sem plena consciência do porquê).

O RECEPTOR (PESSOA QUE ENTRA NO RELACIONAMENTO COM QUEM BUSCA O ESTEPE, SEM QUE HAJA PROBLEMAS PROLONGADOS COM ALGUM EX)

Pontos positivos do relacionamento estepe:

- Pode ser saudável e estimulante quando os dois parceiros vêm de rompimentos anteriores e agora sabem melhor o que querem. Por compartilharem a experiências parecidas, podem ter uma base comum para crescerem.
- Quando você sente que as suas necessidades são satisfeitas na dinâmica do relacionamento estepe.
- O parceiro tem capacidade e se dispõe a se conectar emocionalmente, então vale a pena explorar uma conexão mais profunda.

Pontos negativos do relacionamento estepe:

- Sentir (por um período maior ou menor) que o parceiro cria com você uma conexão menos autêntica e emocional (talvez até com menos probabilidade de assumir um compromisso).
- Após o rompimento anterior, o parceiro que está em relacionamento estepe evita trabalhar as questões emocionais dele, e problemas comportamentais semelhantes persistem no relacionamento novo.
- O relacionamento estepe é uma distração temporária, em geral fogo de palha (mais um namorico estepe do que uma relação de verdade).

> **VOCÊ SABIA?**
>
> Casar-se outra vez depois de dissolver o casamento anterior não indica o efeito estepe, em termos da longevidade do relacionamento.[16] Parece que o matrimônio cria uma mentalidade mais sustentável. Até agora, o rompimento foi retratado como algo negativo. Mas términos também podem ser positivos. Aprendemos mais sobre nós mesmos e temos a oportunidade de mudar nosso modo de agir e os padrões problemáticos de pensamento, além de nos concentrarmos no autodesenvolvimento.

Quais são os sinais de que você está em um relacionamento estepe?

Pode ser difícil identificar o relacionamento estepe, sobretudo nos primeiros estágios, quando você se sente apaixonado pelo novo parceiro, na fase geralmente chamada de "lua de mel". É difícil ver as bandeiras vermelhas quando os dois estão se comportando da melhor maneira possível, e as emoções podem nublar a capacidade de avaliação. Para identificar se você é o estepe do seu parceiro (ou se você está considerando alguém o seu, aliás), aqui estão alguns comportamentos comuns que podem ser sinais disso:

1. O parceiro fala muito sobre o ex: "Minha ex nunca reclama desse tipo de coisa."

2. O parceiro fala frequentemente com o ex: "Olá, só queria saber como você está."

3. O parceiro vive comparando você com o ex: "Meu ex se vestia melhor do que você."

4. Vocês se encontram principalmente em casa, e o parceiro não apresenta você à família e aos amigos, pois não espera que o relacionamento dure: "Prefiro manter nosso relacionamento só para nós."

5. O parceiro entra em contato com você principalmente quando está mal e precisa de consolo: "Amor, podemos nos ver hoje? Não estou me sentindo muito bem e preciso estar com você."

6. O parceiro mal conversa com você sobre metas e planos para o futuro: "Quero que nos concentremos no agora, não no amanhã."

7. O parceiro costuma dizer "eu" em vez de "nós" quando fala de ocorrências recentes ou do relacionamento.

Se você acredita que está num relacionamento estepe, é importante ter uma conversa neutra a esse respeito. Na comunicação, pergunte primeiro e escute com atenção o que o parceiro diz, antes de declarar as suas próprias observações e preocupações. Se quiser manter o relacionamento, explique ao parceiro que não está aborrecido com isso (se for o caso) e converse sobre o que ambos gostariam de atingir ficando juntos. Sabendo que os relacionamentos estepe podem realmente se tornar relacionamentos de longo prazo, visar à transição de "estepe" a "sustentável" é uma meta que os dois podem adotar. Explorar o que é preciso para atingir essa transição é o que vocês deveriam discutir, pois isso varia de uma pessoa a outra. No entanto, algumas qualidades fundamentais que garanto que serão necessárias no relacionamento são comunicação franca, confiança e expectativas claras, além de tempo e espaço para curar feridas.

Em qualquer relacionamento, não ficamos apenas com aquela pessoa, mas com toda a sua bagagem de vida — sentimentos não resolvidos e traumas do passado. Os relacionamentos são uma troca mútua, e aprender a lidar com as questões da relação e resolvê-las é fundamental para a sustentabilidade.

O efeito estepe — qual é o problema?

Os relacionamentos estepe se formam depois que um ou os dois parceiros terminaram recentemente uma relação e entram em uma nova para resolver as dores ou o descontentamento do passado. A conexão que o parceiro busca no estepe muitas vezes é superficial, pois o foco primário do novo relacionamento é resolver a angústia psicológica, amortecer as emoções negativas e/ou curar-se. É comum esses relacionamentos terem curta duração, mas às vezes se transformam em relações duradouras — quando administrados com eficácia. A ciência também confirma que o estepe pode ser mais benéfico do que se pensa. Pode ser muito fortalecedor entender a psicologia do estepe, os seus benefícios e as suas desvantagens e os fatores conscientes e inconscientes que motivam as pessoas a buscar outro companheiro logo após passar por um término. Essas noções mostram o caminho para transformar o estepe em algo mais sustentável.

É uma **bandeira vermelha** quando:

- O parceiro que está tendo um relacionamento estepe compara você o tempo todo com o ex.

- O parceiro que está tendo um relacionamento estepe só usa você para resolver dores do passado e não lhe dá nada em troca (em termos sociais, físicos e emocionais).

- O parceiro que está tendo um relacionamento estepe não se interessa pelo futuro nem está disposto a discutir as verdadeiras intenções com você (principalmente depois que você pergunta).

- Você investe emocionalmente no parceiro que está tendo um relacionamento estepe, mas, por medo de perder o outro ou por duvidar do seu próprio valor, não está aberto a mencionar o fato de estar em um relacionamento estepe.

É uma **bandeira verde** quando:

- Vocês dois estão satisfeitos com a dinâmica do relacionamento (investem na relação conforme ela avança e estão dispostos a se separar caso não dê certo).

- Você consegue ter com o parceiro uma conversa franca sobre estar em um relacionamento estepe. Examine as razões, discuta a psicologia da questão e mostre compreensão mútua, a fim de criar algo mais sustentável quando a fase do estepe passar.

- Os dois parceiros vêm de rompimentos anteriores e agora sabem melhor o que querem. Têm a mesma experiência — um terreno compartilhado para crescerem.

- Você pode gostar dos benefícios físicos, emocionais, intelectuais ou financeiros que recebe por estar em um relacionamento estepe. Os benefícios compensam a possibilidade de que o outro volte para o ex.

O que considerar ao decidir se você fica ou cai fora

Pode ser muito perturbador descobrir que o parceiro o vê como estepe (ou perceber as verdadeiras razões para tão cedo você buscar um novo alguém). Pode ser difícil decidir ficar ou cair fora, em especial se ambos estão criando sentimentos um pelo outro. Se é você que busca um estepe, talvez ainda não esteja emocionalmente pronto para receber uma nova pessoa na sua vida. E, se estiver do outro lado dessa situação, talvez não queira se magoar ou correr o risco de rejeição. É uma escolha difícil em relação a alguém de quem você realmente gosta. A crença geral sobre relacionamentos estepe é que eles são ruins, mas a ciência mostra que podem ser mutuamente benéficos quando as pessoas sabem lidar com eles corretamente. Veja alguns pontos fundamentais a levar em conta para decidir se é melhor ficar ou cair fora:

SINAIS PARA FICAR

- Os dois se dispõem a revelar necessidades e expectativas sobre o relacionamento estepe. Ambos concordam em, aos poucos, investir emocionalmente na relação e dar ao outro tempo e espaço para curar as feridas.

- Não trate o relacionamento como estepe. Veja-o como um namoro casual no qual ambos se dispõem a terminar caso não dê certo. Que seja divertido enquanto dure!

- O parceiro mostra que é capaz de profunda conexão emocional e está interessado em discutir metas e planos.

HORA DE PARTIR

- Para manter a analogia com os esportes, o parceiro está nessa pela corrida de velocidade, não pela maratona. Ele também vive comparando você com o ex (de forma negativa) e mantém contato regular com ele/ela.

- O parceiro tem interesse unilateral no relacionamento. Só se preocupa consigo mesmo e com as próprias necessidades. Além disso, não apresenta você para os amigos íntimos ou familiares.

- O parceiro guarda ressentimento do ex e desconta em você.

Considerações finais
Torne-se a melhor versão de si mesmo

"A felicidade da vida depende da qualidade
dos seus pensamentos."
Marco Aurélio

Torne-se a melhor versão de si mesmo

Agora que chegamos ao fim do livro, não quero deixá-lo ir embora sem antes lhe oferecer algumas reflexões finais. Espero que ler esta obra tenha lhe dado diversos insights sobre si mesmo e os outros — que ajudam a explicar o funcionamento interno da psique e do comportamento humanos, da vida moderna e do seu impacto sobre os relacionamentos, além da importância dessas relações em vários domínios da vida e da relevância (mas também desafio) de mantê-las intactas. É maravilhoso aprender coisas novas e ter pontos de vista diferentes sobre o mundo. No entanto, conhecimento sem ação é apenas uma ostra sem pérola e, por si só, não fará de você uma pessoa melhor. Se quiser melhorar o seu modo de pensar, passar a reagir de forma diferente a situações específicas e criar relacionamentos melhores e mais sustentáveis na vida, é preciso transformar palavras e pensamentos em ação! Para melhorar o próprio comportamento, não basta ler.

Melhore o pensamento com a ativação da mentalidade reflexiva

No decorrer deste livro, falei sobre o pensamento padrão e o pensamento reflexivo. Esses dois estilos de pensamento têm um papel importante na vida. De acordo com a teoria do processamento dual,[1] o cérebro processa informações e provoca pensamentos de duas maneiras específicas:

1. Automaticamente (sistema padrão)
2. Reflexivamente (sistema reflexivo)

Tanto o sistema padrão quanto o reflexivo são necessários para a sobrevivência. Sem o sistema padrão, o cérebro ficaria sobrecarregado se tivesse de processar conscientemente tudo o que encontra. A evolução ajudou o cérebro a processar as informações com rapidez para fazermos várias coisas ao mesmo tempo sem pensar nelas conscientemente. Preconceitos, hábitos, estereótipos, associações, resposta aos traumas e outras reações automáticas às pessoas e situações estão centrados no sistema padrão do cérebro. O sistema reflexivo, por outro lado, é a parte do cérebro que processa as informações de forma mais consciente e deliberada (o que gasta muita energia mental). Nos anos da nossa formação, desenvolvemos a primeira versão do sistema padrão, que chamo de *sistema operacional interno*, versão 0.6 ou 0.7, que corresponde aos 6 ou 7 anos de idade. Conforme envelhecemos, o sistema operacional mental fica mais complexo, mas ainda tendo muita base no projeto inicial. Aos 29 anos, o sistema operacional interno está na versão 2.9. Mesmo que a versão 2.9 seja meio bugada, não dá para voltar para a versão 0.6 e mudá-la. No entanto, é importante se aprofundar para ver como e se as versões anteriores afetam a 2.9. Depois que os bugs são identificados, pode haver grandes atualizações, macetes e/ou *patches* da programação atual, para que a versão 3.0 seja ainda melhor. Com a parte reflexiva do cérebro, é possível identificar, analisar e trabalhar essas partes da programação mental que precisam de atualização. No entanto, quando o cérebro está estressado, assustado ou quando simplesmente não temos tempo e energia para pensar de forma meticulosa, o sistema reflexivo fica sem bateria e recai no sistema padrão para ditar os pensamentos e comportamentos. Isso explica por que, para muita gente, romper hábitos é dificílimo e por que o cérebro nos faz sentir culpa ou desconforto quando tentamos mudar a programação existente. Lembre-se: na verdade, a sensação de desconforto em épocas de mudança é um sinal de que você está acertando (e não errando). Portanto, continue! A prática constante e deliberada de novas crenças sobre si mesmo e sobre os outros e a experimentação de novos comportamentos no presente ajudam você a melhorar progressivamente o sistema operacional interno e fazer dos novos comportamentos e crenças uma parte integrante da sua resposta padrão aprimorada.

As bandeiras verdes e vermelhas ajudam a refletir

Depois de ler este livro, tenho certeza de que você nunca mais vai ver as bandeiras verdes e vermelhas da mesma forma. Além da popularidade nas conversas atuais e na cultura pop contemporânea, essas bandeiras têm um propósito muito mais profundo. Apontamos uma bandeira vermelha em alguém assim que não gostamos de algo na pessoa, mas quem pode realmente afirmar que essa bandeira vermelha é real? Às vezes, a nossa interpretação significa, na verdade, que a bandeira vermelha está em nós. Além disso, elas são muito subjetivas e têm diversos tons (algumas são mais vermelhas do que outras). Neste livro, apresentei um novo modo de ver as bandeiras verdes e vermelhas — um modo de desacelerar o pensamento e refletir mais sobre o que você observa, a fim de aumentar a qualidade do seu pensamento e das suas decisões. RED, "vermelho" em inglês, significa **Refletir, Entender e Decidir**. Quando acreditar que identificou uma bandeira vermelha no comportamento de alguém, não se apresse e investigue. Não corra ao primeiro sinal, pois essa bandeira pode ser a reação a um trauma ou um sinal de que a sua capacidade de lidar com situações difíceis está decaindo. As bandeiras vermelhas nos ajudam a ligar a parte reflexiva do cérebro e a tomar decisões melhores **no momento**. As bandeiras verdes são igualmente reflexivas, já que

GREEN, "verde" em inglês, nos ensina a não considerar os comportamentos positivos como pressupostos. Quando vemos bandeiras verdes, precisamos nos assegurar de que os comportamentos relacionados a ela sejam **G**enuínos, **R**espeitosos, **E**mpáticos, **E**stimulantes e **N**utridos. Quando subestimamos essas bandeiras, elas podem desaparecer com o tempo. Faça questão de reconhecer, elogiar e nutrir as bandeiras verdes dos outros se quiser que se repitam e se desenvolvam ainda mais. Este livro ajuda a valorizar mais o processo do que as decisões rápidas, e a fortalecer a inteligência nos relacionamentos.

Bandeiras beges

Recentemente, a bandeira bege foi acrescentada à coleção. Ela é definida como o comportamento em relação ao qual você ainda não tem certeza, mas passa a ter mais atenção e até pode sentir um incômodo no começo. No entanto, depois de pensar um pouco, você descarta a atitude, porque ela não significa nada muito importante. Pense, por exemplo, no namorado que telefona todo dia para a mãe por alguns minutos. Talvez você pense "Será que é normal?" ou "Será que ele precisa ligar todo dia mesmo?", mas, depois de refletir melhor, decide deixar pra lá: "Ele ama muito a família, e gosto da conexão que ele tem com a mãe." Ou quando a namorada gosta de espremer espinhas dos seus braços ou costas enquanto vocês assistem a um filme. Para alguns, é uma gracinha; para outros, irritante. Mesmo que se irrite, você sabe que a intenção é boa, então deixa rolar. A bandeira bege nos ajuda a dar o lugar que as implicâncias e os pequenos problemas de fato merecem, percebendo que nem todo comportamento incômodo é uma bandeira vermelha. Escolher as batalhas e não ser uma patricinha ou um mauricinho pé no saco em qualquer situação é importante para criar resiliência e regular as emoções.

Os riscos do namoro moderno

O mundo atual de relacionamentos parece contraintuitivo. Quando você dá atenção, a pessoa ignora; quando manda mensagens regularmente, ela perde o interesse; quando diz que gosta, recebe um chá de sumiço. A química social é priorizada em detrimento da conexão emocional, o que faz do namoro uma transação e deixa muitos sentimentos perdidos, sem saber mais por que as pessoas namoram se não for para ter algo mais sério. O namoro moderno deixou as pessoas no limbo, e isso é bem sintetizado por um comentário de rede social que diz algo como: "Por que sinto falta do meu namorado, que na verdade não é meu namorado, só na minha mente, mas ainda sinto saudade dele, mas também estou feliz por não estar com ele?" Parece que, diante do grande leque de opções que temos hoje, ficamos paralisados, querendo tudo, mas sem fazer nada significativo para que algo aconteça.

A tecnologia é uma fonte importante desses problemas no mundo do namoro. Os aplicativos foram projetados intencionalmente para manipular o comportamento, no mínimo para deixar você mais engajado ou fazer você gastar mais dinheiro. É claro que os nossos aparelhos e aplicativos também fazem algo mais "sinistro". Eles nos tornam vulneráveis e dependentes, afetam a capacidade de pensar de forma crítica e nos deixam menos dispostos a nos conectar emocionalmente e ter empatia pelos outros. É como uma máquina que nos deixa psicologicamente presos num vácuo mental, viciados em dopamina e extremamente receosos da conexão física ou emocional. As redes sociais não são tão sociais assim. Elas começam com uma balinha — conseguir se conectar com tanta gente; então, se transformam em vitamina — da qual agora usufruímos todo dia, achando que é bom, mas sem saber como realmente nos afeta; por fim, viram um analgésico viciante, que consumimos diariamente para lidar com o desconforto e as emoções negativas.

O uso da tecnologia foi relacionado a diversos problemas físicos, de relacionamento e de saúde mental. Se a forma como a tecnologia foi projetada criou a bagunça, então a forma como a tecnologia foi projetada também pode revertê-la. Os aplicativos de relacionamento, os serviços de mensagens instantâneas e outras plataformas de rede social precisam ser criados de forma mais humana,[2] primeiro para resolver esses problemas que hoje enfrentamos e, depois, para criar conexões mais fortes e saudáveis. Para isso, será preciso ter empresas de moral sólida, que se preocupem com as características humanas e não tenham medo de afastar os investidores que atrapalharem a sua missão.

Como fazer os relacionamentos humanos darem certo num mundo hiperindividualizado

Vivemos num mundo que aclama o amor-próprio e a autoajuda, mesmo à custa de abrir mão de conexões próximas. Às vezes, isso é necessário, mas o excesso de foco no eu, sem estabelecer conexões verdadeiras com os outros no mundo real (concentrando-se principalmente nas redes sociais e nas conversas por texto em vez de bate-papos presenciais), está deixando as pessoas hiperindividualizadas. Concentrar-se demais em si mesmo não é saudável nem ajuda a manter conexões fortes com amigos ou familiares. Ser social e capaz de interagir efetivamente no âmbito social, em casa, com amigos ou no trabalho exige habilidade social e interpessoal. Concentrar-se demais em si mesmo faz as pessoas perderem essa habilidade, motivando-as a ficar cada vez mais sozinhas. Você se vê preso num círculo vicioso, sem perceber as consequências mentais e físicas das escolhas que ocorrem dentro de você. Quanto mais ficar sozinho e depender das interações digitais para ter conexão social, menos conectado com os outros vai se sentir e menos capaz será de lidar com situações (interpessoais) difíceis.

As bandeiras verde, vermelha e bege são as placas que indicam que está na hora de recorrer menos ao sistema padrão no mundo digital e hiperindividualizado de hoje, principalmente quando o pensamento rápido faz você se extraviar. Elas são um mecanismo que nos ajuda a pensar de forma mais crítica sobre as interações com os outros e a ter mais consciência dos gatilhos internos que atrapalham os relacionamentos. É muito fácil ficar preso ao celular, assistindo a vídeos no TikTok ou mandando mensagens privadas a desconhecidos aleatórios no Instagram ou no Facebook (em vez de encontrar as pessoas ao vivo), assim como é mais fácil bloquear ou dar chá de sumiço em alguém quando algo errado acontece na amizade ou no relacionamento (em vez de explicar o que o incomoda para buscar maneiras de melhorar). É fácil aborrecer-se com o e-mail de um colega (em vez de procurá-lo e conversar presencialmente sobre a questão) ou afastar-se de um relacionamento que fica chato (em vez de tentar descobrir de onde vem o tédio e resolvê-lo). Todos os relacionamentos humanos enfrentam desafios. E a nossa capacidade de lidar com eles é que deixa nossos vínculos mais fortes e nos transforma em pessoas melhores. Largue o celular nos encontros sociais, concorde em discordar nas amizades e relacionamentos; veja isso como um jeito de entender melhor as diferenças de ponto de vista e, para melhorar como pessoa, passe algum tempo refletindo sobre o que para você é um gatilho e por quê.

E agora?

Conforme você for melhorando em identificar comportamentos saudáveis e problemáticos em vários domínios da vida, aos poucos as suas decisões e interações com os outros vão melhorar. Você também terá mais consciência das próprias bandeiras verdes e vermelhas e descobrirá como trabalhar com elas. Este livro ajuda a tomar boas e rápidas decisões quando necessário e, ao mesmo tempo, auxilia quem quer melhorar o pensamento e a atitude, com as ferramentas e as estratégias comportamentais oferecidas. Agora você entende a importância do treino e sabe que, sem ação, não há mudança real. Repetimos o que não consertamos. Assim, comece a preparar um plano de ação a fim de se tornar a melhor versão de si mesmo. Concentre-se nas bandeiras verdes e vermelhas que vê nos outros e em si mesmo. Aqui estão alguns itens a incluir nesse plano:

IDENTIFIQUE AS SUAS BANDEIRAS VERDES E VERMELHAS

- Escreva cinco bandeiras verdes e cinco vermelhas sobre si (que você já conhecia ou que você descobriu ao ler este livro).

- Observe as bandeiras verdes que mais aprecia em si e procure maneiras de nutri-las ainda mais. Olhe também para as cinco bandeiras vermelhas das quais não gosta em si (ou que impedem você de promover relacionamentos fortes com os outros) e identifique as que você quer trabalhar primeiro, as que teriam o maior impacto na sua vida.

IDENTIFIQUE AS BANDEIRAS VERDES E VERMELHAS NOS OUTROS

- Considere quais áreas da vida são mais importantes para você agora e em quais você quer melhorar (como amizade, família, trabalho, namoro/casamento).

- Então, identifique as bandeiras vermelhas que vê nos outros. Considere por que elas são bandeiras vermelhas para você (são coisas das quais não gosta, não se alinham aos seus valores etc.) e até que ponto você considera esses comportamentos vermelhos (graves ou não saudáveis).

- Reflita sobre as bandeiras vermelhas e se envolva com elas. Quer resolvê-las? Caso queira, como pretende fazer isso? Se não quiser, por que não? Quais seriam as consequências de ficar ou largar?

AJA PARA TRABALHAR AS SUAS BANDEIRAS VERDES OU VERMELHAS

- Agora que já pensou nas suas bandeiras verdes e vermelhas, decida o que vai fazer para lidar com elas. Crie um plano de ação para abordar as vermelhas e nutrir as verdes.

- Seja intencional no seu plano de desenvolvimento pessoal: torne-o SMART e estabeleça prazos claros para trabalhar cada comportamento ou processo de pensamento. Considere isso uma forma de medir o sucesso do seu desenvolvimento pessoal.

- A experimentação é importante quando você quer testar novas maneiras de pensar ou de se comportar a cada momento. Tente expor-se aos poucos a situações que normalmente causam nervosismo (como os eventos sociais) ou ser mais assertivo em comportamentos que em geral não pratica (como manifestar-se). Lembre-se: questionar a mentalidade padrão causará desconforto. Comece a aprender a sair da zona de conforto.

- Não se martirize caso nem sempre faça o que planejou. Comemore os marcos. Se necessário, busque o apoio externo de um amigo ou terapeuta para ajudá-lo na jornada. Ou escute os meus podcasts e assista aos meus vídeos nas redes sociais, interagindo comigo e com a minha comunidade on-line.

AJA PARA LIDAR COM AS BANDEIRAS VERDES E VERMELHAS DOS OUTROS

- Agora que identificou quais bandeiras quer abordar nos outros, está na hora de agir. Um primeiro passo para lidar com as bandeiras verdes e vermelhas dos outros é escrever o que dirá à pessoa ou fará a respeito do comportamento dela.

- Também é importante considerar como você se sentirá ao abordar comportamentos saudáveis ou não. Talvez sinta desconforto ao falar de sentimentos, mas saiba que é importante nutrir as bandeiras verdes do parceiro. Como iniciar o assunto? Ou talvez você se sinta culpado ao estabelecer limites a alguém, ainda mais quando espera que a pessoa recue. Como lidar com o sentimento de culpa e como se opor no momento, para os outros entenderem as suas necessidades? Discutir a emoção enquanto ainda está racional ajuda a ser mais eficaz na hora de comunicar as suas preocupações ao outro.

- Procure o momento certo para comentar o comportamento-alvo de amigos, parceiro, familiares ou colegas. Tente se encontrar pessoalmente e não falar do problema por mensagens. Se não estiverem fisicamente próximos, faça uma chamada de vídeo. Garanta que vocês possam se ver. Seja claro sobre a mudança que deseja.

- Se o comportamento é algo grave demais para ser resolvido, pense nas alternativas. Ir embora e não voltar (ou tomar chá de sumiço e bloquear a pessoa) é uma opção, mas só deve ser considerada em situações graves (por exemplo, quando o contato com o outro é perigoso ou afeta negativamente a sua saúde mental). Nas demais situações, seja cortês e, a fim de terminar o relacionamento para os dois, explique por que a situação não tem dado mais certo.

Colocar a teoria em prática ajudará você a se tornar sua melhor versão. A questão é assumir o controle do que você pensa, de como interage com os outros e de que maneira decide ver o mundo. A tecnologia e os estilos de vida atuais facilitaram a independência e viabilizaram que sejamos mais conduzidos pelos ajustes padrão. Sendo mais reflexivos e nos tornando pessoas melhores, vamos aperfeiçoar nosso modo de pensar e nossa qualidade dos relacionamentos. E, com o aprimoramento das interações com os outros, reaprenderemos o que significa ser humano numa sociedade digital — se possível, tornando o mundo um lugar melhor para viver. Só com intenções positivas podemos fazer a diferença.

Recursos adicionais

Havia muito mais coisa que eu queria colocar neste livro para ajudar você a criar relacionamentos mais fortes e identificar melhor os comportamentos saudáveis e não saudáveis da vida cotidiana. Para complementar a obra, ofereço aos leitores conteúdo exclusivo no meu site — www.drfenwick.com — com ferramentas de reflexão e desenvolvimento pessoal, exercícios sobre bandeiras verdes, vermelhas e bege, vídeos e muitíssimo mais. Esse conteúdo exclusivo para os leitores é regularmente atualizado com itens novos, portanto não se esqueça de sempre dar uma olhada.

Para complementar ainda mais o livro, você também pode buscar o meu conteúdo nas redes sociais e interagir comigo e com meu público no TikTok, Instagram, Facebook, YouTube, LinkedIn e Twitter. Publico quase diariamente, então, siga o meu conteúdo on-line. Veja como me encontrar:

Instagram: @modern.day.psychologist
TikTok: @moderndaypsychologist (ou DrTikTok)
Youtube: @modern.day.psychologist
Facebook: Dr. Ali Fenwick
LinkedIn: Ali Fenwick, Ph.D.
X (antigo Twitter): @DrAFenwick

Se você gosta de ouvir podcasts, escute o podcast oficial *Red Flags, Green Flags: Modern Psychology for Everyday Drama* em todas as principais plataformas. Você encontra o link no meu site.

E, se estiver interessado em elevar o nível do seu desenvolvimento pessoal (ou em ajudar a sua equipe ou empresa a se desenvolver), verifique no meu site os serviços que ofereço: cursos on-line, consultorias de desenvolvimento pessoal, treinamento corporativo e palestras.

25 perguntas sobre Bandeiras vermelhas, bandeiras verdes *para você criar uma conexão mais profunda e encontrar o amor*

Quando trabalho com clientes, principalmente casais, vejo que ajudá-los a descobrir o ponto de vista do outro sobre a vida, os valores, as necessidades, os desejos, os temores e os pensamentos íntimos é algo poderoso para criar conexão e encontrar o amor. Conhecer melhor a outra pessoa é uma linda jornada, principalmente de dentro para fora.

Para quem namora, a compatibilidade e a intimidade física podem ser a razão inicial da conexão. Com conversas profundas e estruturadas entre si (além do simples bate-papo), é possível descobrir cada vez mais compatibilidade do ponto de vista emocional, espiritual e psicológico, por exemplo. Criar uma conexão mais completa e profunda ajudará vocês a se apaixonarem e a manter viva a chama do vínculo. Ou talvez o ajude a perceber que seu parceiro não é compatível com você em todas as áreas da vida. O que fazer? Ficar e encontrar maneiras de dar certo, ou partir?

Também é importante abandonar a tentativa de ser outro alguém. Quanto maior a máscara que você veste, mais chocante será quando as pessoas realmente passarem a conhecê-lo. Não mude quem você é só para se encaixar nos desejos dos outros. Claro, quando estamos em uma relação, é preciso ajustar alguns hábitos, mas não troque a sua autenticidade por conexão.

Para quem está num relacionamento firme, mesmo depois de anos juntos é surpreendente tudo o que ainda é possível aprender sobre o parceiro. É comum deixar muita coisa intocada na vida a dois, principalmente quando ambos são consumidos pela agitação e pela ocupação diárias. Além disso, nem todo mundo que tem um relacionamento é capaz de se abrir com o outro a respeito do que realmente quer e do que o está impedindo. As necessidades mudam com o tempo, mas nem sempre as pessoas comunicam isso, o que causa inúmeros problemas.

RECURSOS ADICIONAIS

Por isso desenvolvi as minhas 25 perguntas sobre Bandeiras vermelhas, bandeiras verdes: para ajudar você a encontrar clareza, segurança e vulnerabilidade, desenvolvendo um vínculo mais forte, que valha a pena manter e proteger. A premissa das perguntas é o que a ciência nos mostra que facilita relacionamentos mais duradouros: esforço, garra, vulnerabilidade, compatibilidade, empatia e compaixão. Você não precisa responder a todas elas ao mesmo tempo; é melhor encontrar momentos para os dois se sentarem juntos e pensarem em algumas de cada vez. Permita que a conversa se desenvolva, escutem-se (mesmo quando não concordarem), ousem ser vulneráveis e se abrir para o outro, divirtam-se e riam juntos, mas também se sintam à vontade para deixar uma lágrima escorrer. O verdadeiro amor se baseia em como a pessoa trata você e como faz você se sentir. Também é conhecer o funcionamento interno de alguém, ver a pessoa como ela é, reconhecê-la e aceitá-la com a grandeza e as falhas dela, e oferecer apoio quando necessário não só para ajudar o parceiro a crescer, mas também para fazer vocês dois desabrocharem.

1. Quais são as suas bandeiras verdes e vermelhas?
2. Que bandeiras vermelhas mais assustam você? Por quê?
3. Que bandeiras verdes você vê em mim?
4. Como a sua experiência de vida moldou as bandeiras verdes e vermelhas em seu comportamento?
5. Você acredita que consegue transformar bandeiras vermelhas em verdes? Se sim, quais e como?
6. Você acha que alguém ligar diariamente para a mãe é uma bandeira verde, vermelha ou bege? Explique por quê.
7. Termine a frase: "Comparo as suas bandeiras vermelhas a [escolha uma fruta ou um animal]."
8. Quando estamos juntos ou separados, quais bandeiras vermelhas relacionadas a medos e comportamentos são acionadas?
9. Que bandeiras vermelhas são a gota d'água no relacionamento? E quais você toleraria?

10. Como posso nutrir as suas bandeiras verdes da melhor maneira?
11. Suponha que chegou à proveitosa idade de 99 anos e está pensando na pessoa que você é hoje. Que bandeiras vermelhas pessoais (como medos, preocupações, arrependimentos) você gostaria de ter resolvido? Que conselho daria a você mais jovem para melhorar a sua vida hoje?
12. Explique quando as metas de vida são bandeiras verdes ou vermelhas. Elas podem ser as duas coisas?
13. O que você considera bandeira vermelha nas amizades, na família e no trabalho?
14. Você acha as bandeiras vermelhas atraentes ou sexy de algum modo?
15. Quando fazer piadas é uma bandeira vermelha? Dê alguns exemplos e explique por quê.
16. Termine a frase: "A sua bandeira bege é..."
17. Chorar é bandeira verde ou vermelha? Quando foi a última vez que você chorou?
18. Acreditar no amor incondicional é uma bandeira vermelha? Explique a sua resposta com detalhes.
19. Abrir o relacionamento para ter intimidade com outras pessoas é uma bandeira verde ou vermelha?
20. Termine a frase: "Emocionalmente, a sua maior bandeira vermelha é..."
21. Que bandeira verde do relacionamento deveríamos reforçar para lidar com situações de bandeira vermelha atuais ou futuras?
22. Como você me diria, de forma não verbal, que algo o incomoda quando vê uma bandeira vermelha no meu comportamento?
23. Termine a frase: "Sua bandeira verde mais intensa quanto ao modo de pensar é..."
24. Em que situações curtir a postagem de alguém nas redes sociais é uma bandeira vermelha?
25. Que comportamentos são bandeiras verdes e deveriam ser mais cultivados em nosso relacionamento daqui para frente?

RECURSOS ADICIONAIS

Avaliar a importância das bandeiras verdes e vermelhas no relacionamento

As bandeiras podem ser extremamente subjetivas. Neste exercício divertido, vocês dois podem indicar entre cinco e sete maiores bandeiras verdes e vermelhas na relação. Elas devem ser escritas em ordem de importância.

BANDEIRAS VERMELHAS	BANDEIRAS VERDES
1._____	1._____
2._____	2._____
3._____	3._____
4._____	4._____
5._____	5._____
6._____	6._____
7._____	7._____

Agora que escreveram as suas principais bandeiras nos relacionamentos, quero que avaliem até que ponto um acha que as bandeiras escolhidas pelo outro são verdes ou vermelhas. Você pode olhar as bandeiras dele e pôr "x", "xx" e "xxx" ao lado para indicar a gravidade ou a importância delas para você. Assim, é possível aprender em quais ideias e valores você e o parceiro estão alinhados e em quais divergem. Esse é um jeito ótimo de fazer o invisível virar visível, criar mais compreensão um pelo outro e encontrar maneiras para satisfazer as necessidades um do outro no relacionamento.

Notas

BANDEIRA VERMELHA 1:
"Pare de se meter na minha vida"

1. Não são só os pais narcisistas que tentam controlar ou ditar a vida dos filhos de um jeito nocivo, mas também os pais superprotetores ou naturalmente ansiosos.
2. Pode ser que você se compare o tempo todo com irmãos ou irmãs mais velhos e com o sucesso acadêmico ou profissional deles. Assim, sente-se inadequado e pressionado por seus pais a entrar em uma espiral de culpa.
3. Faz parte da mecânica de estabelecer limites criar um acordo com os pais a respeito de como vocês vão se comunicar. Por exemplo, combinem de se falar por telefone três vezes por semana ou almoçar juntos uma vez por semana. Ajuste o acordo de conexão com base no contexto e no que você acha normal. Fazer um acordo e obedecer às condições ajuda a controlar a ansiedade dos pais que têm dificuldade de deixar os filhos irem embora.
4. RODRIGUES, C. Tied in Knots: The Problem with Mothers-in-Law in India. *Hindustan Times*, Nova Délhi, 12 nov. 2015. Disponível em: https://www.hindustantimes.com/sex-and-relationships/tied-in-knots-the-problem-with-mothers-in-law-in-india/story-fzVnq9TdBl82TnIE9Rm6HK.html.

BANDEIRA VERMELHA 2:
"Por que você nunca estava presente quando eu precisei?"

1. BUGENTAL, D. B.; BLUE, J.; LEWIS, J. Caregiver Beliefs and Dysphoric Affect Directed to Difficult Children. *Developmental Psychology*, Washington, v. 26, p. 631-638, 1990.
2. POLLAK, S. D.; VARDI, S.; PUTZER BECHNER, A. M.; CURTIN, J. J. Physically Abused Children's Regulation of Attention in Response to Hostility. *Child Development*, Hoboken, v. 76, p. 968-977, 2005.
3. BRIERE, J.; RUNTZ, M. Differential Adult Symptomatology Associated with Three Types of Child Abuse Histories. *Child Abuse Neglect*, Amsterdã, v. 14, p. 357-364, 1990.

4. SPINHOVEN, P.; ELZING, B. M.; HOVENS, J.; ROELOFS, K.; ZITMAN, F. G.; VAN OPPEN, P.; PENNINX, B. W. The Specificity of Childhood Adversities and Negative Life Events Across the Life Span to Anxiety and Depressive Disorders. *Journal of Affective Disorders*, Amsterdã, v. 126, n. 1-2, p. 103-112, 2010.
5. SUN, L.; CANEVELLO, A.; LEWIS, K. A.; LI, J.; CROCKER, J. (2021). Childhood Emotional Maltreatment and Romantic Relationships: The Role of Compassionate Goals. *Frontiers in Psychology*, Lausanne (Suíça), v. 12, 2021. DOI: https://doi.org/10.3389/fpsyg.2021.723126.
6. MAGUIRE, S.; WILLIAMS, B.; NAUGHTON, A.; COWLEY, L.; TEMPEST, V.; MANN, M. K.; TEAGUE, M.; KEMP, A. M. A Systematic Review of the Emotional, Behavioural and Cognitive Features Exhibited by School-Aged Children Experiencing Neglect or Emotional Abuse. *Child: Care, Health and Development*, Hoboken, v. 41, n. 5, p. 641-653, 2015.
7. GLANTZ, M. D.; LESHNER, A. I. Drug Abuse and Developmental Psychopathology. *Development and Psychopathology*, Cambridge, v. 12, n. 4, p. 795-814, 2000.
8. SROUFE, L. A.; RUTTER, M. The Domain of Developmental Psychopathology. *Child Development*, Hoboken, v. 55, n. 1, p. 17-29, 1984.
9. MAGUIRE *et al.*, 2015.
10. DILILLO, D.; PEUGH, J.; WALSH, K.; PANUZIO, J.; TRASK, E.; EVANS, S. Child Maltreatment History Among Newlywed Couples: A Longitudinal Study of Marital Outcomes and Mediating Pathways. *Journal of Consulting and Clinical Psychology*, Washington, v. 77, p. 680-692, 2009.
11. GROSS, J. J. Antecedent and Response-Focused Emotion Regulation: Divergent Consequences for Experience, Expression, and Physiology. *Journal of Personality and Social Psychology*, Washington, v. 74, n. 1, p. 224-237, 1998.
12. DEAN, C. Adele Says Her Alcoholic Father Walking Out Led to Her Hurting Her Partners: Singer Reveals Absence of Her Late Dad Has Shaped The Way She Navigated Relationships as an Adult. *Daily Mail*, Londres, 16 nov. 2021. Disponível em: https://www.dailymail.co.uk/tvshowbiz/article-10207219/amp/Adele-says-alcoholic-father-walking-led-hurting-partners.html.
13. Precisamos aceitar que nem sempre conseguimos mudar o outro. Nem todos querem isso. Mesmo quando alguém diz que quer mudar, pode ser que na verdade não queira. Há quem simplesmente se sinta à vontade estando preso a velhos padrões de comportamento. Mudar é assustador e pode trazer à tona outros problemas, com os quais aquele alguém não deseja lidar. É importante respeitar as pessoas como elas são, e não compará-las com o que você idealizou delas. Dê tempo para que os outros percebam por conta própria quando a mudança é necessária.

BANDEIRA VERMELHA 3:
"A síndrome do filho do meio"

1. GASS, K.; JENKINS, J.; DUNN, J. Are Sibling Relationships Protective? A Longitudinal Study. *Journal of Child Psychology and Psychiatry, and Allied Disciplines*, Hoboken, v. 48, n. 2, p. 167-175, 2007.
2. LANGE, S.; LEHMKUHL, U. Kann eine Geschwisterbeziehung bei der Bewältigung kritischer Lebensereignisse protektiv wirken?. *Praxis der Kinderpsychologie und Kinderpsychiatrie*, Bremen, v. 61, n. 7, p. 524-538, 2012.
3. RODGERS, J. L.; CLEVELAND, H. H.; VAN DEN OORD, E.; ROWE, D. C. Resolving the Debate Over Birth Order, Family Size, and Intelligence. *The American Psychologist*, Washington, v. 55, n. 6, p. 599-612, 2000.
4. PERRY, J. C.; BOND, M.; ROY, C. Predictors of Treatment Duration and Retention In a Study of Long-Term Dynamic Psychotherapy: Childhood Adversity, Adult Personality, and Diagnosis. *Journal of Psychiatric Practice*, Philadelphia, v. 13, n. 4, p. 221-232, 2007.
5. WADLEY, J. Firstborn Asian-Americans Feel Added Pressure with Family Responsibilities. *Michigan News — University of Michigan*, Ann Arbon, 9 ago. 2018. Disponível em: news.umich.edu/firstborn-asians-feel-added-pressure-with-family-responsibilities/.
6. ZAJONC, R. B.; MARKUS, G. B.; BERBAUM, M. L.; BARGH, J. A.; MORELAND, R. L. One Justified Criticism Plus Three Flawed Analyses Equals Two Unwarranted Conclusions: A Reply To Retherford and Sewell. *American Sociological Review*, Washington, v. 56, n. 2, p. 159-165, 1991.
7. O trabalho do Dr. Murray Bowen mostra que situações únicas podem mudar a posição típica do irmão na dinâmica da família (e, portanto, o impacto situacional e comportamental da ordem de nascimento).
8. É importante ter em mente que crescer juntos não significa automaticamente que você e os seus irmãos terão a mesma experiência.

BANDEIRA VERMELHA 4:
"Caramba, você viu o que aconteceu com a Wendy?"

1. ROBBINS, M. L.; KARAN, A. Who Gossips and How in Everyday Life? *Social Psychological and Personality Science*, Thousand Oaks, v. 11, n. 2, 2 maio 2019. Disponível em: journals.sagepub.com/doi/abs/10.1177/1948550619837000.
2. DUNBAR, R. I. M.; MARRIOTT, A.; DUNCAN, N. D. C. Human Conversational Behaviour. *Human Nature*, Berlin, v. 8, p. 231-246, 1997.
3. BRONDINO, N.; FUSAR-POLI, L.; POLITI, P. Something to Talk About: Gossip Increases Oxytocin Levels In A Near Real-Life Situation. *Psychoneuroendocrinology*, Amsterdã, v. 77, p. 218-224, 2017.

4. No entanto, o equilíbrio entre a fofoca negativa e positiva parece praticamente o mesmo em ambos os sexos.
5. REYNOLDS, T.; BAUMEISTER, R. F.; MANER, J. K. Competitive Reputation Manipulation: Women Strategically Transmit Social Information About Romantic Rivals. *Journal of Experimental Social Psychology*, Amsterdã, v. 78, p. 195-209, 2018.

BANDEIRA VERMELHA 6:
"Você pode pagar dessa vez?"

1. SCHINO, G.; AURELI, F. Grooming Reciprocation Among Female Primates: A Meta-Analysis. *Biology Letters*, Londres, v. 4, n. 1, p. 9-11, 2008.

BANDEIRA VERMELHA 7:
"Esta empresa é uma família"

1. CHRISTIAN, M.; SLAUGHTER, J. Work engagement: A Meta-Analytic Review and Directions For Research In An Emerging Area. *Academy of Management Proceedings*, Mount Pleasant (Nova York), v. 1, p. 1-6, 2007.
2. SCHAUFELI, W. B.; BAKER, A. B. Job Demands, Job Resources, and Their Relationship With Burnout and Engagement: A Multi-Sample Study. *Journal of Organizational Behaviour*, Hoboken, v. 25, p. 293-315, 2004.
3. KAHN, W. A. Psychological Conditions Of Personal Engagement and Disengagement At Work. *Academy of Management Journal*, Mount Pleasant (Nova York), v. 33, p. 692-724, 1990.
4. Fiz muitas pesquisas nesse campo a fim de encontrar maneiras novas de criar relacionamentos mais fortes no trabalho e fora dele.
5. TAJFEL, H.; TURNER, J. An Integrative Theory of Intergroup Conflict. *In*: HATCH, M. J.; SCHULTZ, M. (orgs.). *Organizational Identity: A Reader*. Nova York: Oxford University Press, 2004. p. 56-65.
6. FENWICK, A. *Creating a Committed Workforce — Using Social Exchange and Social Identity to Enhance Psychological Attachment within an Ever-Changing Workplace*. Breukelen: Nyenrode Business Universiteit Press, 2018.
7. DE SMET, A.; DOWLING, B.; HANCOCK, B. The Great Attrition is Making Hiring Harder. Are You Searching the Right Talent Pools? *McKinsey & Company*, Nova York, 13 jul. 2022. Disponível em: www.mckinsey.com/capabilities/people-and-organizationalperformance/our-insights/the-great-attrition-is-making-hiring-harder-are-you-searching-the-right-talent-pools.

8. DEUTSCH, M.; GERARD, H. B. A Study of Normative and Informational Social Influences Upon Individual Judgement. *Journal of Abnormal Social Psychology*, Washington, v. 51, n. 3, p. 629-636, 1955.
9. HARTER, J. Is Quiet Quitting Real? *Gallup*, Washington, 6 set. 2022. Disponível em: www.gallup.com/workplace/398306/quiet-quitting-real.aspx.
10. VRIES, M. F. R. Kets de. Is Your Organisation a Cult? *INSEAD Knowledge*, Fontainebleau (França), 2 nov. 2018. Disponível em: knowledge.insead.edu/leadership-organisations/your-organisation-cult.
11. CURTIS, J. M.; CURTIS, M. J. Factors Related to Susceptibility and Recruitment by Cults. *Psychological Reports*, Thousand Oaks (Califórnia), v. 73, n. 2, p. 451-460, 1993.
12. "JONESTOWN Audiotape Primary Project". Alternative Considerations of Jonestown and Peoples Temple. San Diego State University. Arquivado com base no original em 20 de fevereiro de 2011.
13. MCLANNAHAN, Ben. Japanese Bosses Try to Unseat 'Window Tribe'. *Financial Times*, Tóquio, 2 out. 2012. Disponível em: www.ft.com/content/656518ca-0933-11e2-a5a9-00144feabdc0.
14. LUNA, J. A. The Toxic Effects of Branding Your Workplace a "Family". *Harvard Business Review*, Cambridge, (Estados Unidos), 27 out. 2021. Disponível em: hbr.org/2021/10/the-toxic-effects-of-branding-your-workplace-a-family.
15. RUDDICK, G. VW Admits Emissions Scandal Was Caused By 'Whole Chain' of Failures. *The Guardian*, Londres, 10 dez. 2015. Disponível em: www.theguardian.com/business/2015/dec/10/volkswagen-emissions-scandal-systematic-failures-hans-dieter-potsch.

BANDEIRA VERMELHA 8:
"Você pode trabalhar no domingo?"

1. PERCY, S. Has Covid-19 Caused Your Team To Start Panic Working? *Forbes*, Nova York, 1º abr. 2020. Disponível em: www.forbes.com/sites/sallypercy/2020/04/01/has-covid-19-caused-your-team-to-start-panic-working/#289452734884.
2. WHEN YOUR Boss Has Boundary Issues – The Office US. [S.l.: s.n.], 2022. 1 vídeo (40 seg). Publicado pelo canal The Office. Disponível em: youtu.be/ycoewY5uwxs?si=ROgjDtBlKWOoVG5n.
3. Reflita sobre os seus limites em relação a equilíbrio entre vida pessoal e profissional. Você se desliga do trabalho às seis da tarde e volta para casa, ou permite que o gerente ou os colegas liguem para você à noite ou no fim de semana? Sob que circunstâncias você permitiria que um colega entrasse em contato depois do horário de trabalho?

NOTAS

BANDEIRA VERMELHA 9:
"Pare de reclamar! Aqui é assim mesmo!"

1. Enquadrar a saúde mental no ambiente de trabalho como algo que aumenta a produtividade e a resiliência requer abordagens dedicadas e concentradas em melhorar o bem-estar da equipe. Práticas transformadoras (como coaching, atenção plena, treinamento de regulação emocional, habilidade de comunicação e gestão de conflitos) melhoram o trabalho em conjunto e a qualidade de vida. É muito comum que as empresas desperdicem recursos com eventos externos, retiros e palestras inspiradoras que só acontecem uma vez e que, embora sejam cativantes e divertidos, não têm impacto duradouro sobre o bem-estar da equipe.

BANDEIRA VERMELHA 11:
"Pode confiar em mim!"

1. Política de escritório, política do emprego e política organizacional são termos usados neste capítulo de forma intercambiável para se referir ao mesmo fenômeno.
2. É interessante observar como extrovertidos e introvertidos criam relações na empresa e como o seu modo exclusivo de comparecer e oferecer valor internamente afeta a sua percepção de poder e de capacidade de influenciar os outros.
3. O poder do especialista é muito interessante para quem não é bom em forjar laços fortes dentro e fora da empresa, mas busca um nível de proteção contra mudanças ou ataques políticos. É mais difícil substituir alguém com conhecimentos ou especializações fundamentais para o funcionamento da empresa.
4. CORPORATE Psychopaths Common And Can Wreak Havoc In Business, Researcher Says. *Australian Psychological Society*, Melbourne, 13 set. 2016. Disponível em: https://psychology.org.au/news/media_releases/13september 2016/brooks.
CHAMORRO-PREMUZIC, T. 1 in 5 Business Leaders May Have Psychopathic Tendencies—Here's Why, According To A Psychology Professor. *CNBC*, Englewood Cliffs (Nova Jersey), 8 abr. 2019. Disponível em: https://www.cnbc.com/2019/04/08/the-science-behind-why-so-many-successful-millionaires-are-psychopaths-and-why-it-doesnt-have-to-be-a-bad-thing.html.
MCCULLOUGH, J. The Psychopatic CEO. *Forbes*, Nova York, 12 dez. 2009. Disponível em: https://www.forbes.com/sites/jackmccullough/2019/12/09/the-psychopathic-ceo/?sh=5625c990791e.

SANZ-GARCÍA, A.; GESTEIRA, C.; SANZ, J.; GARCÍA-VERA, M. P. Prevalence of Psychopathy in the General Adult Population: A Systematic Review and Meta-Analysis. *Frontiers in Psychology*, Lausanne, v. 12, 5 ago. 2021. Disponível em: https://www.frontiersin.org/journals/psychology/articles/10.3389/fpsyg.2021.661044/full?ref=jackclose.comm.

SMITH, S. F.; LILIENFELD, S. O. Psychopathy in The Workplace: The Knowns and Unknowns. *Aggression and Violent Behavior*, Amsterdã, v. 18, p. 204-218, 2013. Disponível em: scottlilienfeld.com/wp-content/uploads/2021/01/smith2013-1.pdf.

5. GLENN, A.; EFFERSON, L.; IYER, R.; GRAHAM, J. Values, Goals, and Motivations Associated With Psychopathy. *Journal of Social and Clinical Psychology*, Nova York, v. 36, p. 108-125, 2017.
6. MULLINS-SWEATT, S.; PETERS, N.; DEREFINKO, K.; MILLER, J.; WIDIGER, T. The Search for the Successful Psychopath. *Journal of Research in Personality*, Amsterdã, v. 44, p. 554-558, 2010.
7. BODDY, C. #CamFest Speaker Spotlight. *University of Cambridge*, Cambridge, 2023. Disponível em: https://www.cam.ac.uk/stories/cambridge-festival-spotlights/clive-boddy#article.

BANDEIRA VERMELHA 12:
"Da próxima vez você vai cumprir a meta!"

1. AYOKO, O.; CALLAN, V.; HARTEL, C. Workplace Conflict, Bullying, and Counterproductive Behaviors. *International Journal of Organizational Analysis*, Leeds, v. 11, p. 283-301, 2003. Disponível em: https://www.emerald.com/insight/content/doi/10.1108/eb028976/full/html.

AGUIRRE, L. How Moving Goalposts Sabotages your Progress. *Lizbeth Aguirre*, [s. l.], 29 abr. 2023. Disponível em: https://lizbethzaguirre.com/2023/04/29/how-moving-goalposts-sabotages-your-progress/.
2. SMART significa Specific, Measurable, Achievable, Relevant, and Time-bound — ou Específica, Mensurável, Atingível, Relevante e Temporal.

BANDEIRA VERMELHA 13:
"Não estou a fim de namorar!"

1. APOSTOLOU, M. Why people stay single: An evolutionary perspective. *Personality and Individual Differences*, Amsterdã, v. 111, p. 263-271, 2017.

NOTAS

APOSTOLOU, M.; WANG, Y. The Association Between Mating Performance, Marital Status, And the Length of Singlehood: Evidence from Greece and China. *Evolutionary Psychology*, Thousand Oaks (Califórnia), v. 17, n. 4, 2019.

BROWN, A. Most Americans Who Are 'Single And Looking' Say Dating Has Been Harder During The Pandemic. *Pew Research Center*, Washington, 6 abr. 2022. Disponível em: www.pewresearch.org/short-reads/2022/04/06/most-americans-who-are-single-and-looking-say-dating-has-been-harder-during-the-pandemic/.

2. *Bombastic side-eye stare* ou *aquela olhada de canto de olho*: expressão que se tornou popular no TikTok para se referir a quem dá um olhar exagerado de desaprovação.
3. Uma razão psicológica para explicar por que as pessoas gostam de sobrecarregar a agenda é que isso as faz sentir que controlam o ambiente. Principalmente quando a situação externa muda com muita rapidez (e, em geral, de forma imprevisível), agendar, fazer listas e outras maneiras de criar estrutura na vida dão uma noção de controle (em especial sobre aquilo que você controla).
4. O uso de *We* (nós) no nome dos aplicativos não é exclusivo dos asiáticos e também pode refletir a natureza colaborativa do serviço que o aplicativo promove.
5. Enfatizo a palavra "amigos" porque a definição (e assim o significado) de amigo muda a cada geração. Na era digital, podemos considerar amigo um contato que encontramos uma única vez no mundo real. É importante ficar atento ao que cada pessoa entende por amigo.
6. BELLO, C. If You Have No Close Friends at All, You're Not Alone: Our Post-Pandemic Social Lives In Data. *Euro News*, Lyon, 15 fev. 2023. Disponível em: https://www.euronews.com/health/2023/02/15/fewer-friends-less-time-to-hang-out-what-data-says-of-our-friendships-post-pandemic-world.
7. O Efeito IKEA recebe esse nome da rede sueca de lojas de móveis. A ideia por trás do Efeito IKEA é que as pessoas sentem muita satisfação e orgulho das coisas feitas com as próprias mãos. Quando investimos tempo em coisas (ou pessoas), tendemos a lhes dar mais valor.

NORTON, M. I.; MOCHON, D.; ARIELY, D. The IKEA Effect: When Labor Leads to Love. *Journal of Consumer Psychology*, Hoboken, v. 22, n. 3, p. 453-460, jul. 2012. Disponível em: myscp.onlinelibrary.wiley.com/doi/10.1016/j.jcps.2011.08.002.

8. FERGUSON, S.; RAYPOLE, C. What Does It Mean to Be Asexual? *Healthline*, San Francisco, 17 nov. 2021. Disponível em: www.healthline.com/health/what-is-asexual#myths.

9. AUTHOR Talks: The World's Longest Study Of Adult Development Finds The Key To Happy Living. *McKinsey & Company*, Nova York, 16 fev. 2023. Disponível em: www.mckinsey.com/featured-insights/mckinsey-on-books/author-talks-the-worlds-longest-study-of-adult-development-finds-the-key-to-happy-living.
10. WALKER, E. 'Top Cat: How 'Hello Kitty' Conquered The World'. *The Independent*, Londres, 21 maio 2008.
11. Relação parassocial é o relacionamento unilateral em que a pessoa adorada não sabe do interesse, do sentimento e da existência do outro. Em geral, é criada com uma celebridade ou alguém (famoso) na internet e também pode acontecer com personagens fictícios.
12. MATANLE, P.; MCCANN, L.; ASHMORE, D. Men Under Pressure: Representations Of The 'Salaryman' And His Organization In Japanese Manga. *Organization*, Thousand Oaks (Califórnia), v. 15, n. 5, p. 639-664, 2008.
13. KARHULAHTI, V.-M.; VÄLISALO, T. Fictosexuality, Fictoromance, And Fictophilia: A Qualitative Study Of Love And Desire For Fictional Characters. *Frontiers in Psychology*, Lausanne, v. 11, 2021.
14. ALVAREZ, A. Narco Cultura: The Harmful Idolization and Romanticization of the Mexican Drug World. *La Gente*, Los Angeles, 12 mar. 2023. Disponível em: lagente.org/narco-cultura-the-harmful-idolization-and-romanticization-of-the-mexican-drug-world/.
15. De acordo com a American Psychiatric Association (DSM-5,) a fictofilia não é considerada um problema de saúde mental.
16. VELTEN, E. Ichiran Ramen Is the World's Best Restaurant for Eating Alone. *Trip Savvy*, Nova York, 10 jun. 2019. Disponível em: www.tripsavvy.com/worlds-best-restaurant-for-eating-alone-4118153.
17. Ela baseou o seu amor de IA em Eren, do animê japonês *Ataque dos Titãs*.
18. PALMER, S. Love in the time of AI: Woman Creates And 'Marries' AI-Powered Chatbot Boyfriend. *Euro News*, Lyon, 7 jun. 2023. Disponível em: www.euronews.com/next/2023/06/07/love-in-the-time-of-ai-woman-claims-she-married-a-chatbot-and-is-expecting-its-baby.
19. Há um estudo que afirma que a solidão prolongada faz tão mal à saúde quanto fumar quinze cigarros por dia: KROLL, Michele M. Prolonged Social Isolation and Loneliness are Equivalent to Smoking 15 Cigarettes A Day. *University of New Hampshire*, New Hampshire, 2 maio 2022. Disponível em: https://extension.unh.edu/blog/2022/05/prolonged-social-isolation-loneliness-are-equivalent-smoking-15-cigarettes-day.

NOTAS

BANDEIRA VERMELHA 14:
"Prefiro não rotular as coisas ainda"

1. SITUATIONSHIP. *In*: WordSense. [Dubai]: WordSense, c2024. Disponível em: www.wordsense.eu/situationship/.
2. No aplicativo de namoro Tinder, é possível passar o dedo para a direita — a fim de aceitar o pedido de chat de alguém — ou para a esquerda — a fim de rejeitá-lo.
3. Um estudo interessante realizado pela Dra. Evita March em 2018 verificou que pode haver diferenças na seleção de parceiros para homens e mulheres em relações de foda amiga, quando comparada à seleção de parceiros em relacionamentos tradicionais de curto e longo prazo. O estudo constatou que, além da atração física, homens e mulheres consideram a gentileza um pré-requisito para parceiros de foda amiga.
4. CAMPODONICO, C. Gen Z is All About 'Mutually Exclusive Situationships.' What Does That Even Mean? *The San Francisco Standard*, San Francisco, 21 jan. 2023. Disponível em: https://sfstandard.com/2023/01/21/gen-z-is-all-about-mutually-exclusive-situationships-but-are-they-really-different-from-dating/.
5. GIBSON, T. J. 'If You Want the Milk, Buy the Cow: A Study of Young Black Women's Experiences in Situationships'. MA thesis, University of Memphis, 2020.
6. CHOUDHRY, V., PETTERSON, K. O.; EMMELIN, M.; MUCHUNGUZI, C.; AGARDH, A. 'Relationships on Campus Are Situationships': A Grounded Theory Study of Sexual Relationships At A Ugandan University. *PLoS One*, San Francisco, v. 17, n. 7, 2022.
7. Uma boa estratégia para se desligar de parceiros abusivos e não voltar para eles é dar um jeito de preencher o vácuo de rotinas ou momentos específicos do relacionamento. Se vocês sempre saíam para jantar na sexta-feira, planeje esse dia das semanas seguintes com novas rotinas ou experiências com outras pessoas.
8. Em geral, o bloqueio é algo muito imaturo. No entanto, quando a saúde física ou mental está em jogo por causa de um comportamento abusivo ou manipulador, recomendo que você imediatamente restrinja qualquer contato.

BANDEIRA VERMELHA 15:
"Desculpe por ter sumido nos últimos nove meses. Perdi o carregador, mas agora achei. O que vai fazer hoje à noite?"

1. *Hentai* diz respeito a um tipo de mangá ou animê japonês com conteúdo explícito/pornográfico. O termo (変態性欲, em caracteres japoneses) é uma combinação das palavras "estranho" e "atitude", sendo muito usado no Japão para se referir a alguém como "pervertido" ou a alguém "que faz algo pervertido".
2. SCHMITT, D.; SHACKELFORD, T.; BUSS, D. Are Men Really More 'Oriented' Toward Short-Term Mating Than Women? A Critical Review of Theory And Research. *Psychology, Evolution & Gender*, Abingdon, v. 3, p. 211-239, 2001.
3. Isso significa que trabalhar em si mesmo primeiro, antes de namorar, é uma estratégia mais sábia.
4. É importante notar que os fatores econômicos, a incerteza e a instabilidade globais, o cenário trabalhista e a mudança das normas de gênero também afetam o comportamento moderno de namoro. A conduta e as tendências humanas nunca dependem de um fator isolado.
5. Agora talvez fique claro por que as pessoas correm atrás de quem some ou de quem não está presente de forma consistente. Aqueles que usam esses artifícios aplicam (inconscientemente) o efeito de escassez, para manter os outros apegados.
6. Na psicologia social, esse efeito tem outros nomes, como *efeito de mera exposição* ou *princípio da familiaridade* (veja a página 240).
7. Termo cunhado por Ofer Zellermayer em sua tese de doutorado, a fim de se referir às emoções negativas sentidas quando precisamos pagar alguma coisa, principalmente com dinheiro vivo.
8. As pessoas criam personas falsas por várias razões: por aspirar ser outro alguém ou para inventar uma versão ideal de si mesmas (e inexistente no mundo real). Essas personas são estratégias mentais para aliviar as frustrações pessoais, podendo proporcionar bastante validação.
9. Um estudo de 2020 realizado pela Western Sydney University constatou que os usuários que usam os aplicativos de namoro com o mecanismo de arrastar a tela para a direita ou para a esquerda costumam sentir mais estresse, ansiedade e depressão, em comparação com quem não os usa: HOLTZHAUSEN, N.; FITZGERALD, K.; THAKUR, I. *et al.* Swipe-Based Dating Applications Use And Its Association with Mental Health Outcomes: A Cross-Sectional Study. *BMC Psychology*, [s. l.], v. 8, n. 22, 2020.
10. LAMPERT, Nicole. Picasso, Monster or Genius? Philanderer, Misogynist, Narcissist... A New Show Explores the Dark Side of the Maestro of Modern

Art. *Daily Mail*, Londres, 15 set. 2023. Disponível em: www.dailymail.co.uk/tvshowbiz/article-12504877/amp/Picasso-monster-genius.html.
11. Devido à resiliência mental reduzida e a uma menor tolerância ao sofrimento emocional.
12. Quando você demonstra interesse, a pessoa pode ir embora. E, se você assume que gosta, talvez ela perca o interesse. Quando alguém é difícil de conquistar, ele se torna mais interessante: é o efeito da escassez em todo o seu esplendor. É lisonjeiro quando alguém demonstra interesse por você, e pode ser que você enfim se renda a esse sentimento e o corresponda. Mas fazer-se de difícil tem limites, e é importante perceber quando o outro não quer ficar com a gente. Aprenda a não correr atrás de quem não quer ser alcançado.

BANDEIRA VERMELHA 16:
"Sei que ainda é nosso segundo encontro, mas eu já te amo!"

1. STRANIERI, G.; DE STEFANO, L.; GRECO, A. G. Pathological Narcissism. *Psychiatria Danubina*, Zagreb (Croácia), v. 33, n. 9, p. 35-40, 2021.
2. FREEDMAN, G.; POWELL, D. N.; LE, B.; WILLIAMS, K. D. Ghosting and Destiny: Implicit Theories of Relationships Predict Beliefs About Ghosting. *Journal of Social and Personal Relationships*, Thousand Oaks (Califórnia), v. 36, n. 3, p. 905-924, 2019.
3. KHATTAR, V.; UPADHYAY, S.; NAVARRO, R. Young Adults' Perception of Breadcrumbing Victimization In Dating Relationships. *Societies*, Basel (Suíça), v. 13, n. 2, p. 41, 2023.
4. BROWN, R. P.; BUDZEK, K.; TAMBORSKI, M. On the Meaning and Measure of Narcissism. *Personality and Social Psychology Bulletin*, Thousand Oaks (Califórnia), v. 35, n. 7, p. 951-964, 2009.
5. SINGER, M. T.; ADDIS, M. E. Cults, Coercion, and Contumely. *In*: KALES, A.; PIERCE, C. M.; GREENBLATT, M. (org.) *The Mosaic of Contemporary Psychiatry in Perspective*. Nova York: Springer, 1992. p. 130-142.
6. Prosecutors Focus On 'Love Bombing' and Other Manipulative Behaviours When Charging Controlling Offences. *CPS*, Londres, 24 abr. 2023. Disponível em: www.cps.gov.uk/cps/news/prosecutors-focus-love-bombing-and-other--manipulative-behaviours-when-charging-controlling.
7. STRUTZENBERG, C. C.; WIERSMA-MOSLEY, J. D.; JOZKOWSKI, K. N.; BECNEL, J. N. Love-Bombing: A Narcissistic Approach To Relationship Formation. *Discovery: The Student Journal of Dale Bumpers College of Agricultural, Food and Life Sciences*, Fayetteville (Arkansas), v. 18, n. 1, p. 81-89, 2017.

8. BOWLBY, J. *Attachment and Loss: Sadness and Depression*. Nova York: Basic Books, 1980.
9. ROGOZA, R.; WYSZYŃSKA, P.; MAĆKIEWICZ, M.; CIECIUCH, J. Differentiation of the Two Narcissistic Faces In Their Relations To Personality Traits And Basic Values. *Personality and Individual Differences*, Amsterdã, v. 95, p. 85-88, 2016.
10. BUFFARDI, L. E.; CAMPBELL, W. K. Narcissism and Social Networking Web Sites. *Personality and Social Psychology Bulletin*, Thousand Oaks (Califórnia), v. 34, p. 1.303-1.314, 2008.
11. AKIN, Elijah. How Long Does Love Bombing Last with a Narcissist? (Survey). *Unfilteredd*, West Rutland (Vermont), 3 fev. 2023. Disponível em: unfilteredd.net/how-long-does-the-love-bombing-phase-last-case-study/.
12. LOVE Bombing. *Psychology Today*, Nova York, c2024. Disponível em: www.psychologytoday.com/sg/basics/love-bombing.
13. SEROTA, K. B.; LEVINE, T. R.; DOCAN-MORGAN, T. Unpacking Variation In Lie Prevalence: Prolific Liars, Bad Lie Days, Or Both? *Communication Monographs*, Londres, v. 89, n. 3, p. 307-331, 10 out. 2021. Disponível em: www.tandfonline.com/doi/abs/10.1080/03637751.2021.1985153.
14. 30 LYING Statistics & Facts: How Often Do People Lie? *Golden Steps ABA*, Englewood Cliffs (Nova Jersey), 28 jul. 2023. Disponível em: www.goldenstepsaba.com/resources/lying-statistics.
15. Lembre-se, nem todos têm a mesma linguagem do amor. Alguns não apreciam toque físico. Demonstrações públicas de afeto podem não agradar. Portanto, não se apresse em examinar e entender por que as pessoas exprimem amor do jeito delas.
16. ARON, A. *et al*. The Experimental Generation of Interpersonal Closeness: A Procedure and Some Preliminary Findings. *Society for Personality and Social Psychology*, Londres, v. 23, n. 4, p. 363-377, abr. 1997. Disponível em: journals.sagepub.com/doi/pdf/10.1177/0146167297234003.
17. HILLER, J. Speculations on the Links Between Feelings, Emotions and Sexual Behaviour: Are Vasopressin and Oxytocin Involved? *Sexual and Relationship Therapy*, Londres, v. 19, n. 4 p. 393-412, 25 ago. 2010. Disponível em: https://doi.org/10.1080/14681990412331297974.
18. Effects Of Hormones on Sexual Motivation. *Wikipedia*, [s. l.], 3 jan. 2024 (atualizado). Disponível em: en.wikipedia.org/wiki/Effects_of_hormones_on_sexual_motivation.
19. MCNULTY, J. K.; WIDMAN, L. The Implications of Sexual Narcissism for Sexual and Marital Satisfaction. *Archives of Sexual Behavior*, Berlin, v. 42, n. 6, p. 1.021-1.032, 8 jan. 2013. Disponível em: www.ncbi.nlm.nih.gov/pmc/articles/PMC3633620/.

20. KASSEL, G.; MAHTANI, N. How To Navigate Casual Sex And Feelings, According To Sex Experts. *Women's Health*, Rockville, Maryland, 12 fev. 2024. Disponível em: www.womenshealthmag.com/relationships/a30224236/casual-sex-feelings/#:~:text=%22Women%20release%20oxytocin%2C%20a%20bonding,little%20attached%2C%22%20she%20explains.
21. SPELMAN, B. Thirteen Signs you are having Sex with a Narcissist. *Private Therapy*, Londres, c2024. Disponível em: https://theprivatetherapyclinic.co.uk/blog/13-signs-you-are-having-sex-with-a-narcissist/.
22. THIENEL, M. *et al*. Oxytocin's Impact on Social Face Processing Is Stronger In Homosexual Than Heterosexual Men. *Psychoneuroendocrinology*, Amsterdã, v. 39, p. 194-203, jan. 2014. Disponível em: www.sciencedirect.com/science/article/pii/S0306453013003326.
23. Q, Lu *et al*. Sexual Dimorphism of Oxytocin And Vasopressin In Social Cognition and Behavior. *Dove Press*, Macclesfield, v. 12, p. 337-349, 17 maio 2019. Disponível em: https://www.dovepress.com/sexual-dimorphism-of-oxytocin-and-vasopressin-in-social-cognition-and--peer-reviewed-fulltext-article-PRBM.
24. CHEN, K. *et al*. Oxytocin Modulates Human Chemosensory Decoding af Sex In A Dose-Dependent Manner. *eLife*, Cambridge, 13 jan. 2021. Disponível em: elifesciences.org/articles/59475.
25. COURT, A. Did Kanye 'Love-Bomb' Julia Fox? Dating Tactic Can be 'Red Flag'. *New York Post*, Nova York, 7 jan. 2022. Disponível em: nypost.com/2022/01/07/did-kanye-lovebomb-julia-fox-dating-tactic-is-dangerous/amp/.

BANDEIRA VERMELHA 17:
"Por que gosto de parceiros com mais tempo de estrada?"

1. Acredite se quiser: os óvnis e os alienígenas apareceram várias vezes nos noticiários entre o fim de 2022 e o início de 2023. Além dos alienígenas, um possível apocalipse zumbi originado nos Estados Unidos ou na China também causa pesadelos em muita gente.
2. A geração Z é aquela nascida entre 1997 e 2008.
3. HERNANDEZ, M. Dating Older: New trend for Gen Z? *Mud*, Nova York, 29 jul. 2021. Disponível em: www.themudmag.com/post/dating-older-new-trend-for-gen-z.
    HATHORN, E. Why Gen Z Women Prefer Dating Older Men. *Seeking*, Las Vegas, 6 out. 2023. Disponível em: blog.seeking.com/2023/10/06/why-gen-z-women-prefer-dating-older-men/.

SPRATT, V. Dad or Shag: The Scientific Reason You're Attracted To Older Men. *Grazia*, Londres, 7 out. 2020. Disponível em: graziadaily.co.uk/relationships/dating/younger-women-older-men/.

VAN HOREN, F.; MILLET, K. Unpredictable Love? How Uncertainty Influences Partner Preferences. *European Journal of Social Psychology*, Hoboken (Nova Jersey), v. 52, n. 5-6, p. 810-818, 12 jul. 2022. Disponível em: onlinelibrary.wiley.com/doi/full/10.1002/ejsp.2854.

4. A maioria dos estudos que investigam a diferença de idade em relacionamentos românticos se concentrou em relacionamentos heterossexuais. No entanto, os estudos que examinam as uniões entre pessoas do mesmo sexo estão aumentando.
5. A média é de 2,3 anos nos Estados Unidos, de acordo com o Census Bureau, e de 1,7 ano na China e cerca de 2,5 anos no Reino Unido, de acordo com resultados do Google.
6. Em 2017, a média era de 8,6 anos na República do Congo e de 9,2 anos na Gâmbia. Disponível em: www.un.org/esa/population/publications/worldmarriage/worldmarriage.htm.
7. LOW, B. S. Marriage Systems and Pathogen Stress in Human Societies. *Integrative and Comparative Biology*, Oxford, v. 30, n. 2, maio 1990. Disponível em: www.researchgate.net/publication/31174590_Marriage_Systems_and_Pathogen_Stress_in_Human_Societies.
8. ROSS, C. T. *et al*. Greater Wealth Inequality, Less Polygyny: Rethinking The Polygyny Threshold Model. *Journal of the Royal Society Interface*, Londres, v. 15, n. 144, 18 jul. 2018. Disponível em: royalsocietypublishing.org/doi/10.1098/rsif.2018.0035.
9. LEE, W.-S.; MCKINNISH, T. The Marital Satisfaction Of Differently Aged Couples. *Journal of Population Economics*, Nova York, v. 31, p. 337-362, 2018.
10. LEHMILLER, J. J.; AGNEW, C. R. May–December Paradoxes: An Exploration of Age-Gap Relationships in Western Society. *In*: CUPACH, W. R.; SPITZBERG, B. H. *The Dark Side of Close Relationships II*. Nova York: Routledge, 2010. Disponível em: www.taylorfrancis.com/chapters/edit/10.4324/9780203874370-7/may–december-paradoxes-exploration-age-gaprelationships-western-society-western-society-justinlehmiller-christopher-agnew.
11. KARANTZAS, G. Mind the Gap — Does Age Difference in Relationships Matter? *Deakin University*, Geelong (Austrália), c2024. Disponível em: https://www.deakin.edu.au/seed/our-impact/mind-the-gap-does-age-difference-in--relationships-matter.
12. RUSH, I. R. Age Gaps in Relationships: Do They Matter? *Psycom,* [*s. l.*], 2 set. 2022. Disponível em: https://www.psycom.net/relationships/age-difference--in-relationships.

NOTAS

13. LEE, W-S.; MCKINNISH, T. The Marital Satisfaction of Differently Aged Couples. *Journal of Population Economics*, Berlin, v. 31, n. 2, p. 337-362, abr 2018. Disponível em: www.ncbi.nlm.nih.gov/pmc/articles/PMC6785043/.
14. KIM, J-H.; PARK, E-C.; LEE, S. G. The Impact of Age Differences in Couples on Depressive Symptoms: Evidence From The Korean Longitudinal Study of Aging (2006-2012). *BMC Psychiatry*, Berlin, v. 15, n. 10, 5 fev. 2015. Disponível em: bmcpsychiatry.biomedcentral.com/articles/10.1186/s12888-015-0388-y.
15. LEHMILLER, J. J.; AGNEW, C. R. Commitment in Age-Gap Heterosexual Romantic Relationships: A Test of Evolutionary and Socio-Cultural Predictions. *Psychology of Women Quarterly*, Thousand Oaks (Califórnia), v. 32, n. 1, p. 74-82, 2008.
16. Este capítulo trata de diferenças de idade no namoro e em relacionamentos românticos nos quais os parceiros são adultos e têm idade legal para consentir.
17. É socialmente aceitável e também faz sentido para quem procura algo mais durável.
18. Ninguém sabe exatamente de onde vem essa regra.
19. Esse macete só diz respeito a pessoas na idade adulta e que conseguem consentir em relação a ficarem juntas.
20. De acordo com Felicia Brings e Susan Winter, autoras de *Older Women, Younger Men: New Options for Love and Romance* [Mulheres mais velhas, homens mais novos: novas opções para o amor e o romance], isso se deve à estabilidade emocional, à sabedoria, à experiência de vida, à clareza, aos novos pontos de vista sobre a vida e ao estímulo à autoestima que as mulheres mais velhas geralmente dão aos homens mais novos.
21. WADE, L. OK Cupid Data on Sex, Desirability, and Age. *Sociological Images*, [s. l.], 3 jul. 2015. Disponível em: https://thesocietypages.org/socimages/2015/07/03/ok-cupid-data-on-sex-desirability-and-age/.
22. UNDRESSED: What's the Deal With the Age Gap in Relationships? *OkCupid Dating Blog*, [s. l.], 1º jun. 2017. Disponível em: https://theblog.okcupid.com/undressed-whats-the-deal-with-the-age-gap-in-relationships-3143a2ca5178.
23. MIRANDÉ, A. *Hombres y Machos*: Masculinity and Latino Culture. Boulder (Colorado): Westview Press, 1977.
24. Veja mais sobre as dimensões culturais na obra de Geert Hofstede ou Erin Meyer.
25. A hipogamia etária se refere aos relacionamentos com mulheres mais velhas, enquanto a hipergamia etária diz respeito a relacionamentos com homens mais velhos.
26. Essa questão só tem a ver com pessoas que levam a sério o namoro com mais novos e que procuram alguém que as queira como elas são. Se você procura um *sugar baby*, pule essa parte.

27. A geração Y nasceu entre 1981 e 1996.
28. Ainda me surpreende quantos homens de meia-idade acreditam ser possível encontrar um amor duradouro dando like no Instagram e se envolvendo com pessoas que só estão nas redes sociais para mostrar o corpo. Não estou dizendo que seja impossível achar um parceiro de longo prazo pelo Instagram, mas fotos "biscoiteiras" não são pontos de partida promissores quando o assunto é compromisso.

BANDEIRA VERMELHA 18:
"Acho que encontrei a pessoa certa, mas não sinto nada!"

1. KOOB, G. F. The Dark Side of Emotion: The Addiction Perspective. *European Journal of Pharmacology*, Amsterdã, v. 753, p. 73-87, 2015.
2. BERENBAUM, H.; OLTMANNS, T. F. Emotional Experience and Expression in Schizophrenia and Depression. *Journal of Abnormal Psycholology*, Chicago, v. 101, p. 37-44, 1992.
3. LITZ, B. T.; GRAY, M. J. Emotional Numbing In Posttraumatic Stress Disorder: Current and Future Research Directions. *Australian and New Zealand Journal of Psychiatry* [Newscastle upon Tyne], v. 36, p. 198-204, 2002.
4. FOA, E. B.; HEARST-IKEDA, D. Emotional Dissociation In Response To Trauma: An Information-Processing Approach. *In*: MICHELSON, L. K.; RAY, W. J. (org.) *Handbook of Dissociation: Theoretical, Empirical, and Clinical Perspectives*. Boston: Springer, 1996. p. 207-224.
5. HERPERTZ, S. C.; SCHWENGER, U. B.; KUNERT, H. J.; LUKAS, G.; GRETZER, U.; NUTZMANN, K. *et al*. Emotional Responses In Patients With Borderline As Compared With Avoidant Personality Disorder. *Journal of Personality Disorders*, New York, v. 14, p. 339-351, 2000.
6. OPBROEK, A.; DELGADO, P. L.; LAUKES, C.; MCGAHUEY, C.; KATSANIS, J.; MORENO, F. A. *et al*. Emotional Blunting Associated With SSRI-Induced Sexual Dysfunction. Do Ssris Inhibit Emotional Responses? *International Journal of Neuropsychopharmacology*, Londres, v. 5, n. 2, p. 147-151, 2002.
7. SIFNEOS, P. E. The Prevalence Of 'Alexithymic' Characteristics In Psychosomatic Patients. *Psychotherapy and Psychosomatics*, Basel, v. 22, p. 255-262, 1973.
8. PICARDI, A.; TONI, A.; CAROPPO, E. Stability of Alexithymia And Its Relationships With The 'Big Five' Factors, Temperament, Character, and Attachment Style. *Psychotherpy and Psychosomatics*, Basel, v. 74, p. 371-378, 2005.
9. HAYES, R. M.; DRAGIEWICZ, M. Unsolicited Dick Pics: Erotica, Exhibitionism Or Entitlement? *Women's Studies International Forum*, Amsterdã, v. 71, p. 114-120, 2018.

10. STAPPENBECK, C. A. et al. In-The-Moment Dissociation, Emotional Numbing, and Sexual Risk: The Influence of Sexual Trauma History, Trauma Symptoms, and Alcohol Intoxication. *Psychology Violence*, Chicago, v. 6, n. 4, p. 586-595, 2016. Disponível em: www.ncbi.nlm.nih.gov/pmc/articles/PMC5321660/.
11. BRESSAN, P. In Humans, Only Attractive Females Fulfil Their Sexually Imprinted Preferences For Eye Colour. *Scientific Reports*, Reino Unido, v. 10, 2020. Disponível em: www.nature.com/articles/s41598-020-62781-7.
12. Um estudo realizado em 1992 pelos pesquisadores Ambady e Rosenthal, de Harvard, constatou que os alunos avaliam os professores em até seis segundos, com base em pistas não verbais vistas no vídeo de um professor desconhecido. O mais espantoso nesse estudo é que quase não houve diferença entre a avaliação do grupo de alunos que recebeu um semestre inteiro de aulas desse professor e a dos estudantes que só assistiram ao vídeo de um professor que nunca tinham visto. Os pesquisadores foram capazes de assegurar que a primeira impressão do professor fosse boa a ponto de ser favorável, o que levou à avaliação geral do professor:
    AMBADY, N.; ROSENTHAL, R. Half a Minute: Predicting Teacher Evaluations From Thin Slices Of Nonverbal Behaviour And Physical Attractiveness. *Journal of Personality and Social Psychology*, v. 64, p. 431-441, 1993.
13. ZAJONC, R. B. Attitudinal Effects Of Mere Exposure. *Journal of Personality and Social Psychology*, Chicago, v. 9, n. 2, p. 1-27, 1968.
14. BORNSTEIN, R. F.; D'AGOSTINO, P. R. The Attribution And Discounting Of Perceptual Fluency: Preliminary Tests Of A Perceptual Fluency/Attributional Model Of The Mere Exposure Effect. *Social Cognition*, Nova York, v. 12, n. 2, p. 103-128, 1994.
15. BARTHOLOMEW, K.; HOROWITZ, L. M. Attachment Styles Among Young Adults: A Test Of A Four-Category Model. *Journal of Personality and Social Psychology*, Chicago, v. 61, p. 226-244, 1991.
16. BERECZKEI, T.; GYURIS, P.; WEISFELD, G. E. Sexual Imprinting In Human Mate Choice. *Proceedings of the Royal Society. Biological Sciences*, Reino Unido, v. 271, n. 1.544, p. 1.129-1.134, 2004.
17. SEKI, M.; IHARA, Y.; AOKI, K. Homogamy and Imprinting-Like Effect on Mate Choice Preference For Body Height In The Current Japanese Population. *Annals of Human Biology*, v. 39, p. 28-35, 2012.
18. BRESSAN, 2020.
19. LITTLE, A. C.; PENTON-VOAK, I. S.; BURT, D. M.; PERRETT, D. I. Investigating an Imprinting-Like Phenomenon In Humans: Partners And Opposite-Sex Parents Have Similar Hair And Eye Colour. *Evolution and Human Behaviour*, Amsterdã, v. 24, p. 43-51, 2003.

20. RANTALA, M. J.; PÖLKKI, M.; RANTALA, L. M. Preference For Human Male Body Hair Changes Across the Menstrual Cycle and Menopause. *Behavioural Ecology*, Reino Unido, v. 21, p. 419-423, 2010.
21. GYURIS, P.; JÁRAI, R.; BERECZKEI, T. The Effect of Childhood Experiences on Mate Choice In Personality Traits: Homogamy And Sexual Imprinting. *Personality and Individual Differences*, Amsterdã, v. 49, p. 467-472, 2010.
22. CAMPBELL, N. M. Nuclear Family Dynamics: Predictors Of Childhood Crushes And Adult Sexual Orientation. *Theses, Dissertations and Capstones*, Marshall University, Huntington, n. 944, 2015.
23. LITTLE, A. C.; JONES, B. C. Attraction Independent of Detection Suggests Special Mechanisms For Symmetry Preferences In Human Face Perception. *Proceedings. Biological Sciences*, Londres, v. 273, n. 1.605, p. 3.093-3.099, 2006.
24. BRESSAN, 2020.
25. OROSZ, G.; TÓTH-KIRÁLY, I.; BŐTHE, B. *et al.* Too Many Swipes For Today: The Development of the Problematic Tinder Use Scale (PTUS). *Journal of Behavioural Addictions*, Budapeste, v. 5, n. 3, p. 518-523, 2016.
26. THOMAS, M. F.; BINDER, A.; STEVIC, A.; MATTHES, J. 99 + Matches But A Spark Ain't One: Adverse Psychological Effects Of Excessive Swiping On Dating Apps. *Telematics and Informatics*, Amsterdã, v. 78, mar. 2023. Disponível em: www.sciencedirect.com/science/article/pii/S0736585323000138#b0175.
27. CEMILOGLU, D.; NAISEH, M.; CATANIA, M.; OINAS-KUKKONEN, H.; ALI, R. The Fine Line Between Persuasion and Digital Addiction. *16th International Conference on Persuasive Technology*, Wollongong (Austrália), 2021.
28. FENWICK, A. Why is Social Media So Addictive? *Hult Blog*, Boston, San Francisco, 2016. Disponível em: www.hult.edu/blog/why-social-media-is-addictive/.
29. STUDER, J.; MARMET, S.; WICKI, M.; KHAZAAL, Y.; GMEL, G. Associations Between Smartphone Use and Mental Health and Well-Being Among Young Swiss Men. *Journal of Psychiatric Research*, Amsterdã, v. 156, p. 602-610, 2022.
30. Aos meus colegas com pênis que estão lendo isso, o uso excessivo do celular também foi ligado a problemas de disfunção erétil em homens.
31. FENWICK, A.; MOLNAR, G. The Importance Of Humanizing AI: Using A Behavioural Lens To Bridge The Gaps Between Humans and Machines. *Discover Artificial Intelligence*, Amsterdã, v. 2, n. 14, 2022.
32. STEIN, J. Millennials: The Me Me Me Generation. *Time*, Londres, 20 maio 2013. Disponível em: www.manasquanschools.org/cms/lib6/NJ01000635/Centricity/Domain/174/millennials_themememegeneration.pdf.
33. EYAL, Maytal. Self-Love Is Making Us Lonely. *Time*, Londres, 15 abr. 2023. Disponível em: time.com/6271915/self-love-loneliness/.

34. ROBERTS, T.; KRUEGER, J. Loneliness and The Emotional Experience Of Absence. *Southern Journal of Philosophy*, Hoboken, v. 59, p. 185-204, 2021.
35. Eva Illouz, no livro *The End of Love* [O fim do amor], afirma que os relacionamentos modernos têm mais a ver com a liberdade de se afastar dessas relações do que com a opção de estar nelas, conceito que ela conecta ao comportamento econômico de deslealdade e descompromisso como sinal de autoempoderamento:

    ILLOUZ, E. *The End of Love*: A Sociology of Negative Relations. New York: Oxford University Press, 2019. Ou, como gosto de dizer, as relações têm a ver com o consumismo tóxico, que força as pessoas a comprar produtos para continuar concentradas em si mesmas e buscar menos conexão.
36. WALDMAN, K. The Rise of Therapy-Speak. *The New Yorker*, Nova York, 26 mar. 2021. Disponível em: www.newyorker.com/culture/cultural-comment/the-rise-of-therapy-speak.
37. Meus vídeos de 15 segundos nas mídias sociais também contribuem para essa tendência de falar sobre terapia, mas mais como clickbait para, depois, incentivar o pensamento crítico e o compartilhamento de experiências na seção de comentários, na qual as pessoas realmente podem aprender umas com as outras. Os comentários on-line também me ajudam a estudar o comportamento contemporâneo (de namoro).

BANDEIRA VERMELHA 19:
"Relações estáveis são chatas!"

1. HARASYMCHUK, C.; CLOUTIER, A.; PEETZ, J.; LEBRETON, J. Spicing up the Relationship? The Effects of Relational Boredom on Shared Activities. *Journal of Social and Personal Relationships*, Thousand Oaks (Califórnia), v. 34, n. 6, p. 833-854, 2017.
2. COOLIDGE, F. L.; ANDERSON, L. W. Personality Profiles Of Women In Multiple Abusive Relationships. *Journal of Family Violence*, Amsterdã, v. 17, p. 117-131, 2002.
3. COOLIDGE; ANDERSON, 2002.
4. Se quiser abordar o caos interior e os comportamentos que já achou normais, é bom criar um plano a fim de se dessensibilizar e (re)aprender estratégias eficazes de comunicação (como tom de voz, modo de lidar com discordâncias, escolha de palavras) para enfrentar os conflitos e construir um relacionamento saudável.
5. Sei que parece sem graça, e ninguém quer tédio absoluto no relacionamento, mas não há problema nenhum nisso — às vezes é até benéfico.

6. MANN, S.; CADMAN, R. Does Being Bored Make Us More Creative? *Creativity Research Journal*, Abingdon, v. 26, p. 165-173, 2014.
7. LUNA, T. The Power of Surprise: The Invisible Role We Play In Changing People's Minds. *Psychology Today*, New York, 17 maio 2022. Disponível em: www.psychologytoday.com/us/blog/surprise/202205/the-power-surprise.
8. O psicólogo Dr. Michael Rousell explica no livro *The Power of Surprise* [O poder da surpresa] que, além de melhorar a lembrança de eventos específicos, a surpresa até muda as crenças mais arraigadas das pessoas.

BANDEIRA VERMELHA 20:
"Você é areia demais para o meu caminhãozinho!"

1. EROL, R. Y.; ORTH, U. Self-Esteem and the Quality of Romantic Relationships. *European Psychologist*, Göttingen, v. 21, n. 4, p. 274-283, 2016. Disponível em: www.researchgate.net/publication/298066956_SelfEsteem_and_the_Quality_of_Romantic_Relationships.
2. Pode ser muito cansativo lidar todo dia com a insegurança e o diálogo interno negativo. É importante reorientar-se aos poucos para uma mentalidade mais equilibrada e encontrar maneiras de reformular as experiências positivamente. A ansiedade pode surgir nos dois parceiros e em momentos diferentes da vida, e é útil que trabalhem juntos para melhorar o modo de pensar e de se comunicar.
3. SHAVER, P. R.; SCHACHNER, D. A.; MIKULINCER, M. Attachment Style, Excessive Reassurance Seeking, Relationship Processes, and Depression. *Personality and Social Psychology Bulletin*, Thousand Oaks (Califórnia), v. 31, p. 343-359, 2005.
4. SUTTON, J. What's the Average Person's Number of Sexual Partners? *Healthline*, Nova York, 17 abr. 2023. Disponível em: www.healthline.com/health/healthy-sex/average-number-of-sexual-partners.
5. RAMRAKHA, Sandhya *et al.* The Relationship Between Multiple Sex Partners and Anxiety, Depression, and Substance Dependence Disorders: A Cohort Study. *Archives of Sexual Behavior*, Amsterdã, v. 42, n. 5, p. 863-872, 2013. Disponível em: www.ncbi.nlm.nih.gov/pmc/articles/PMC3752789/.
6. HARDY, L. *et al.* Great British medalists: Psychosocial biographies of Super-Elite and Elite athletes from Olympic sports. *Progress in Brain Research*, Amsterdã, v. 232, 2017. Disponível em: www.sciencedirect.com/science/article/abs/pii/S007961231730016X.
7. UGLANOVA, E. Self-Confidence. *In*: Michalos, A. C. (ed.) *Encyclopedia of Quality of Life and Well-Being Research*. Dordrecht: Springer,

2014. p. 5.752-5.754. Disponível em: link.springer.com/referenceworkentry/10.1007/978-94-007-0753-5_2624.

MANN, M. *et al*. Self-Esteem in A Broad-Spectrum Approach For Mental Health Promotion. *Health Education Research*, Oxford, v. 19, n. 4, p. 357-372, ago. 2004. Disponível em: academic.oup.com/her/article/19/4/357/560320.

BANDEIRA VERMELHA 21:
"Vamos abrir!

1. De acordo com um estudo publicado na revista *Journal of Sex & Marital Therapy*, quase um em cinco americanos estiveram num relacionamento aberto pelo menos uma vez na vida. Há poucos estudos alternativos aos quais recorrer no Reino Unido, mas, com o aumento da compreensão do que significa não monogamia consensual ou relacionamento não exclusivo, aposto que esse número é ainda maior.
2. MOORS, A. C. *et al*. Internalized Consensual Non-Monogamy Negativity and Relationship Quality Among People Engaged in Polyamory, Swinging, and Open Relationships. *Archives of Sexual Behavior*, Amsterdã, v. 50, n. 4, p. 1.389-1.400, maio 2021. Disponível em: pubmed.ncbi.nlm.nih.gov/34100145/.
3. MOZES, A. People in Open Relationships Face Stigma, Research Shows. *US News*, Washington, 19 dez. 2022. Disponível em: www.usnews.com/news/health-news/articles/2022-12-19/people-in-open-relationships-face-stigma-research-shows.
4. 18 CELEBRITIES Who Have Reportedly Been In (Or Are Still In) Open Relationships. *Elle*, Austrália, 19 jul. 2022. Disponível em: www.elle.com.au/celebrity/celebrities-open-relationships-20980.

BANDEIRA VERMELHA 22:
"Você não percebe que a culpa é sua?"

1. WORD of the Year 2018: Shortlist. *Oxford Languages*, Oxford, 2018. Disponível em: languages.oup.com/word-of-the-year/2018-shortlist/.
2. STARK, C. A. Gaslighting, Misogyny, and Psychological Oppression. *The Monist*, Oxford, v. 102, n. 2, p. 221-235, 2019.
3. NALL, R. What Are The Long-Term Effects Of Gaslighting? *Medical News Today*, New York, 29 jun. 2020. Disponível em: www.medicalnewstoday.com/articles/long-term-effects-of-gaslighting#what-to-do.

4. LITNER, J. What Are the Effects of Emotional Abuse? *PsychCentral*, Nova York, 23 mar. 2022. Disponível em: psychcentral.com/health/effects-of-emotional-abuse#short-and-long-term-effects-in-adults.
5. STERN, R. *The Gaslight Effect*. Nova York: Harmony Books, 2018.
6. Para repelir algum comportamento, é importante ser firme e usar uma voz controlada para transmitir as suas exigências, mesmo que o parceiro grite ou faça ameaças. Evite ser levado a gritar e usar palavrões.
7. PETERSON-WITHORN, C. Tinder Swindler Simon Leviev Claimed To Be The Son Of A Diamond Billionaire. Meet The Very Real (And Very Rich) Lev Leviev. *Forbes*, Nova York, 9 fev. 2022. Disponível em: https://www.forbes.com/sites/chasewithorn/2022/02/09/tinder-swindler-simon-leviev-claimed-to-be-the-son-of-a-diamond-billionaire-meet-the-very-real-and-very-rich-lev-leviev/?sh=a39a4484a26e.

BANDEIRA VERMELHA 23:
"Eu não queria magoar você!"

1. Definição de infidelidade de acordo com o *Webster's Dictionary*.
2. Uma forma de trair que é rica em fantasia, como a pornografia, mas com um componente ciberfísico. A traição de ficção científica é diferente da digital porque, na digital, o ambiente virtual serve de meio que facilita a traição emocional/física entre dois ou mais seres humanos, enquanto na ficção científica a pessoa escolhe se excitar com um programa virtual e/ou robô em vez do parceiro humano. O aspecto virtual provoca a fantasia, e a máquina interage com o ser humano quando os dois são usados ao mesmo tempo. Ainda acha difícil imaginar? Pense em fazer sexo com C-3PO, de *Star Wars*, enquanto R2-D2 lhe mostra a projeção de uma relação sexual.
3. TIMMERMANS, E. *et al.* Why Are You Cheating on Tinder? Exploring Users' Motives And (Dark) Personality Traits. *Computers in Human Behavior*, Amsterdã, v. 89, p. 129-139, dez. 2018. Disponível em: www.sciencedirect.com/science/article/pii/S0747563218303625.
4. BOZOYAN, C.; SCHMIEDEBERG, C. What is Infidelity? A Vignette Study on Norms and Attitudes Toward Infidelity. *The Journal of Sex Research*, Thousand Oaks (Califórnia), v. 60, n. 8, p. 1.090-1.099, 3 ago. 2022. Disponível em: www.tandfonline.com/doi/abs/10.1080/00224499.2022.2104194.
5. WEBB, C. H. Infidelity as Revenge. *Psychology Today*, Nova York, 20 maio 2022. Disponível em: https://www.psychologytoday.com/au/blog/drawing-the-curtains-back/202205/infidelity-revenge.

6. ALI, P. A.; NAYLOR, P. B.; CROOT, E. *et al*. Intimate Partner Violence in Pakistan: A Systematic Review. *Trauma, Violence, and Abuse*, Thousand Oaks (Califórnia), v. 16, n. 3, p. 299-315, 2015. Disponível em: eprints.whiterose.ac.uk/93281/12/IPV_systematics_review_Pakistan.pdf.
7. Um estudo de 2021 publicado na revista *Journal of Sex Research* mostrou indícios de que a infidelidade on-line e offline pode ser prevista (por IA) com a análise de fatores interpessoais, como satisfação no relacionamento, amor, desejo e duração da relação.
8. Quando Will e Jada Pinkett Smith foram ao canal *Red Table Talk* para falar do casamento deles, Jada usou a palavra "emaranhamento" [*entanglement*] como eufemismo para se referir à relação romântica com o rapper August Alsina (que, segundo o rapper, começou antes de um rompimento não oficial entre Will e Jada). Durante a entrevista, ela diz a Will que saiu com August porque "só queria me sentir bem":

FINALLY, Jada Is At The Red Table Admitting To An 'Entanglement' With August Alsina! [*s. l.: s. n.*], 2020. 1 vídeo (2 min 48 seg). Publicado pelo canal HipHollywood. Disponível em: https://www.youtube.com/watch?v=-mjL5wrGhqoU.

9. Os estudos não são conclusivos sobre o percentual exato de quantos homens traem. Isso depende de vários fatores, como o país investigado e o que é considerado traição.
10. WANG, W. Who Cheats More? The Demographics of Infidelity in America. *IFS*, Charlottesville, 10 jan. 2018. Disponível em: ifstudies.org/blog/who-cheats-more-the-demographics-of-cheating-in-america.
11. As formas mais comuns de traição física são as transas de uma noite só e os rolos de curto prazo. As formas mais graves de traição física são os relacionamentos sexuais de longo prazo e os casos extraconjugais.
12. LEHMILLER, J. J.; SELTERMAN, D. The Nature of Infidelity in Nonheterosexual Relationships. In: DELECCE, T.; SHACKELFORD, T. K. (eds.). *The Oxford Handbook of Infidelity*. Oxford: Oxford University Press, 2022. p. 373-396. Disponível em: academic.oup.com/edited-volume/44606/chapter-abstract/378217290?redirectedFrom=fulltext.
13. FREDERICK, D. A.; FALES, M. R. Upset Over Sexual versus Emotional Infidelity Among Gay, Lesbian, Bisexual, and Heterosexual Adults. *Archives of Sexual Behavior*, Amsterdã, 18 dez. 2014. Disponível em: link.springer.com/article/10.1007/s10508-014-0409-9.
14. INFIDELITY Rates by Country. *Worl Population Review*, [*s. l.*], [202?]. Disponível em: worldpopulationreview.com/country-rankings/infidelity-rates-by-country.

15. Deve-se notar que, em alguns países, o adultério pode ser punido pela lei. De modo algum este livro incentiva o desrespeito às leis locais.
16. JENNIFER Garner Was 'Livid' About Ben Affleck's Alleged Fling with Nanny; Affleck Denies Affair. *People*, Nova York, 30 set. 2022. Disponível em: people.com/movies/ben-affleck-denies-affair-with-nanny-christine-ouzounian-she-says-it-was-love/.

BANDEIRA VERMELHA 24:
"Meu ficante me deixou no vácuo, mas pelo menos superei o maldito ex"

1. Eu diria menos de três meses, mas a pesquisa afirma cerca de seis semanas depois que a relação anterior terminou.
SHIMEK, C. E.; BELLO, R. S. *Distress Due to Relational Termination and Attachment to an Ex-Partner*: The Role Of Rebound Relationships. Artigo apresentado na 83rd Annual Meeting of Southern States Communication Association, Louisville, Kentucky, 10-14 abril 2013.
2. BRUMBAUGH, C. C.; FRALEY, R. C. Too Fast, Too Soon? An Empirical Investigation Into Rebound Relationships. *Journal of Social and Personal Relationships*, Thousand Oaks (Califórnia), v. 32, p. 99-118, 2015.
3. CHOO, P.; LEVINE, T.; HATFIELD, E. Gender, Love Schemas, and Reactions to Romantic Break-Ups. *Journal of Social Behaviour and Personality*, Wuhan, v. 11, p. 143-160, 1996.
4. SPIELMANN, S. S.; MACDONALD, G.; WILSON, A. E. On the Rebound: Focusing On Someone New Helps Anxiously Attached Individuals Let Go Of Ex-Partners. *Personality and Social Psychology Bulletin*, Newcastle upon Tyne, v. 35, p. 1.382-1.394, 2009.
5. BRUMBAUGH, C. C.; FRALEY, R. C. Transference of Attachment Patterns: How Important Relationships Influence Feelings Toward Novel People. *Personal Relationships*, Hoboken, v. 14, p. 369-386, 2007.
6. Os exames cerebrais de pessoas que saíram recentemente de um relacionamento mostram que os centros da dor se iluminam no cérebro para refletir as sensações de dor ligadas à experiência emocional intensa, devido ao rompimento.
7. LEWANDOWSKI, G. W.; ARON, A.; BASSIS, S.; KUNAK, J. Losing a Self-Expanding Relationship: Implications For The Self-Concept. *Personal Relationships*, Hoboken, v. 13, p. 317-331, 2006.
8. FENWICK, A. *Creating a Committed Workforce* — Using Social Exchange and Social Identity to Enhance Psychological Attachment within an Ever-Changing Workplace. Amsterdã: Nyenrode Press, 2018.

NOTAS

9. Quando a rotina, as atividades e as pessoas em comum somem de repente, você pode se sentir muito vazio. É como se a lembrança geográfica de pessoas, lugares e emoções ligadas a isso se perdessem quando você se separa.
10. O estilo de apego ansioso está presente nas pessoas que têm uma visão negativa do eu e estão sempre em busca de possíveis ameaças ao relacionamento, devido ao medo de perder o parceiro e de ficar sozinhas.
11. COPE, M. A.; MATTINGLY, B. A. (Putting Me Back Together By Getting Back Together: Post-Dissolution Selfconcept Confusion Predicts Rekindling Desire Among Anxiously Attached Individuals. *Journal of Social and Personal Relationships*, Thousand Oaks (Califórnia), v. 38, n. 1, p. 384-392, 2021.
12. FIELD, T. Romantic Breakups, Heartbreak and Bereavement. *Psychology*, [s. l.], v. 2, p. 382-387, 2011.
13. BRUMBAUGH, C. C.; FRALEY, R. C. Transference of Attachment Patterns: How Important Relationships Influence Feelings Toward Novel People. *Personal Relationships*, Hoboken, v. 14, p. 369-386, 2007.
14. WANG, H.; AMATO, P. R. Predictors of Divorce Adjustment: Stressors, Resources, And Definitions. *Journal of Marriage and the Family*, Hoboken, v. 62, p. 655-668, 2000.
15. RUSBULT, C. E.; MARTZ, J. M.; AGNEW, C. R. The Investment Model Scale: Measuring Commitment Level, Satisfaction Level, Quality of Alternatives, And Investment Size. *Personal Relationships*, Hoboken, v. 5, p. 357-391, 1998.
16. WOLFINGER, N. H. Does the Rebound Effect Exist? Time to Remarriage and Subsequent Union Stability. *Journal of Divorce & Remarriage*, Abingdon, v. 46, n. 3-4, p. 9-20, 2007.

CONSIDERAÇÕES FINAIS:

1. DUAL process theory. *Wikipedia*, São Francisco, 2024. Disponível em: en.wikipedia.org/wiki/Dual_process_theory.
2. FENWICK, A.; MOLNAR, G. The Importance of Humanizing AI: Using A Behavioral Lens To Bridge The Gaps Between Humans And Machines. *Discover Artificial Intelligence*, Amsterdã, v. 2, n. 1, p. 14, 2022.

Agradecimentos

Várias pessoas me apoiaram no processo de escrita desta obra, e eu gostaria de agradecê-las. Escrever um livro nunca é uma iniciativa solitária. Primeiro, quero agradecer à equipe incrível da Michael Joseph Penguin Random House, que acreditou nas minhas habilidades e me deu apoio durante todo o processo. Da revisão ao jurídico, passando pelo marketing e pelos direitos de tradução, muitíssimo obrigado a todos! Tenho certeza de que este não será o último livro que produziremos juntos! Um agradecimento especial a Karolina e Paula pelo feedback contínuo e valioso e pelo apoio do início ao fim. Outro agradecimento especial também a Ella e Hattie, que tornaram a comercialização deste livro um processo muito divertido! E um grande muito obrigado às minhas revisoras Isabel, Kay e Emma, pela leitura e pelo feedback primoroso que colocou o ponto nos is.

Também sou muito grato pelas inúmeras conversas que tive ao longo dos anos com amigos sobre o comportamento humano e os relacionamentos modernos. Embora a ciência e a prática profissional sejam o melhor lugar para validar ideias, ter ideias novas validadas pelos amigos é o teste de sanidade do qual às vezes precisamos. Gostaria de agradecer a Ajami, Andre, Andreja, Angela, Bruno, Burcu, Jetinder, Jose, Konstantina, Konstantinos, Massimiliano, Patsy, Smith Ma, Radjesh e Violet pelas muitas conversas inspiradoras e desafiadoras!

Também quero agradecer aos meus muitos alunos executivos, que conheci enquanto escrevia este livro ou que inspiraram partes da minha jornada nas redes sociais. Para permanecer especialista em comportamento humano, não podemos parar de aprender nunca. Mesmo quando ensinamos, aprendemos coisas que não havíamos percebido até então.

AGRADECIMENTOS

Um alô especial a Tatyana, uma aluna de Dubai que me deu dicas valiosas de criação quando fiz os meus primeiros vídeos para o TikTok. Outro alô vai para Warwick, pelas discussões divertidas sobre bandeiras vermelhas no namoro (principalmente quando o assunto é namorar em Dubai). Também recordo com carinho as conversas com Taj e Aline sobre o drama no trabalho. E as discussões a respeito de família, namoro e relacionamento que tive com Chayanka, meu assistente de ensino. Quanto aos colegas, sou grato pelas conversas sobre bandeiras verdes e vermelhas com Viktoria, Karl, Gabor e Nick.

Este livro não seria possível sem o suporte constante dos meus seguidores nas redes sociais. Além do estímulo que vocês me deram para escrevê-lo, houve também o apoio e o engajamento contínuos em todas as minhas plataformas (sem falar das milhares de conversas on-line e offline que tivemos nos últimos dois anos e meio acerca de relacionamentos modernos, família, amizade, traumas de infância e impactos da tecnologia sobre nosso bem-estar mental). As histórias pessoais de vocês trouxeram à tona sobre o que está acontecendo com pessoas do mundo inteiro, ajudando a aumentar a compreensão das causas para os fenômenos comportamentais modernos.

Este livro foi composto na tipografia Minion Pro,
em corpo 11,5/16, e impresso em
papel off-white no Sistema Cameron da
Divisão Gráfica da Distribuidora Record.